职 业 教 育 汽 车 技 术 专 业
“岗”“课”“赛”“证”综合育人
新 形 态 创 新 教 材

汽车发动机电控系统检修

朱 利 主审
张尚伟 雷小平 刘毅斌 主编

同济大学出版社 · 上海

内容提要

本书系统介绍了汽车发动机电控系统的结构原理、故障诊断与检测方法。全书共包括8个项目，分别为：汽油发动机电控系统认知、空气供给系统检修、燃油供给系统检修、电控点火系统检修、进气控制系统检修、排放控制系统检修、电控汽油机故障诊断与排除、柴油发动机电控系统检修。本书各任务从理论介绍到技能训练，既叙述了必要的理论知识，又注重与实践技能的充分结合，突出了实用性和可操作性的特点。本书可供全国职业院校汽车类专业教学使用，也可作为相关行业岗位培训或自学用书，同时可供汽车维修技术人员阅读参考。

图书在版编目（CIP）数据

汽车发动机电控系统检修 / 张尚伟，雷小平，刘毅斌主编 . -- 上海 : 同济大学出版社，2017.8（2025.1重印）

ISBN 978-7-5608-7161-5

Ⅰ. ①汽…　Ⅱ. ①张…　②雷…　③刘…　Ⅲ. ①汽车—发动机—电子系统—控制系统—检修　Ⅳ. ①U472.43

中国版本图书馆 CIP 数据核字（2017）第 154089 号

汽车发动机电控系统检修

张尚伟　雷小平　刘毅斌　**主编**

责任编辑　李荔薇　朱　勇　　**责任校对**　徐春莲　　**封面设计**　曾秋海

出版发行　同济大学出版社　　www.tongjipress.com.cn

（地址：上海市四平路1239号　邮编：200092　电话：021-65985622）

经　　销　全国各地新华书店

印　　刷　廊坊市国彩印刷有限公司

开　　本　889mm×1194mm　1/16

印　　张　14.5

字　　数　417 000

版　　次　2017年8月第1版

印　　次　2025年1月第7次印刷

书　　号　ISBN 978-7-5608-7161-5

定　　价　42.00 元

前言

为贯彻落实《国务院关于大力发展职业教育的决定》以及教育部等六部门《关于实施职业院校制造业和现代服务业技能型紧缺人才培养培训工程的通知》的精神，适应汽车工业飞速发展和汽车运用与维修专业技能型紧缺人才培养的需求，我们组织编写了汽车专业通用教材，供全国职业院校汽车类专业教学使用。

本系列教材总结了全国职业院校多年来的专业教学经验，注重以学生就业为导向，以培养能力为本位，教材内容符合汽车专业教学改革精神，适应汽车行业对技能型紧缺人才的要求。

本教材具有以下特点：

第一，教材注重实用性，体现先进性，保证科学性，突出实践性，贯穿可操作性，反映了汽车工业的新知识、新技术、新工艺和新标准，其工艺过程尽可能与当前生产情景一致。

第二，教材文字简洁，通俗易懂，以图代文，图文并茂，形象直观，形式生动，容易培养学生的学习兴趣，提高学习效果。

第三，全书以迈腾车系为主要车型，结合讲解汽车发动机电子控制系统的结构、组成、原理、检修等工艺，摒弃了过去教材中的陈旧知识。

第四，教材充分体现了以学生为主的教学理念，注重学生理论。

本书从现代汽车发展的角度出发，以迈腾汽车为基础车型进行分析，紧扣汽车的发展方向，阐述了当前主流车型上运用的最新技术，对其结构进行剖析并讲明检修方法。帮助学生掌握现代汽车知识，掌握其工作原理，熟悉其结构组成，达到掌握汽车发展方向的知识和技能。

由于编者的经历和水平有限，书中难免存在不当之处，敬请广大读者批评指正。本书在编写过程中，参考了大量国内外相关著作和文献资料，尤其是广泛运用了迈腾汽车技术手册，在此一并向有关作者表示真诚的感谢。

编委会

编 委 会

主　审 朱　利

主　编 张尚伟　雷小平　刘毅斌

副主编 王卫卫　郭阳印　冼锦胜　洪　卫　王　辉
吴华君　王俊杰　罗穆仪　王清霞　陈煜明
姚学军　付学敏

编　者 郭　迪　校振华　蔡昆仑　陈煜明　龚　伟
伍文昌　刘树国　韦志强

丛书编委会

专家指导委员会主任 张珉豪（国家职业鉴定专家）

专家指导委员会副主任 李祥贵　郭绍斌（山东交通学院教授）

专家指导委员会顾问 沈　辉（扬州大学教授）

编委会委员（排名不分先后）

杨庆国　蒋志伟　孙绍林　严循进　肖　燕　王贤高
汪学秋　金云龙　王海军　黎建丰　李　参　杨　琦
顾黎君　王　辉　汤桂海　邱　霖　陈昉莉　张高智
李　涛　陈安柱　李秀峰　孙爱霞　刘　兵　滕建华
马卫平　卢　生　薛国普　符小泽　吴　敏　郑　孟
马　芬　杨　鹏　于　霞　龙四清　袁　牧　侯岳峰

目 录

项目一 汽油发动机电控系统认知

项目二 空气供给系统检修

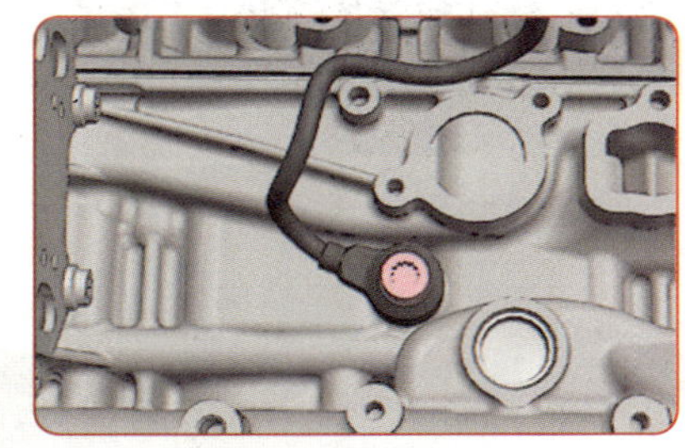

项目三 燃油供给系统检修

项目四 电控点火系统检修

项目五　进气控制系统检修

项目六　排放控制系统检修

项目七　电控汽油机故障诊断与排除

项目八　柴油发动机电控系统检修

汽油发动机电控系统认知

任务 1　汽油发动机电控系统认知

【理论知识】

一、发动机电控系统的组成

发动机电控系统由传感器、ECU、执行器三部分组成，如图 1-1 所示。

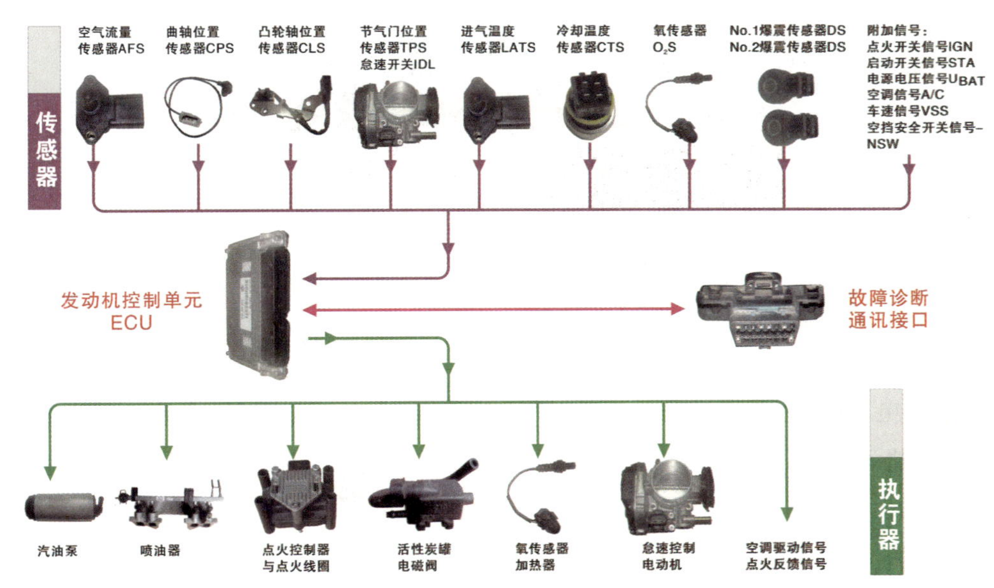

图 1-1　发动机电控系统的组成

导学视频

1. 传感器

传感器是装在发动机各部位的信号转换装置，其功能是将控制系统所需要的压力、温度、空气流量、转速等发动机的工作情况和汽车运行状况信号采集下来，并将它们转换成 ECU 可以识别的电信号后传送给电控单元。

传感器主要有：曲轴位置（发动机转速）传感器、凸轮轴位置传感器（也叫相位传感器）、空气流量传感器（空气流量计或进气压力传感器，L 型的是空气流量计，D 型的是进气压力传感器）、进气温度传感器（进气温度传感器通常装在空气流量计或进气压力传感器上）、冷却液温度传感器、氧传感器、爆震传感器、节气门位置传感器（通常装在节流阀体）、油门踏板位置传感器，如图 1-2 所示。

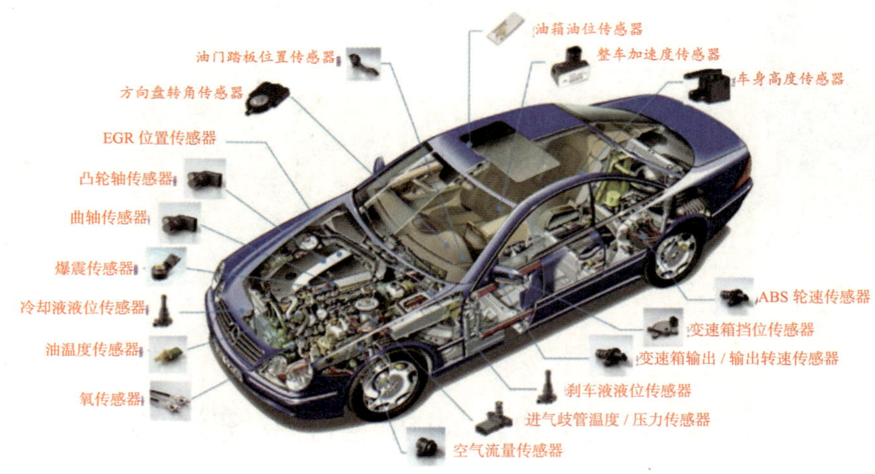

图 1-2 各传感器在车上的位置图

2. 电控单元

发动机电控单元 ECU 实物如图 1-3 所示。其型号有很多种，随着车型的不同，其功能也有所区别。

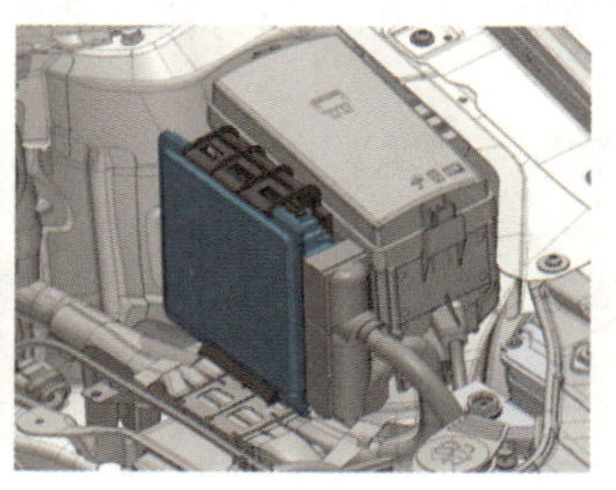

图 1-3 ECU 在车上的位置图

3. 执行器

执行器主要包括喷油器、点火模块（点火控制器、点火器、点火线圈）、活性碳罐电磁阀、凸轮轴位置电磁阀（VVT 电磁阀）、节气门电机（装在节流阀体上，老式车上还有怠速控制阀或叫怠速马达、怠速电机、步进电机）、氧传感器加热器、汽油泵等（以前汽油泵不是电脑控制，现在大多数改为电脑控制）。

执行器在车上的位置，如图 1-4 所示。

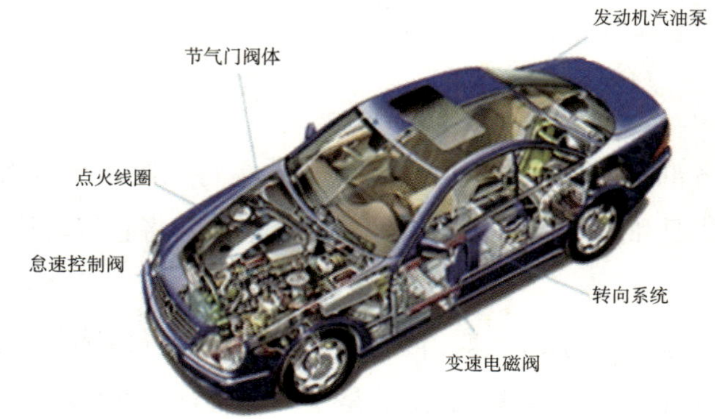

图 1-4 各执行器在车上的位置

二、电控系统的作用

1. 各传感器的作用

名称	位置作用	图片
空气流量计（MAF）	位置 空气滤芯附近 作用 测量发动机吸入空气量，并将信号输入 ECU，作为燃油喷射和点火控制的主控制信号	
进气（歧管绝对）压力传感器（MAP）	位置 进气管道上 作用 测量进气管压力，并将信号输入 ECU，作为燃油喷射和点火控制的主控制信号	
曲轴位置传感器	位置 曲轴前端或后端 作用 检测曲轴位置信号和曲轴转角信号，并输入 ECU，作为燃油喷射和点火控制的主控制信号	
凸轮轴位置传感器	位置 凸轮轴前端或后端 作用 也叫同步信号传感器，是一个气缸判别定位装置，是点火控制的主控制信号	
冷却液温度传感器	位置 冷却水管路上 作用 给 ECU 提供冷却液温度信号，作为燃油喷射和点火控制的修正信号	
进气温度传感器	位置 进气道上（或装于空气流量计和进气压力传感器上） 作用 检测进气温度信号（修正信号）	
节气门位置传感器	位置 节气门体上和节气门同轴 作用 检测节气门的开度及开度变化，信号输入 ECU	
氧传感器	位置 排气管道上 作用 检测排气中的氧含量，向 ECU 输入反馈信号	

续表

名称	位置作用	图片
爆震传感器	位置 气缸体一侧（受侧压力小的一面） 作用 检测汽油机是否爆燃及爆燃强度	

2. 各执行器的作用

名称	作用	图片
喷油器	位置 气缸盖或进气歧管喷油器插孔内 作用 按照工作顺序适时地向气缸内或进气歧管内喷一定压力的汽油	
碳罐电磁阀	位置 碳罐附近 作用 碳罐至进气管路中的一个清污阀门，阀门打开，碳罐中的汽油蒸气可通过阀门进入节气门管道中	
怠速马达	位置 节气门处 作用 调节怠速时的进气量	
点火模块	位置 气缸盖附近 作用 负责高压火的产生	
电动燃油泵	位置 油箱内 作用 负责向外泵油	

3. 电控单元的作用

电控单元一般都具备如下基本功能。

① ECU 可将电源电压调节成 5V、9V、12V 标准电压，供给传感器等外部元件使用。

② 接收各种传感器和其他装置（如起动开关、制动开关等）输入的信息，并将模拟信号转换成微机所能接收的数字信号。

③ 储存该车型的特征参数、处理程序、故障信息、运算所需的有关数据信息等。

④ 运算分析，根据信息参数求出执行命令数值，将输出的信息与标准值对比，查出故障。

⑤ 向执行元件输出指令，或根据指令输出自身已储存的信息。

⑥ 自我修正功能（自适应功能）。

发动机 ECU 一般安装在仪表台、杂物箱或控制台中其他零部件、座椅、滤清器的下面或后面。安装时须注意 ECU 的防水、防震、防热、防过电压、防磁等。

电控单元各功能模块，如图 1-5 所示。

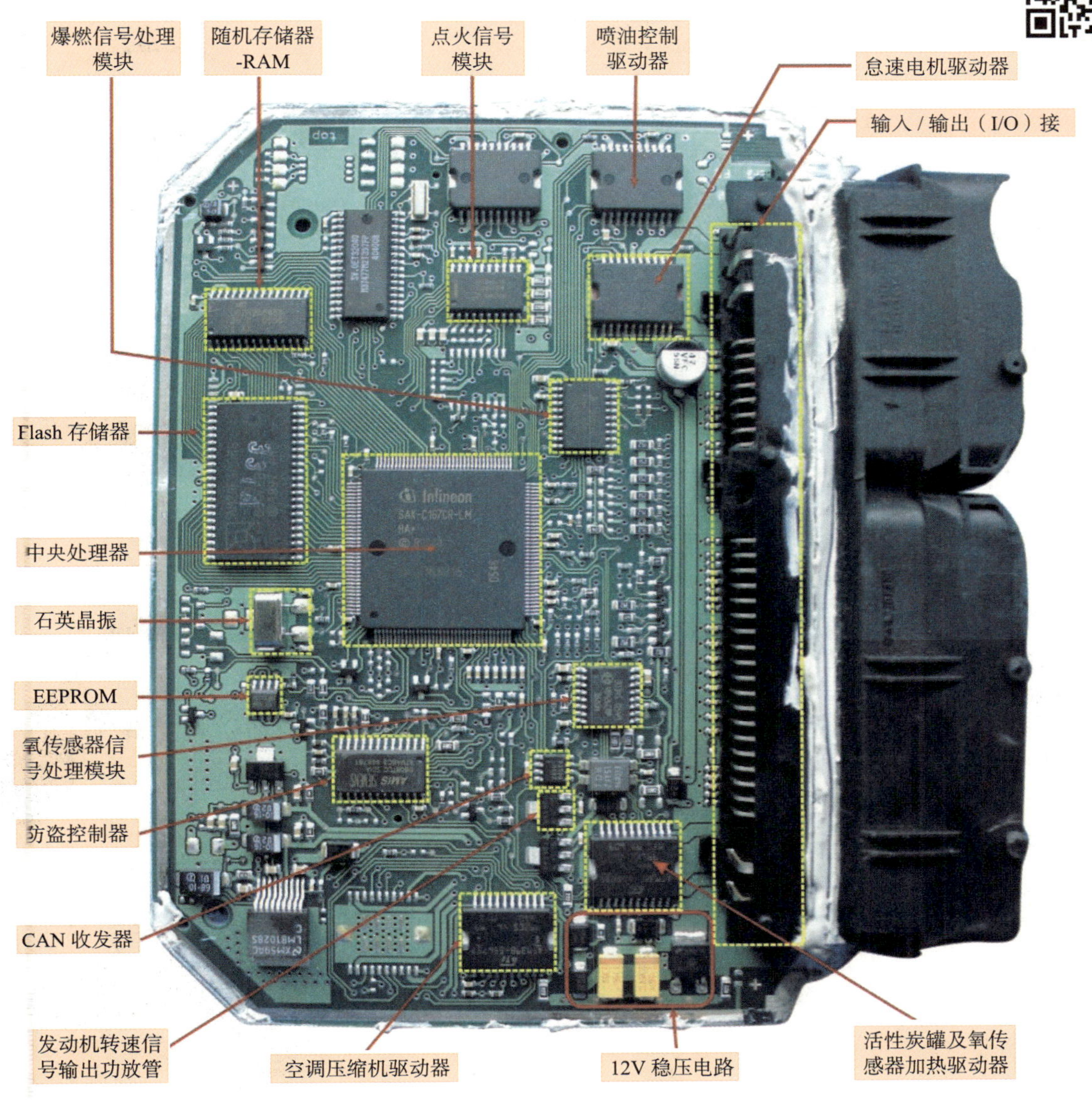

图 1-5　电控单元各模块功能

【技能训练】

认知迈腾 1.8T 发动机电控系统各部件

1. 传感器

迈腾 B8L 传感器名称	车上位置	部件图片
冷却液温度 传感器	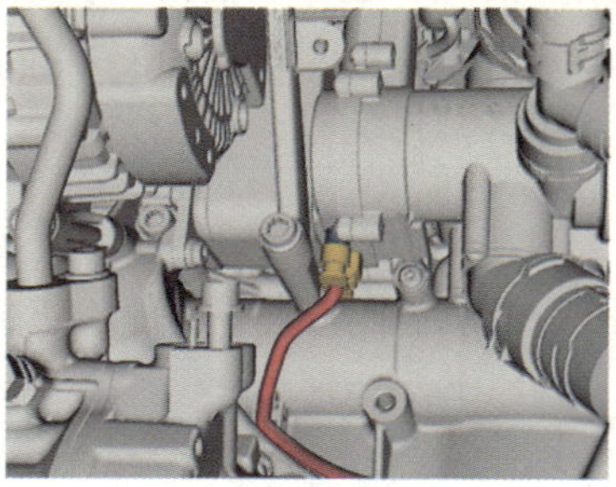	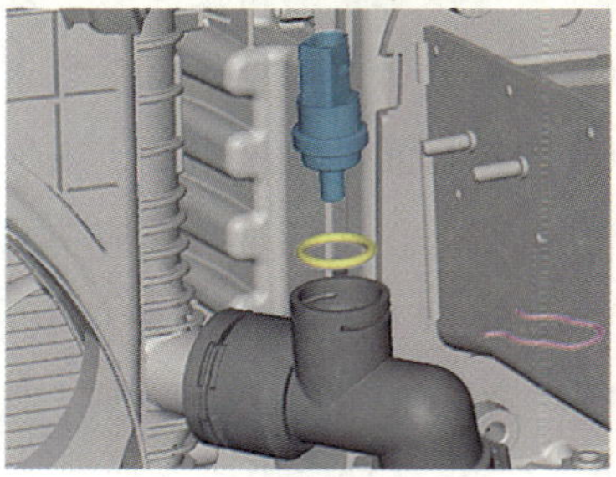
爆震 传感器	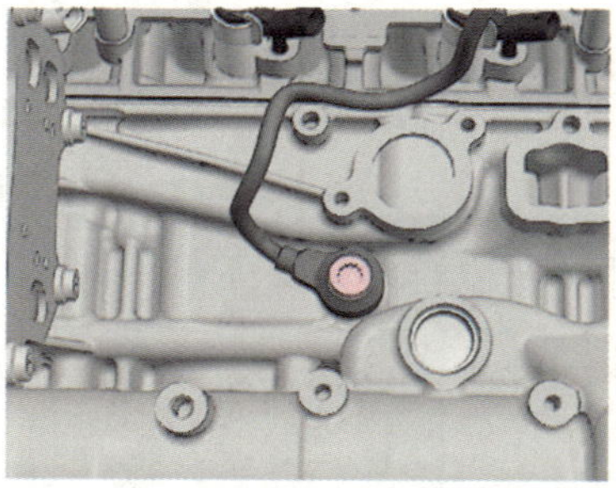	
增压压力 传感器	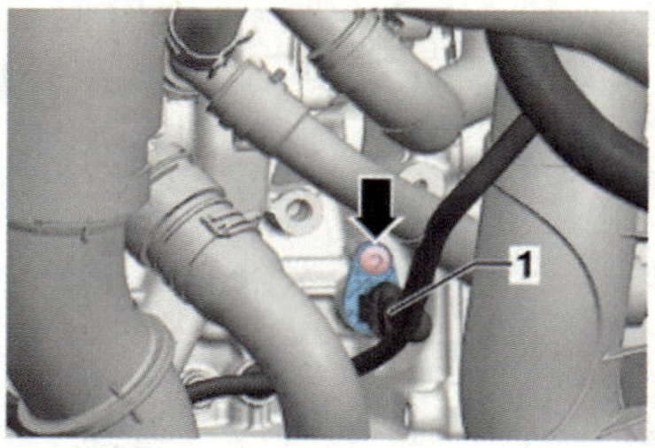 1	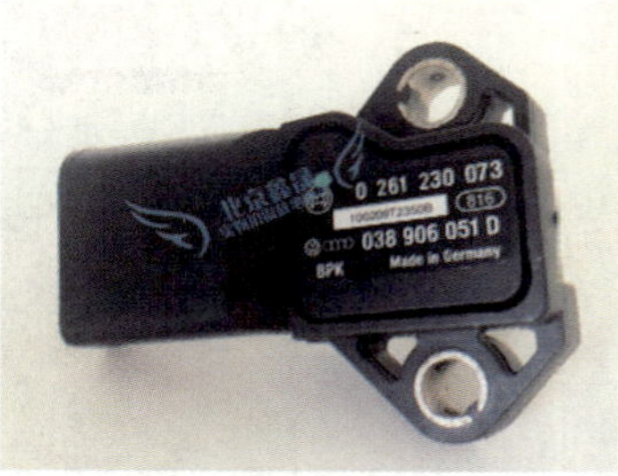 0 261 230 073 038 906 051 D Made in Germany
发动机转速 传感器	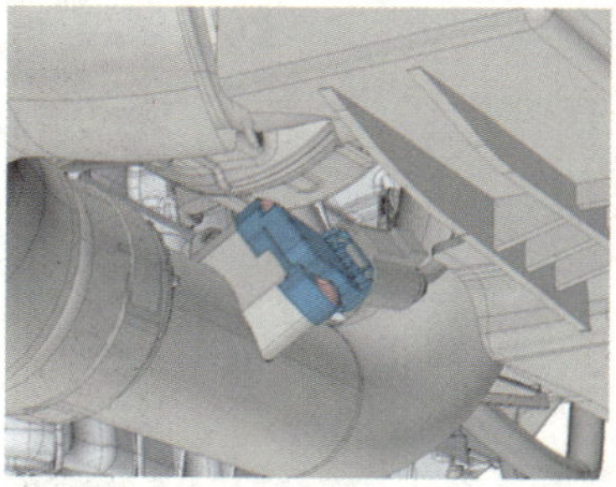	
氧 传感器	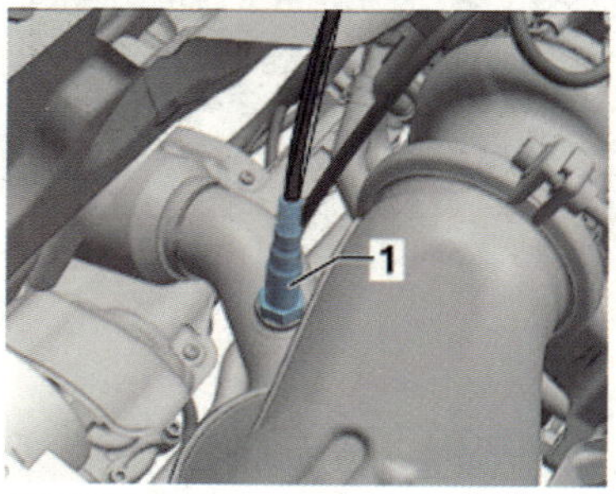 1	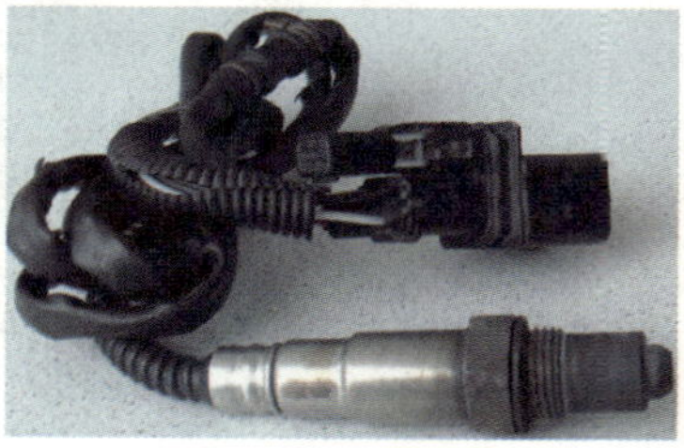

续表

迈腾 B8L 专感器名称	车上位置	部件图片
燃油压力 传感器	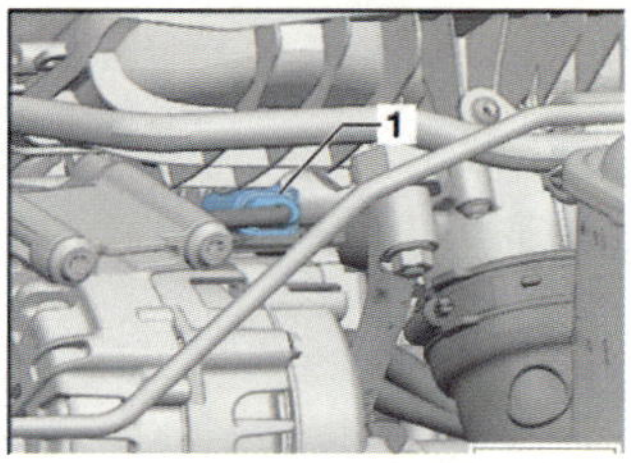	
进气温度 传感器	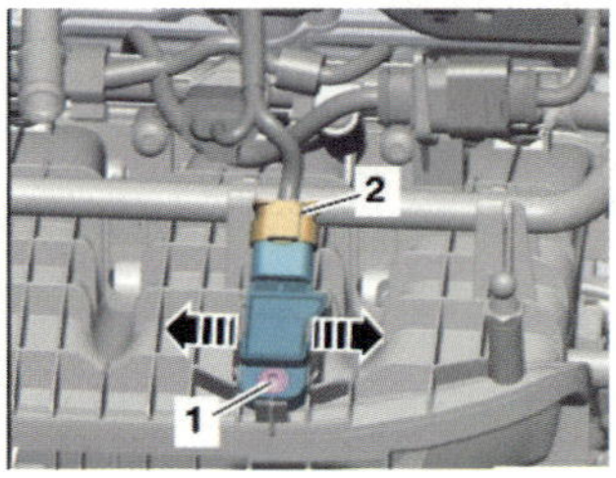	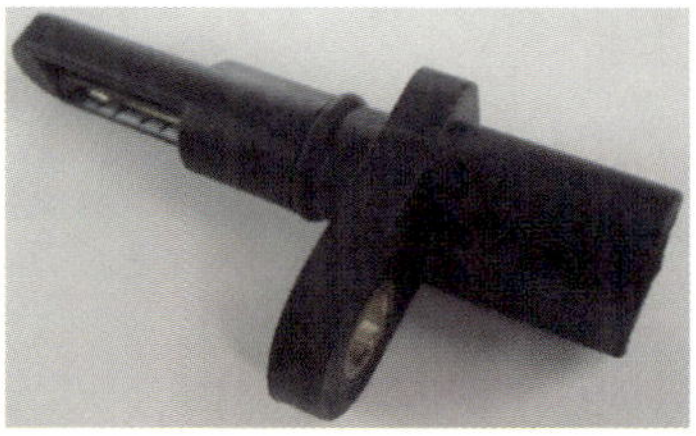
节气门位置 传感器		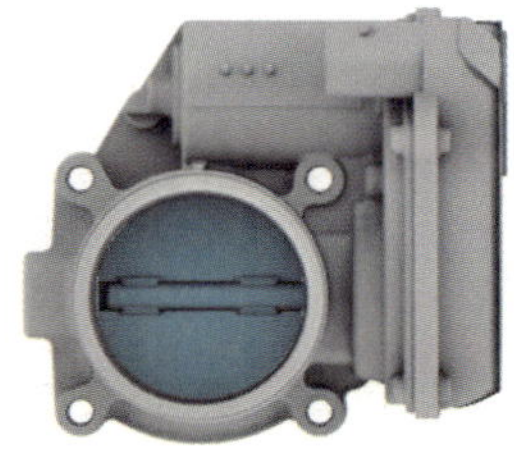

2. ECU

迈腾 B8L ECU/ 执行器	车上位置	部件图片
发动机 ECU	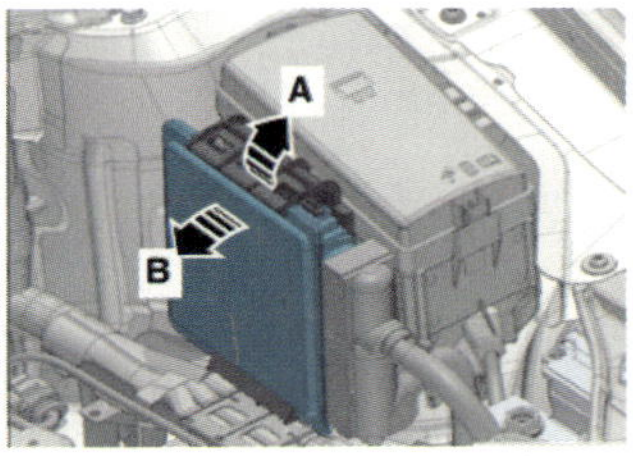	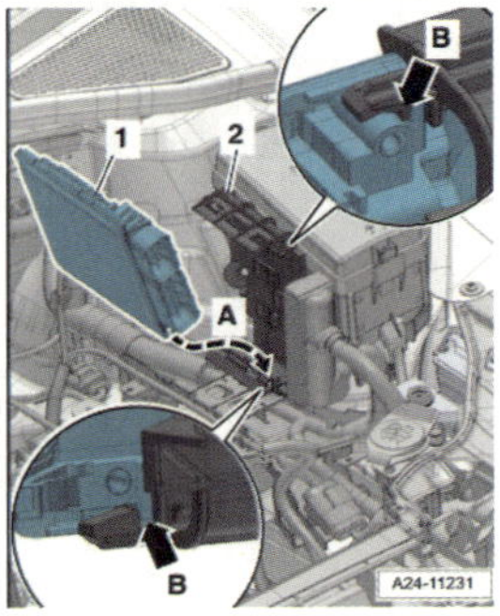

3. 执行器

迈腾 B8L ECU/ 执行器	车上位置	部件图片
喷油器	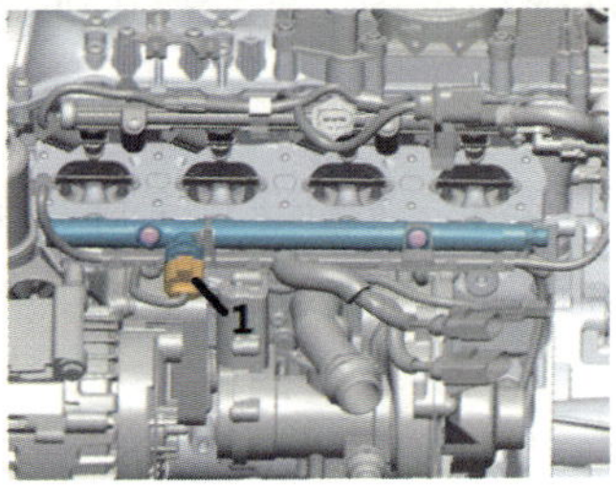	

续表

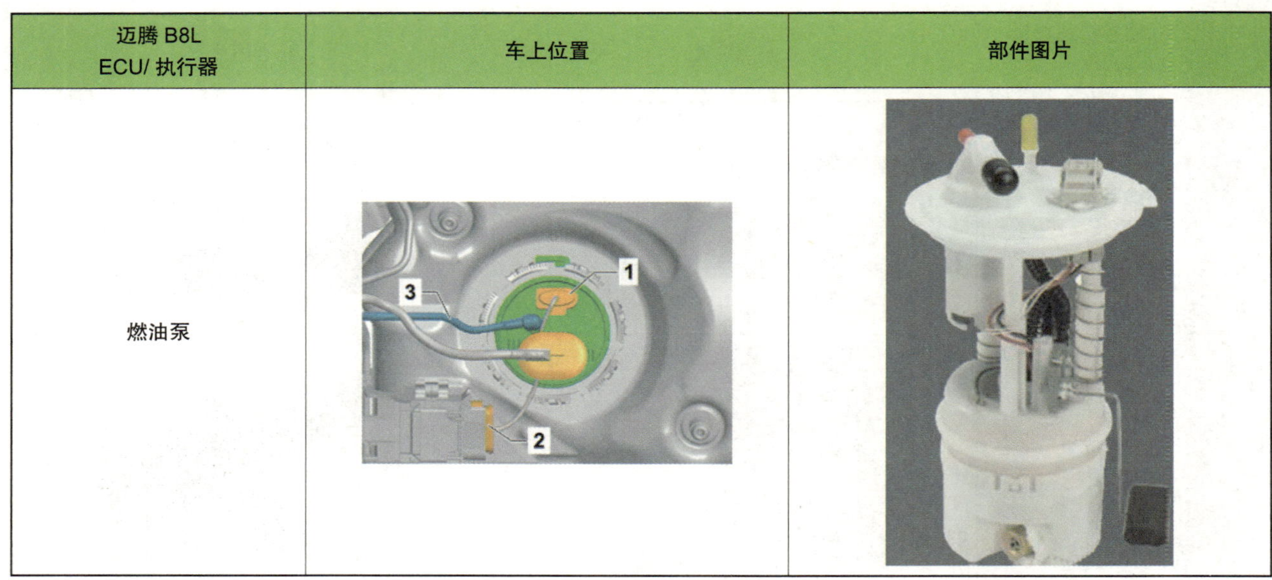

迈腾 B8L ECU/ 执行器	车上位置	部件图片
燃油泵	1 2 3	

【知识拓展】

一、汽车电控系统的发展

随着汽车结构的改进与性能的不断提高，汽车上装用的传统电气设备正面临着巨大的冲击。伴随电子工业的迅速发展，电子技术在汽车上的应用越来越多，车用电子装置的新产品不断涌现，特别是大规模集成电路及微型处理机的应用，大大推动了汽车工业的发展，同时也给汽车的控制装置带来了巨大的变革。

汽车电子技术的发展及其大规模地应用大致经历了三个发展阶段，如图 1-6 所示。

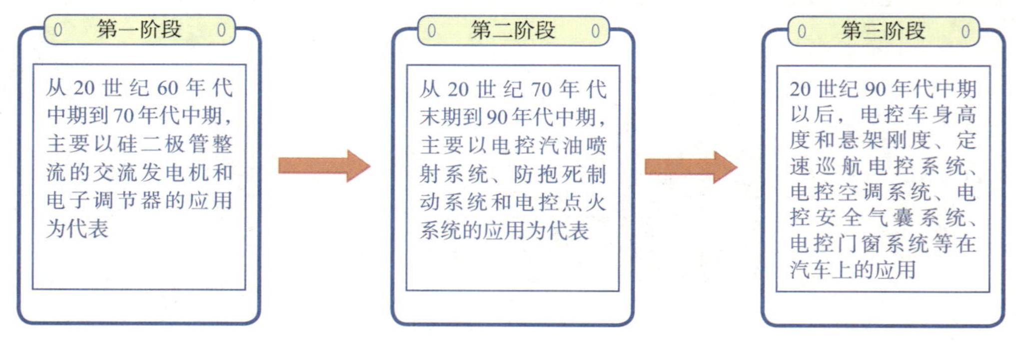

图 1-6　汽车电控系统的发展

二、发动机电控系统的优点

电控发动机与传统发动机相比，在对汽车性能的影响上有了极大改善。主要体现在如下几方面。

1. 提高发动机的动力性

在电控汽油发动机上，由于采用了电控燃油喷射系统和进气控制系统等，减小了进气阻力，提高了充气效率，使得进入气缸中的空气得到充分的利用，从而提高了发动机的动力性。

2. 提高燃油利用效率

电控系统能精确控制各种运行工况下发动机所需的混合气浓度，使燃油燃烧更为充分，极大地提高了燃油的利用效率。

3. 减少污染

通过电控系统对发动机在各种运行工况下的优化控制，提高了燃料的燃烧质量，同时，各种排放控制系统在汽车上的应用，使发动机的尾气污染大大减少。

4. 改善发动机的起动性能

在发动机起动和暖机过程中，控制系统能根据发动机温度变化，对进气量和供油量进行精确控制，从而保证发动机顺利起动和平稳通过暖机过程，可明显改善发动机的低温起动性能。

5. 改善发动机的加速、减速性能

由于电子控制单元的运行速度非常快，使控制系统在加速或减速运行的过渡工况下能够迅速响应，从而提高了汽车的加速、减速性能。

电控系统在改善汽车性能的同时，也使发动机更为复杂。

因此，在发动机出现故障时只有维修人员具备更多的知识和维修技能，方能进行发动机电控系统的检修工作。

三、发动机电控系统的功能

1. 燃油控制

在现代汽车上，机械式或机电混合式燃油喷射系统已趋于淘汰，电控燃油喷射装置因其性能优越而得到了日益普及。电子喷油装置可以自动地保证发动机始终工作在最佳状态，使其在输出一定功率的条件下最大限度地节油和净化空气。当发动机工作时，根据各传感器测得的空气流量、排气管中含氧量、进气温度、发动机转速及工作温度等参数，按预先编好的运算程序进行运算，然后和内存中的最佳工况的参数进行比较和判断再调整供油量。这样就能够使发动机一直处于最优工作条件下运行，从而使发动机的综合性能得到提高。其结构组成，如图 1-7 所示。

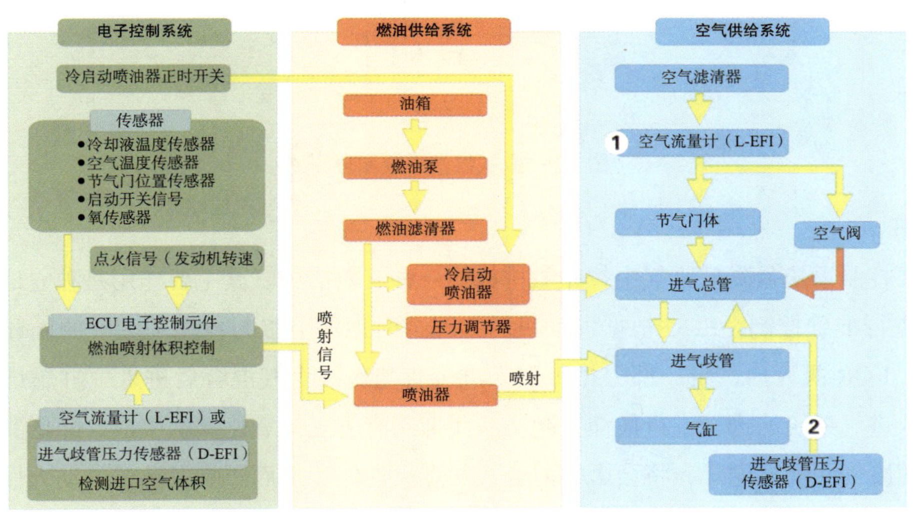

图 1-7　电控燃油喷射系统组成

2. 点火控制

它由微机、传感器及其接口、执行机构等几部分构成。该装置可根据传感器送来的发动机各种参数进行运算、判断，然后进行点火时刻的调节，可使发动机在不同转速和进气量等条件下，保证在最佳点火提前角下工作，使发动机输出最大的功率和转矩，降低油耗和排放，节约燃料，减少空气污染。此外，新型发动机电子控制装置还有自适应控制、智能控制及自诊断操作等。电子点火控制系统组成，如图 1-8 所示。

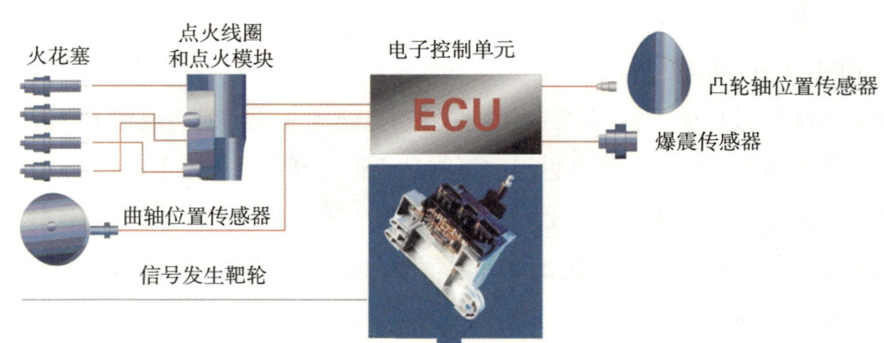

图 1-8　电子点火控制系统组成

3. 进气控制

进气控制系统的作用是根据发动机的工况要求，定时地将清洁的空气供入气缸，并对实际进入发动机的空气量进行实时测量，为电控系统计算喷油量提供主要依据。空气供给系统原理图，如图 1-9 所示。

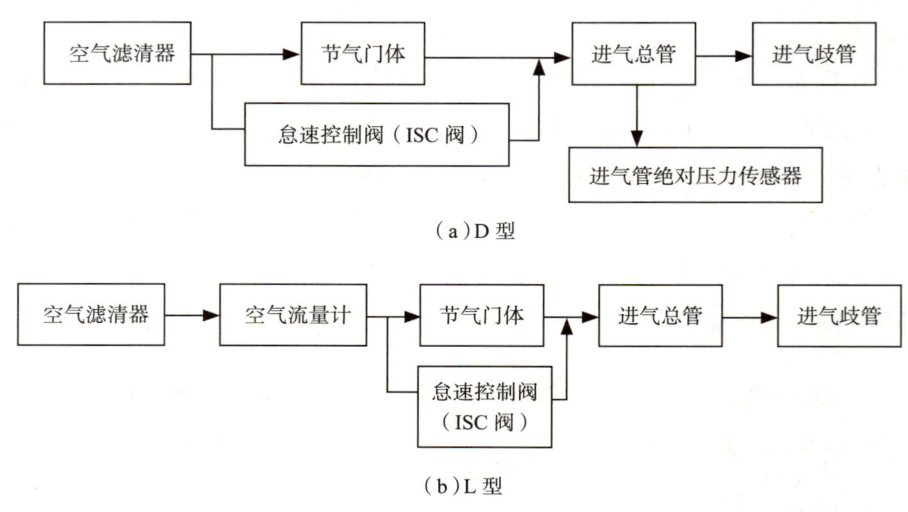

图 1-9　空气供给系统原理图

4. 排放控制

废气再循环控制系统是降低废气中氧化氮排放的一种有效措施。其主要作用是独立地对再循环到发动机的废气量进行准确控制。ECU 根据发动机的工况适时地调节参与再循环废气的循环率，发动机在负荷下运转时，EGR 阀开启，将一部分排气引入进气管与新混合气混合后进入气缸燃烧，从而实现再循环，并对送入进气系统的排气进行最佳控制，从而抑制有害气体氧化氮的生成，降低其在废气中的排出量。但过度的废气参与再循环，将会影响混合气的点火性能，从而影响发动机的动力性，特别是在发动机怠速、低速、小负荷及冷机时，再循环的废气会明显地影响发动机性能，如图 1-10 所示。

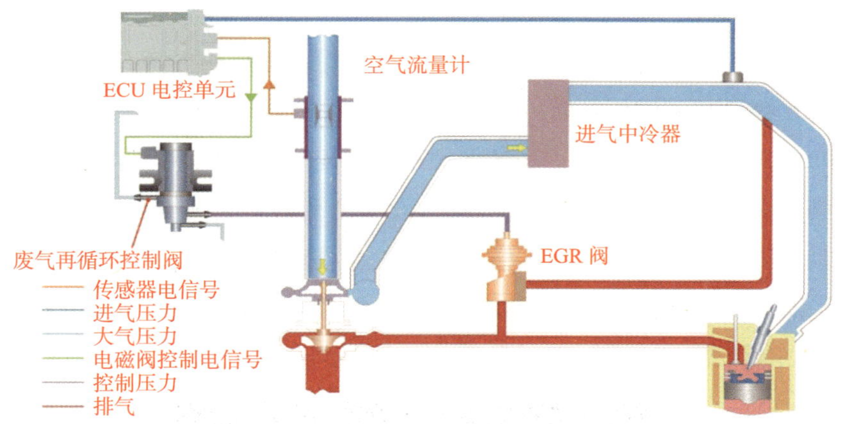

图 1-10　废气再循环控制系统

5. 警告控制

自动控制发动机由 ECU 控制各种指示和报警装置，一旦控制系统出现故障，该系统能及时发出信号以警告提示，如氧传感器失效、油箱油温过高等，如图 1-11 所示。

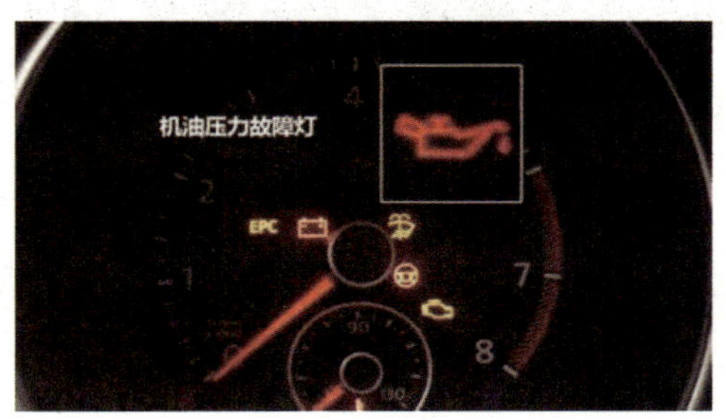

图 1-11　机油压力故障指示灯

6. 自诊断控制

在发动机控制系统中，电子控制单元 (ECU) 都设有自诊断系统，对控制系统各部分的工作情况进行监测。当 ECU 检测到来自传感器或输送给执行元件的故障信号时，立即点亮仪表盘上的 “CHECKENGINE” 灯 (俗称故障指示灯)，以提示驾驶员发动机有故障；同时，系统将故障信息以设定的数码（故障码）形式储存在存储器中，以便帮助维修人员确定故障类型和范围。对车辆进行维修时，维修人员可通过特定的操作程序 (有些需要借助专用设备) 调取故障码。故障排除后，必须通过特定的操作程序清除故障码，以免与新的故障信息混杂，给故障诊断带来困难，如图 1-12 所示。

图 1-12　发动机故障指示灯

7. 失效保护控制

失效保护系统的功能主要是当传感器或传感器线路发生故障时，控制系统自动按电脑中预先设定的参考信号值工作，以便发动机能继续运转。如冷却液温度传感器电路有故障时，可能会向 ECU 输入低于 -50℃或高于 139℃的冷却液温度信号，失效保护系统将自动按设定的标准冷却液温度信号 (80℃) 控制发动机工作，否则会引起混合气过浓或过稀，导致发动机不能工作。

此外，当对发动机工作影响较大的传感器或电路发生故障时，失效保护系统则会自动停止发动机工作。如 ECU 收不到点火控制器返回的点火确认信号时，失效保护系统则立即停止燃油喷射，以防大量燃油进入气缸而不能点火工作，如图 1-13 所示。

图 1-13　冷却液故障指示灯

8. 应急备用控制

应急备用系统功能是当控制系统电脑发生故障时，自动启用备用系统 (备用集成电路)，按设定的信号控制发动机转入强制运转状态，以防车辆停驶在路途中。应急备用系统只能维持发动机运转的基本功能，但不能保证发动机性能。

四、电控系统控制方式

汽车电控系统可分为开环控制系统和闭环控制系统。

1. 开环控制系统

把实验得到的发动机各种工况下的最佳供油参数预先存入计算机，发动机运行时，计算机根据各个传感器的输入信号，判断自身所处的运行工况，计算出最佳供油量。经功率放大器控制喷油器的喷射时间（喷油量），从而控制混合气空燃比的大小，使发动机处于最佳工作状态。开环控制方式程序简单，反应速度快，但控制精度较低，如图 1-14 所示。

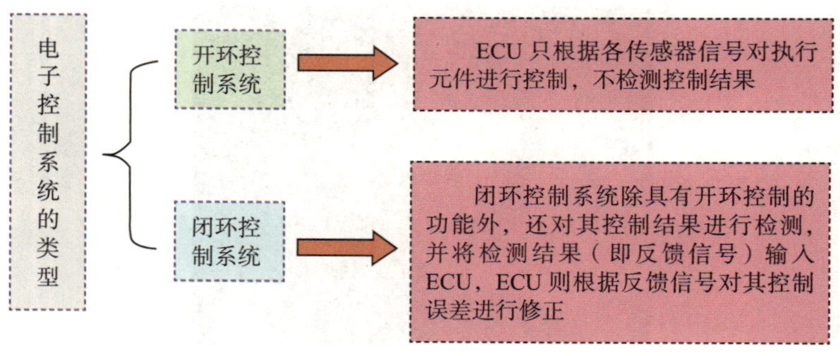

图 1-14　汽车电子控制系统类型

2. 闭环控制系统

闭环控制系统是在开环控制系统的基础上增加了专门监测废气中氧含量的氧传感器。ECU 根据发动机进气量等参数确定基本喷油量，再根据氧传感器的信号对喷油量进行修正，使空燃比保持在设定的目标值 14.7 附近，如图 1-15 所示。

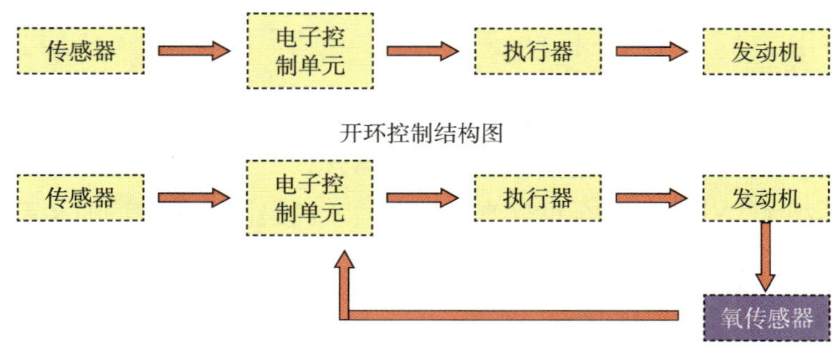

图 1-15　开、闭环控制结构图

任务 2　故障诊断仪的使用

云板书

【理论知识】

汽车故障诊断仪是维修中非常重要的工具，一般具有如下几项或全部的功能：①读取故障码；②清除故障码；③读取发动机动态数据流；④示波功能；⑤元件动作测试；⑥匹配、设定和编码等功能；⑦英汉辞典、计算器及其他辅助功能。故障诊断仪大都随机带有使用手册，按照说明极易操作。一般来说有以下几步：在车上找到诊断座；选用相应的诊断接口；根据车型，进入相应诊断系统；读取故障码；查看数据流；诊断维修之后清除故障码。

导学视频

一、故障码的产生机理

故障诊断仪可以诊断电子控制系统的传感器、执行器状态以及 ECU 的工作是否正常。

通过判断 ECU 的输入、输出电压是否在规定的范围内变化时，可以判断电子控制系统工作是否正常。当电子控制系统中的某一电路出现超出规定的信号时，该电路及相关的传感器反映的故障信息以故障代码的形式存储到 ECU 内部的存储器中，维修人员可利用该诊断仪来读取故障码，使其显示出来。

二、数据流的产生机理

汽车数据流是指电子控制单元 (ECU) 与传感器和执行器交流的数据参数通过诊断接口，由专用诊断仪读取的数据，且随时间和工况而变化。数据的传输就像排队一样，一个一个通过数据线流向诊断仪。

汽车电子控制单元 (ECU) 中所记忆的数据流真实地反映了各传感器和执行器的工作电压和状态，为汽车故障诊断提供了依据，数据流只能通过专用诊断仪器读取。汽车数据流可作为汽车 ECU 的输入输出数据，使维修人员随时可以了解汽车的工作状况，及时诊断汽车的故障。

读取汽车数据流可以检测汽车各传感器的工作状态，并检测汽车的工作状态，通过数据流还可以设定汽车的运行数据。 测量汽车数据流常采用三种方式:（1）电脑通信方式;（2）电路在线测量方式;（3）元器件模拟方式。

三、故障诊断仪的使用

X-431 汽车故障诊断电脑是元征最新一代汽车诊断电脑，它是汽车电子应用技术和信息网络技术完美集成的产品。其所采用的“开放式汽车诊断技术”是由元征率先在全球提出并倡导的最新汽车诊断技术，而且“开放式诊断技术”代表着当今世界汽车诊断技术的最高水平，同时也是汽车诊断技术未来的发展方向和最佳解决方案，如图 1-16 所示。

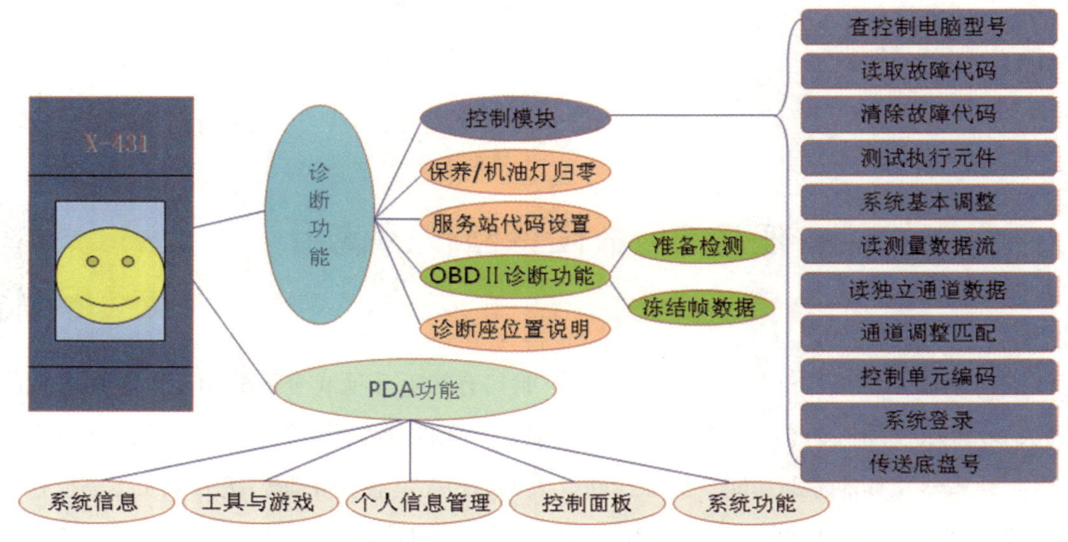

图 1-16　X-431 的功能

1. 查控制电脑型号

显示所测系统控制电脑相关信息，如电脑型号、系统类型、发动机类型、适用配置的设定号等，如图 1-17 所示。

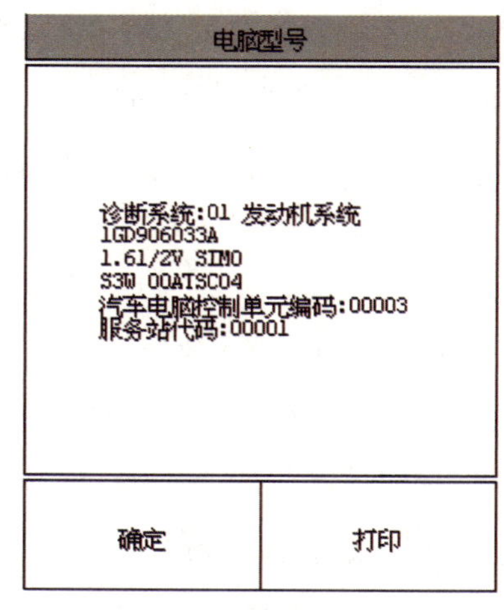

图 1-17　查控制电脑型号

2. 读取故障代码

读取电脑确认的故障码及故障内容等。测试完毕，屏幕显示测试结果。左图所示为某次测试显示的结果，如图 1-18 所示。

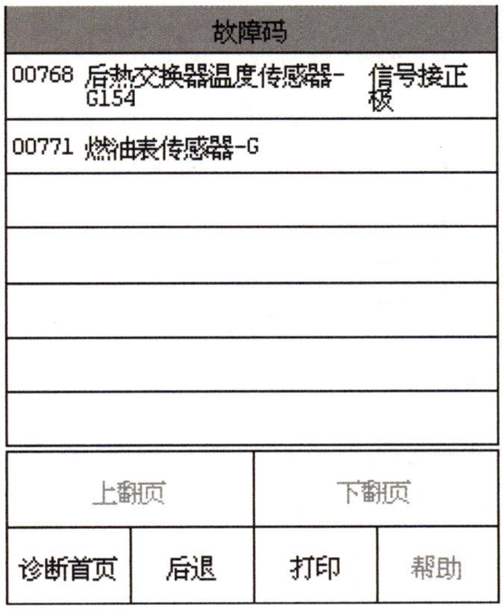

故障码			
00768 后热交换器温度传感器-G154		信号接正极	
00771 燃油表传感器-G			
上翻页		下翻页	
诊断首页	后退	打印	帮助

图 1-18 读取故障代码

在装备 OBD Ⅱ系统的车辆上，所有的故障代码（DTC）都以英文字母开头，后面跟随 4 个数字。如 P0101、C1234、B2236 等。

DTC 开头的字母表示被监测到故障的系统：

P 为动力系统；

B 为车身系统；

C 为底盘系统；

U 为网络或数据通信传输系统。

字母后的第一个数字是通用码（对所有的车辆制造商），或是制造商专用码。比如：0 指一般码，1 指制造商专用码。美国通用汽车公司就有帮助你诊断车辆技术状况所特定的数字类型编码。

第二个数字指出了受影响的故障系统类型，数字为 1~7：

1——为燃油及空气计量系统；

2——为燃油及空气计量系统（特指喷射系统回路功能不良）；

3——为点火系统或缺缸监测系统；

4——为辅助排放系统；

5——为车速控制和怠速控制系统；

6——为计算机输出线路系统；

7——为变速箱。

3. 读取数据流

读取电脑的运行数据参数（大众 / 奥迪车系以数据组形式显示），如图 1-19 所示。

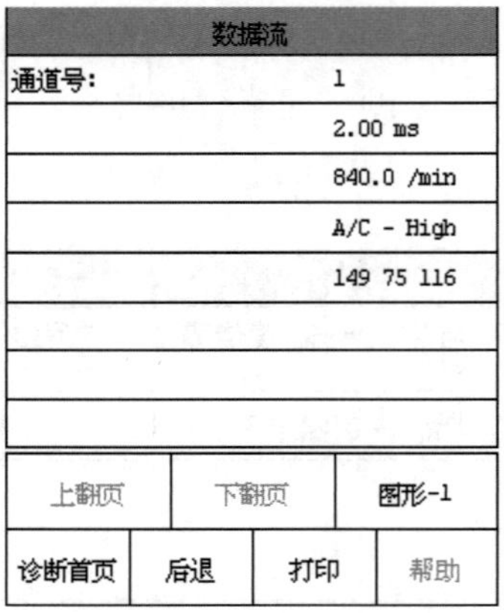

数据流
通道号:
1
2.00 ms
840.0 /min
A/C - High
149 75 116
上翻页
下翻页
图形-1
诊断首页
后退
打印
帮助

图 1-19　读测量数据流

4. 其他车型的数据流读取

大众车系以外的其他车型数据流的读取方式则是以选择菜单的形式列出。如 OBD Ⅱ诊断程序，在功能菜单中，点击 [读数据流] 选项，屏幕显示所测试车型数据流项菜单。点击想要查看的数据流项，并点击 [确定] 按钮，可查看数据流的动态数据，如图 1-20 所示。

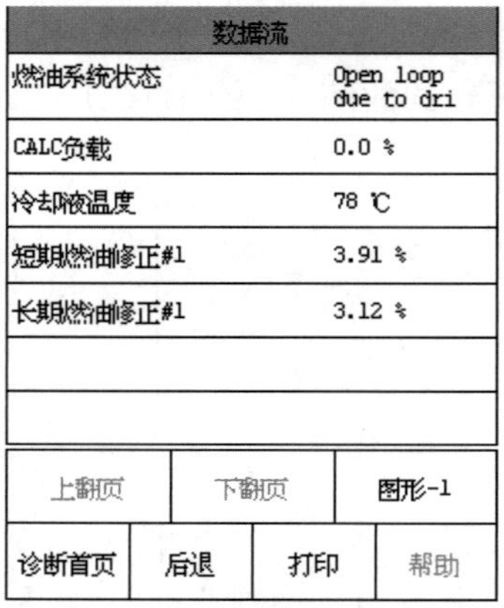

数据流
燃油系统状态
Open loop due to dri
CALC负载
0.0 %
冷却液温度
78 ℃
短期燃油修正#1
3.91 %
长期燃油修正#1
3.12 %
上翻页
下翻页
图形-1
诊断首页
后退
打印
帮助

图 1-20　读动态数据流

5. 清除故障代码

清除掉被设定的故障码，屏幕显示如图所示的信息，如图 1-21 所示。

清除故障代码
清除故障码命令已发出，是否读取故障码？
是
否

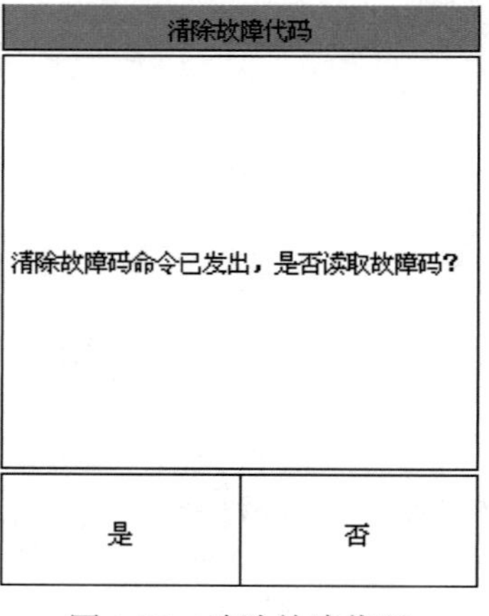

图 1-21　清除故障代码

6. 系统基本调整

根据车辆使用的国家、地区和发动机、变速器以及其他配置输入适当的设定号（coding number），屏幕显示，点击相应的数字即可输入通道号。对某些系统，在维修或保养后，必须进行基本调整。如节气门体匹配，自动变速箱维修后对离合器进行设置，如图 1-22 所示。

系统基本调整
请输入通道号(0~255):
0
确定
取消
退格
1 2 3 4 5 .
6 7 8 9 0 +/-

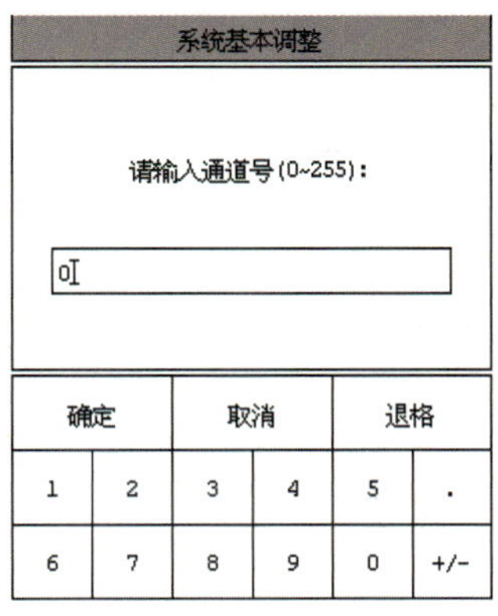

图 1-22　系统基本调整

7. 通道调整匹配

根据厂方的要求和实际需要修改和输入某些设定值（匹配），如保养灯归零、更换发动机电脑、新换发动机控制单元与电子防盗系统进行匹配、配钥匙、怠速调整等都需要做通道调整匹配，如图 1-23、图 1-24 所示。

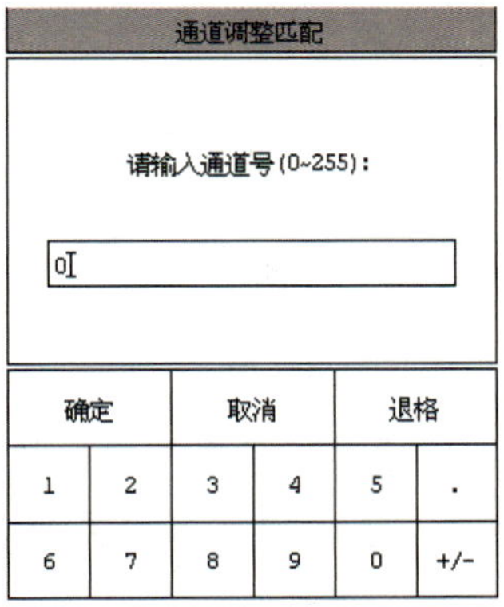

通道调整匹配
请输入通道号(0~255):
0
确定
取消
退格
1 2 3 4 5 .
6 7 8 9 0 +/-

图 1-23　通道调整匹配

输入正确的通道号后，点击 [确定] 按钮，X-431 要求用户输入匹配值。

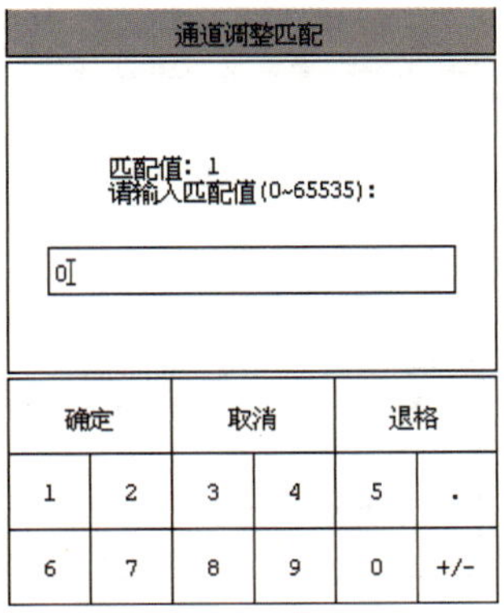

通道调整匹配
匹配值: 1
请输入匹配值(0~65535):
0
确定
取消
退格
1 2 3 4 5 .
6 7 8 9 0 +/-

图 1-24　通道调整匹配

8. 读独立通道数据

读取电脑的运行数据参数（大众 / 奥迪车系以单通道形式显示），如图 1-25 所示。

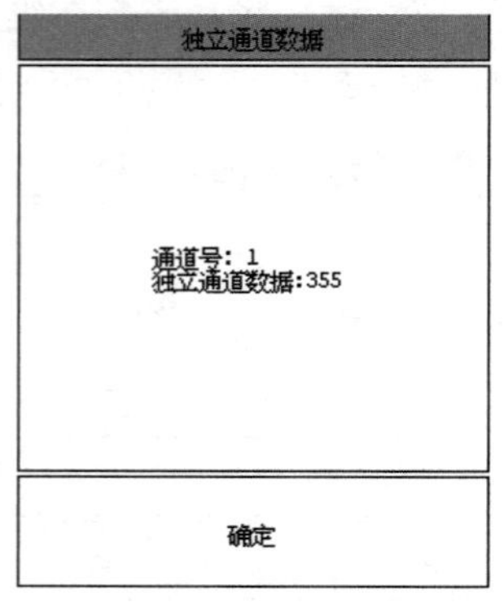

图 1-25　读独立通道数据

9. 测试执行元件

驱动执行器件进行检测，如图 1-26 所示。

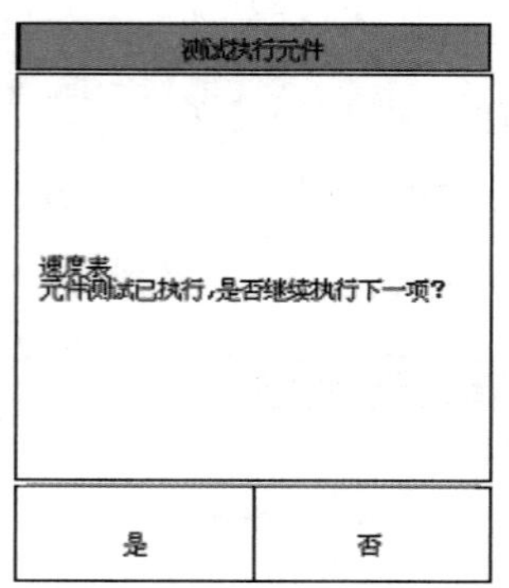

图 1-26　测试执行元件

10. 控制单元编码

如果车辆的代码没有显示或主电脑已经更换，则必须给控制单元编码。

一个控制单元有时能够适应多种车型，这由控制单元内部所存储的不同程序来决定，控制单元的一个编码代表了其中的一个程序。所以，在更换控制单元时，一般要先查看一下原车所用的控制单元编码，给换上的控制单元编上同样的编码。错误的编码轻则导致车辆的性能不良，重则会给车辆带来严重的故障，如图 1-27 所示。

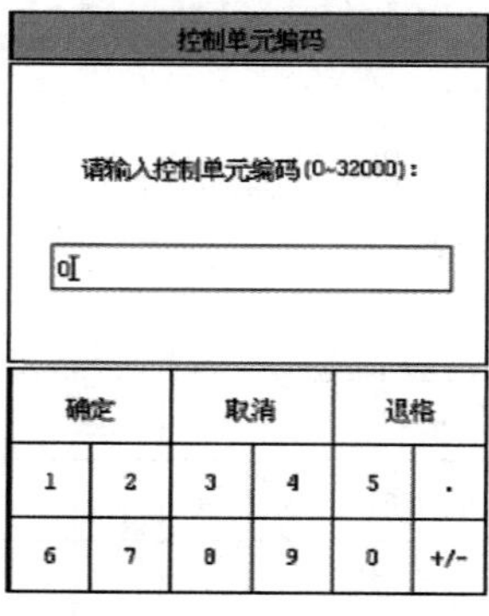

图 1-27　发动机系统

11. 系统登录

要求用户输入登录密码，点击相应的数字即可输入登录密码。

在执行控制单元编码、通道调整匹配以及防盗解码等功能前，必须先执行该功能，如图 1-28 所示。

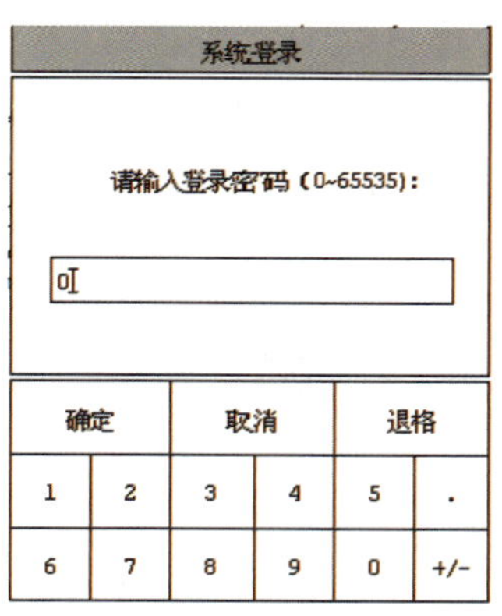

图 1-28　系统登录

12. 传送底盘号

激活软键盘即可输入底盘号。例如更换组合仪表、发动机控制单元后做自适应时，必须传输本车底盘号，如图 1-29 所示。

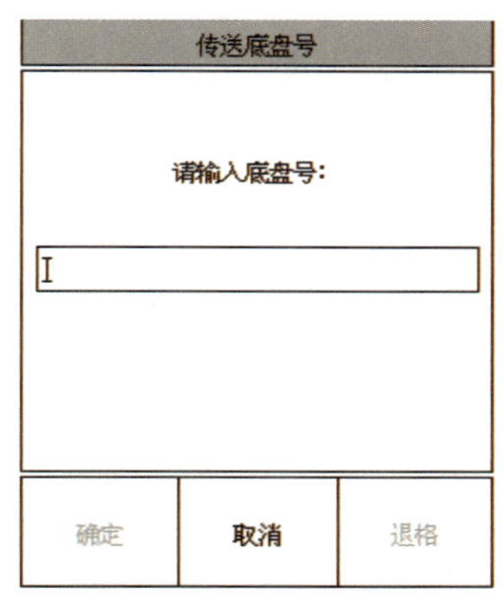

图 1-29　传送底盘号

13. 保养 / 机油灯归零

在车辆需要进行某一项保养操作时，相应的保养提示灯就会点亮，如图 1-30 所示。

图 1-30　保养 / 机油灯归零

保养提示灯在里程表的显示窗内。在点火开关置于“ON”位置后，下列提示灯将会点亮 3s 左右：OIL：12068km/6 个月更换发动机机油；IN1：24139km/12 个月检查与维修；IN2：48278km/24 个月检查与维修。

14. 服务站代码设置

在大众、奥迪等电喷车的维修过程中，有的功能必须进行服务站代码设定之后才能进行，例如某些系统的“匹配”功能和给“控制单元编码”功能。若没有进行服务站代码设定，这些功能将无法实现，如图 1-31 所示。

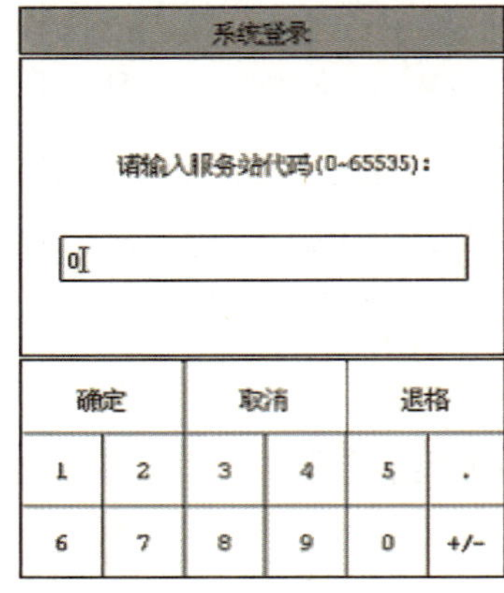

图 1-31　服务站代码设置

四、故障诊断仪的使用步骤

故障诊断仪的使用，如图 1-32 所示。

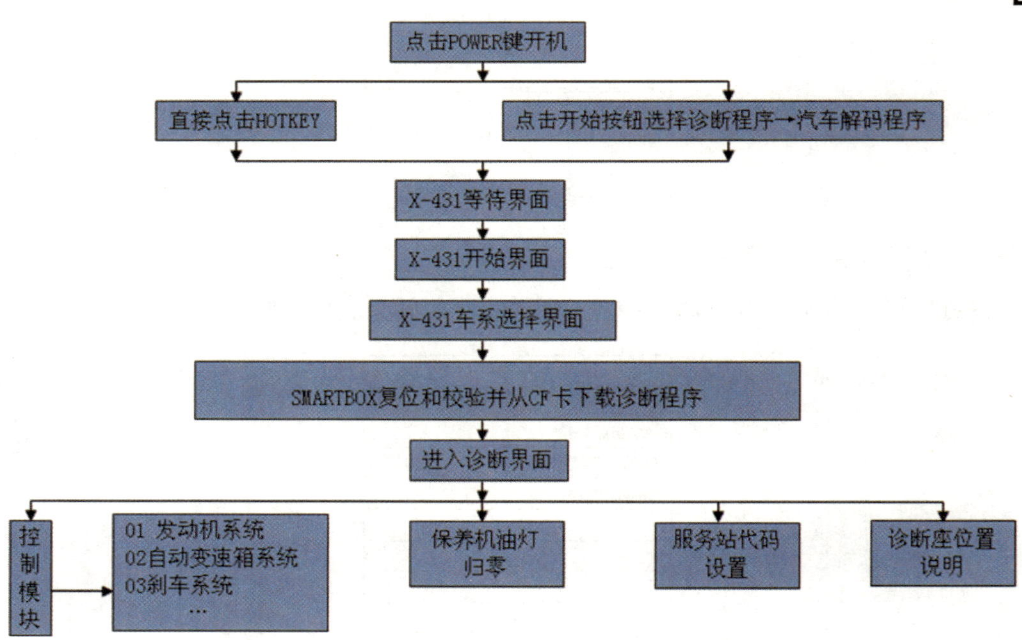

图 1-32　故障诊断仪的使用步骤

任务 3　示波器的使用

【理论知识】

一、波形的产生机理

KT600 的示波分析仪功能可以实时采集点火、喷油、电控系统传感器的波形，通过对传感器波形的分析，可以准确诊断传感器是否故障，通过对点火波形的分析不仅可以诊断点火系统的火花塞、高压线、点火线圈等各元器件故障，还可以分析出进气系统和燃油系统的可能故障点，为汽车的运行技术状况和故障诊断提供科学的依据。

二、示波器的使用

KT600 示波分析仪功能的研发在国内首次真正的实现了次级点火波形的实时显示，KT600 装备业内领先的32位主控CPU+高速数字处理芯片，保证在高达20MHZ采样频率的情况下仍能实时处理信号。

（1）高速五通道汽车专用示波器，并可以进行参考波形存储。

（2）汽车初级、次级点火波形分析；有纵列、三维、阵列、单缸等多种次级波形显示方式。

（3）显示点火击穿电压、闭合角，燃烧时间等。精确的点火同步，自动检测点火信号极性。

（4）无论是分电器点火，独立点火，双头点火都能可靠检测，相当于一台手持式发动机分析仪。

通用示波器功能如下：

（1）记录仪功能；

（2）发动机分析仪功能（选配）。

KT600 示波分析仪的功能非常强大，我们在这里只是简单地介绍示波分析仪的基本功能与基本操作。

连接好智能综合诊断仪以后，进入主菜单选择“示波分析仪”功能按键，如图 1-33 所示。

图 1-33　示波功能选择

通过 KT600 按键中的上下方向键选择需要检测项目，按 [OK] 键可以进入下一级菜单，直到选择到需要的测试项目，按 [ESC] 键可以返回上级菜单。

一般情况下，示波分析仪的汽车专用示波器的波形显示不需要调整，当要做超出汽车专用示波器标准菜单以外的测试内容时，可以选择通用示波器功能，也就需要掌握一定的调整方法，在汽车专用示波器测试过程中如果有相似菜单，调整方法也相同。

选择通用示波器，按[OK]键确认，在屏幕上有十个选项：通道、周期、电平、幅值、位置、停止、存储、载入、光标和触发，另外还有三个功能选项：通道设置、自动设置、配置取存。可以通过屏幕右下角的方向键来对选择项目进行调整，如图 1-34 所示。

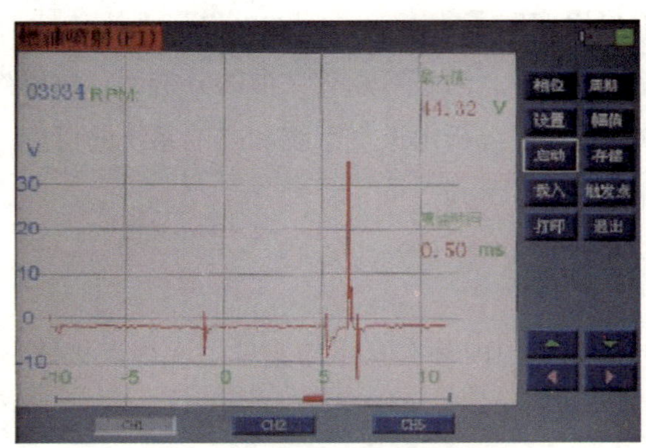

图 1-34　空气 / 燃油专用示波诊断界面

示波器至少为双通道显示，有的为四通道，有的为多通道接口，能够同时显示多组波形，把示波器连接到车辆上三个不同的传感器与执行器，即能将三种信号波形同时显示出来，便于对比分析与判断。在连接仪器的时候注意选择通道，调取波形的时候要进入相对应的通道，如图 1-35 所示。

图 1-35　KT600 通道接口

CH1、2、3、4—示波通道；CH5—触发通道

通道调整

按通道功能键可以选择通道 1（CH1）、通道 2（CH2）、通道 3（CH3）、通道 4（CH4）任意组合方式，如图 1-36 所示。

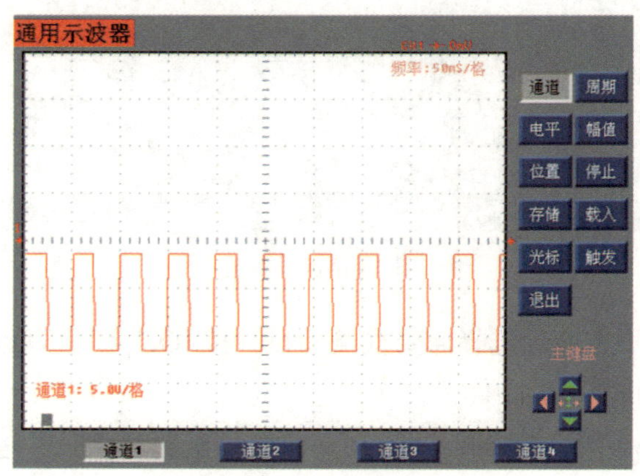

图 1-36　通道调整

位置调整

选择位置调整可以对波形的上下显示位置进行调整，按向上方向键，波形就会上移，按向下方向键，波形就会向下移动，如图 1-37 所示。

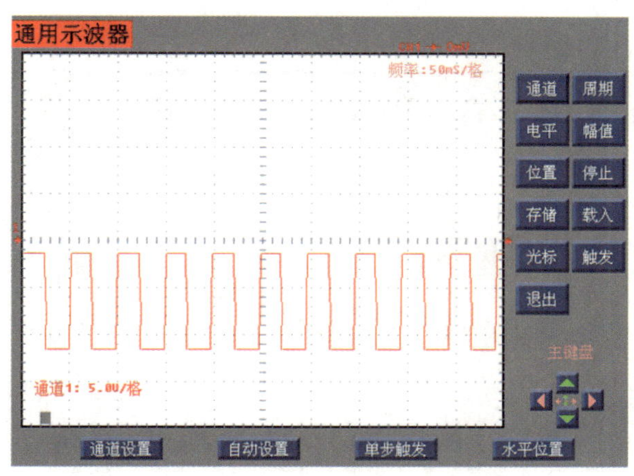

图 1-37 位置调整

周期调整

选择周期调整，按上下键可以改变每单格时间的长短，如果开机时设定的是 10mS/ 格，按向下键则会变为 5mS/ 格，波形就会变稀，按向上键则会变为 20mS/ 格，波形会变密。

电平调整

对纵轴的触发电平进行调整，对于同一波形，选择不同的触发电平，波形在显示屏上的位置就会跟着变化，如果触发电平的数值超出波形的最大最小范围时，波形将产生游动，在屏幕上不能稳定住。

幅值调整

按上下方向键可以调整纵向波形幅值的大小，KT600 可以选择 1 ： 0.5、1 ： 1.0、1 ： 2.5、1 ： 5、1 ： 10 和 1 ： 20。

触发方式调整

选择触发方式调整在高频（<50ms/ 格）可以对波形的触发起点进行调整，使用触发功能键可以选择触发的方式：上升沿，下降沿，自动 / 正常；触发通道：CH1、CH2、CH3、CH4，如图 1-38 所示。

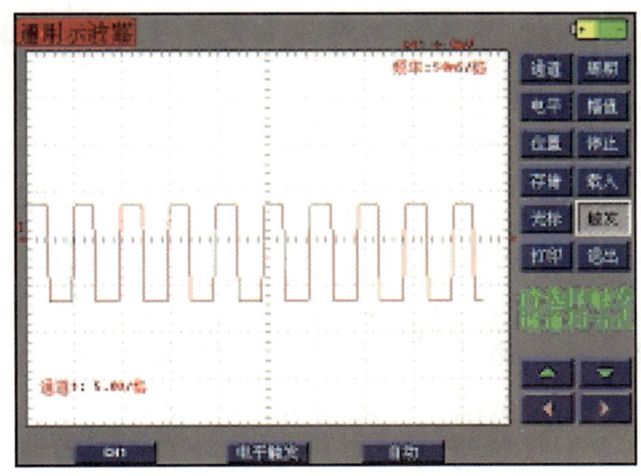

图 1-38 触发方式调整

波形的存储和载入

存储波形时，直接点击 " 存储 " 功能键，打开如下图所示窗口；然后输入文件名，点击 " 保存 " 按钮文件即被保存在如下目录中，如图 1-39 所示。

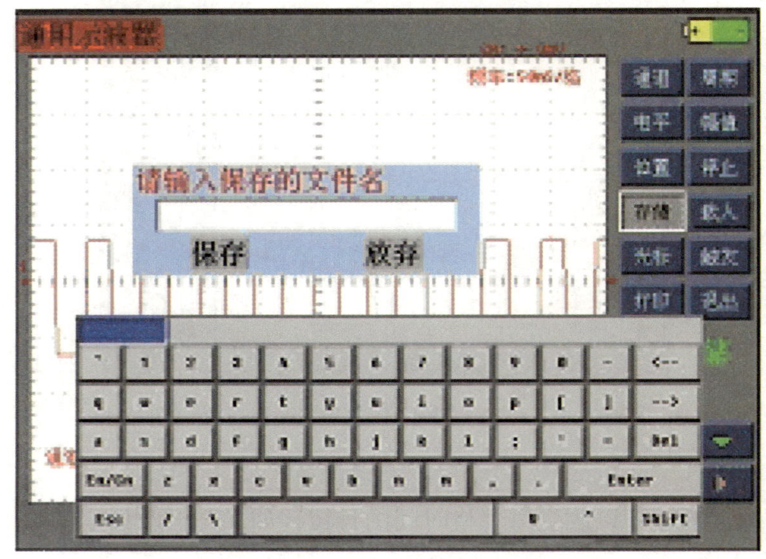

图 1-39　波形存储和载入

如果要载入波形，选择载入功能键，选择相应的文件名即可载入刚存储的波形。

传感器信源参数选择调整

在传感器菜单中可以通过选择信源参数选择调整所需要观察的通道的参数，如图 1-40 所示。

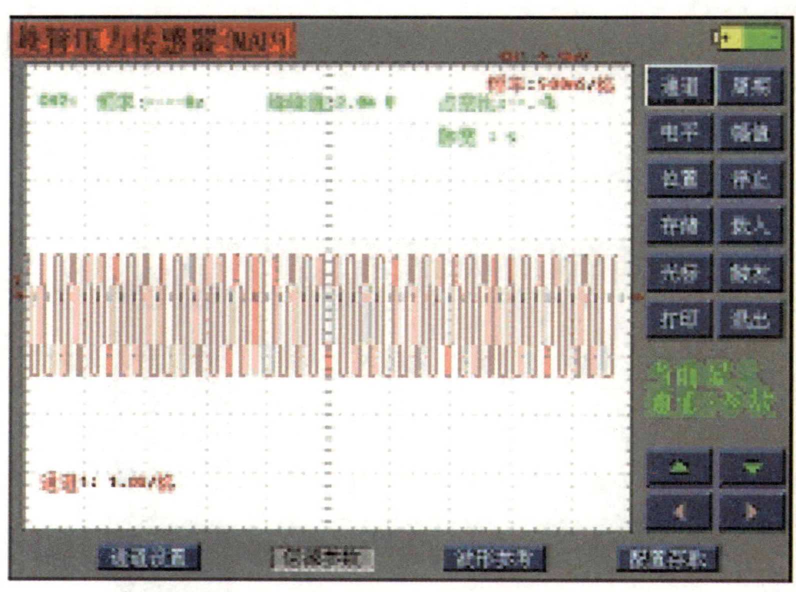

图 1-40　传感器信源参数选择调整

【技能训练】

一、读取各传感器的波形

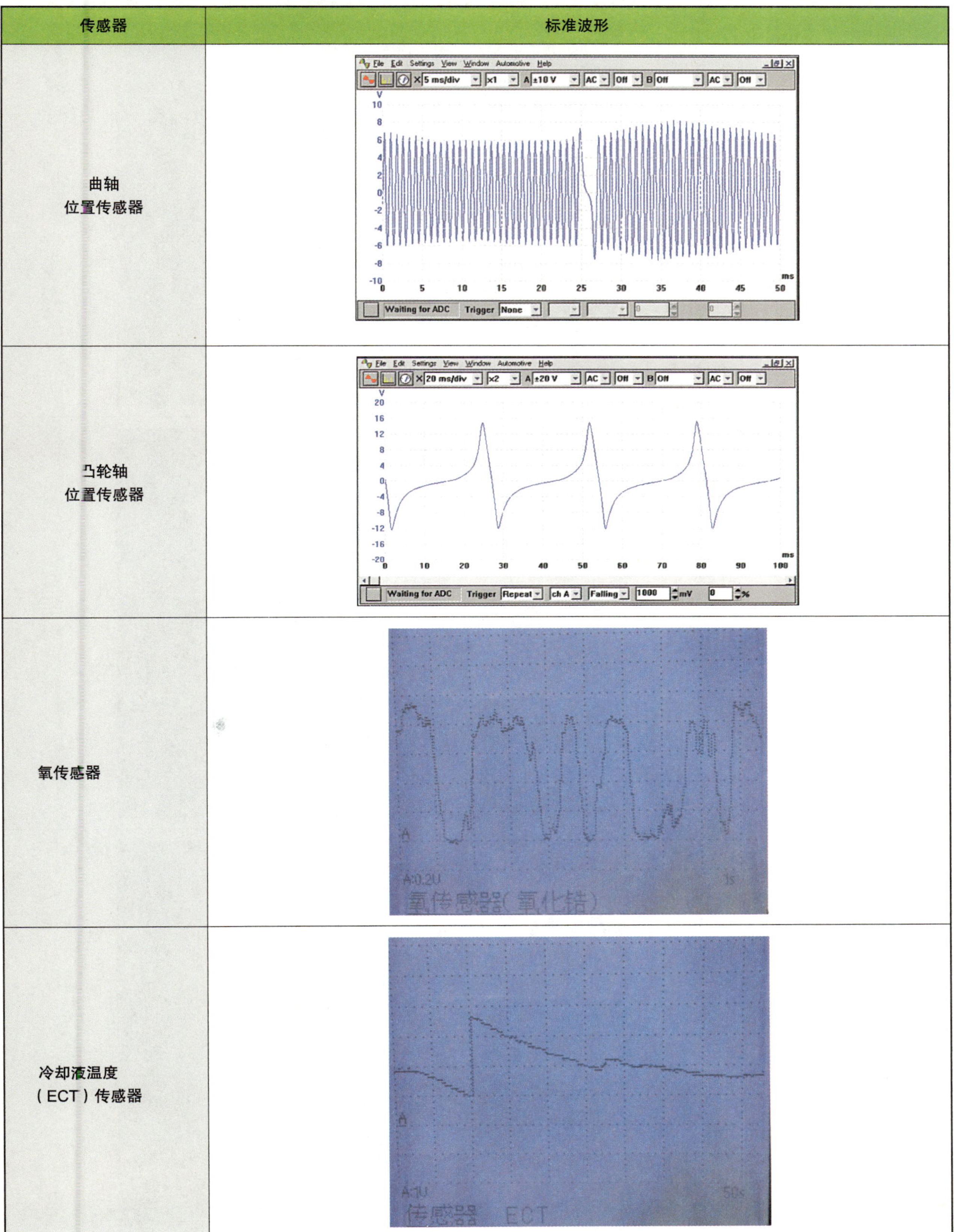

传感器	标准波形
曲轴位置传感器	
凸轮轴位置传感器	
氧传感器	
冷却液温度（ECT）传感器	

续表

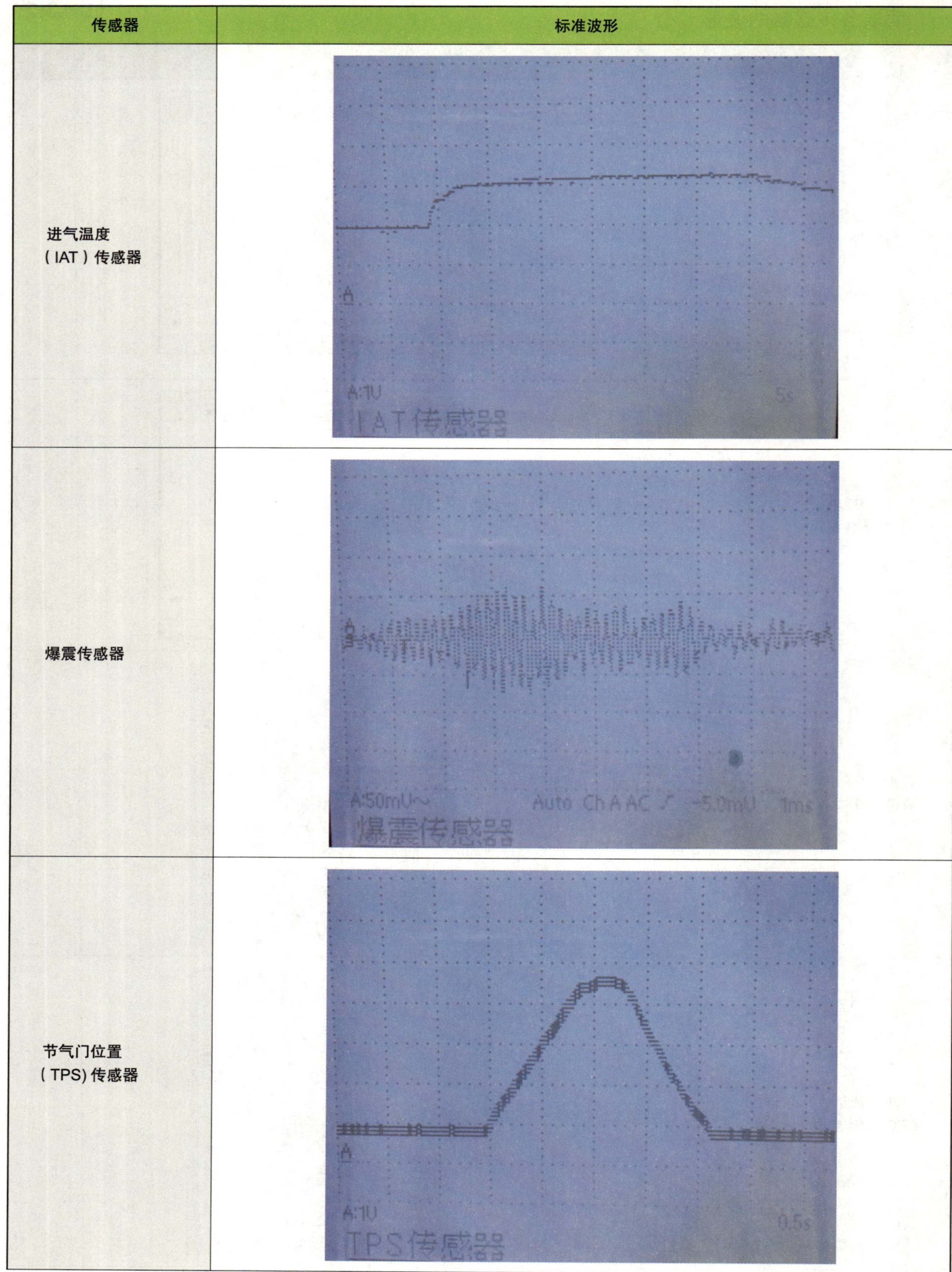

传感器	标准波形
进气温度（IAT）传感器	
爆震传感器	
节气门位置（TPS)传感器	

续表

传感器	标准波形
进气压力（MAP）传感器	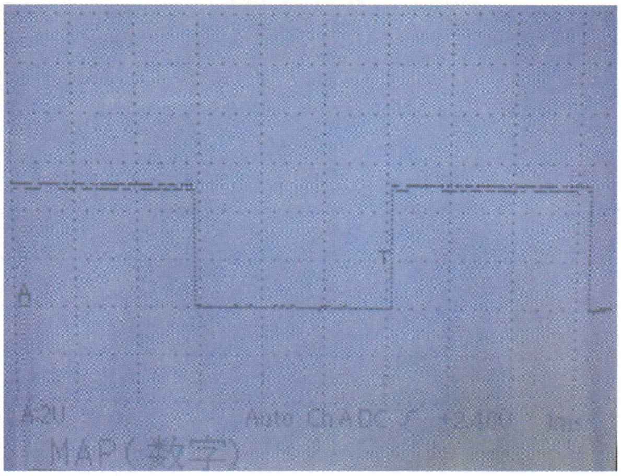 A:2U Auto ChADC +2.40U 1ms MAP(数字)

二、读取各执行器的波形

执行器	标准波形
喷油器	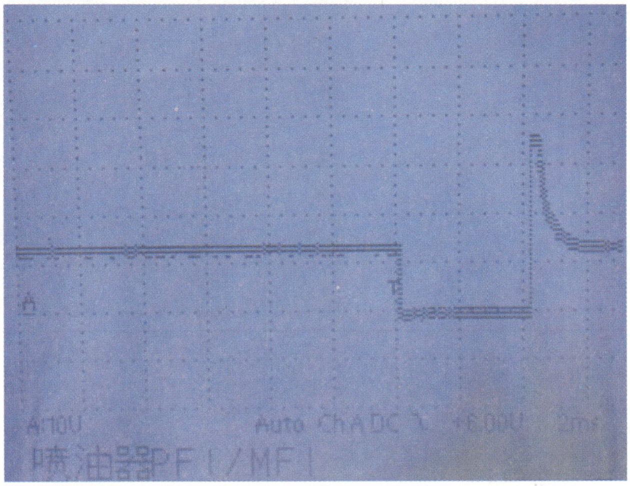 A:10U Auto ChADC +6.00U 2ms 喷油器PFI/MFI
A/F 控制电磁阀	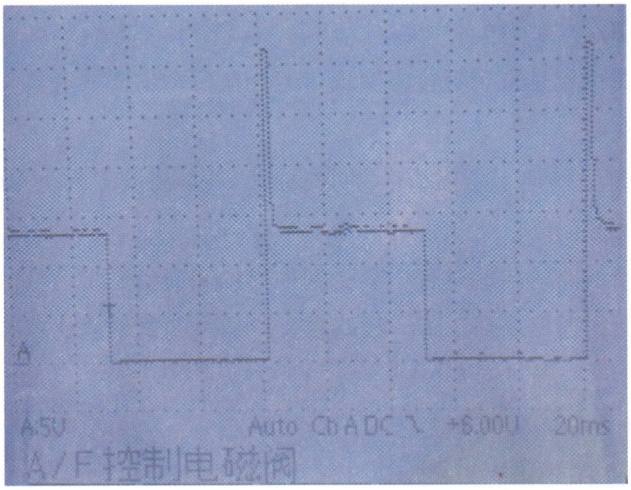 A:5U Auto ChADC +6.00U 20ms A/F 控制电磁阀

续表

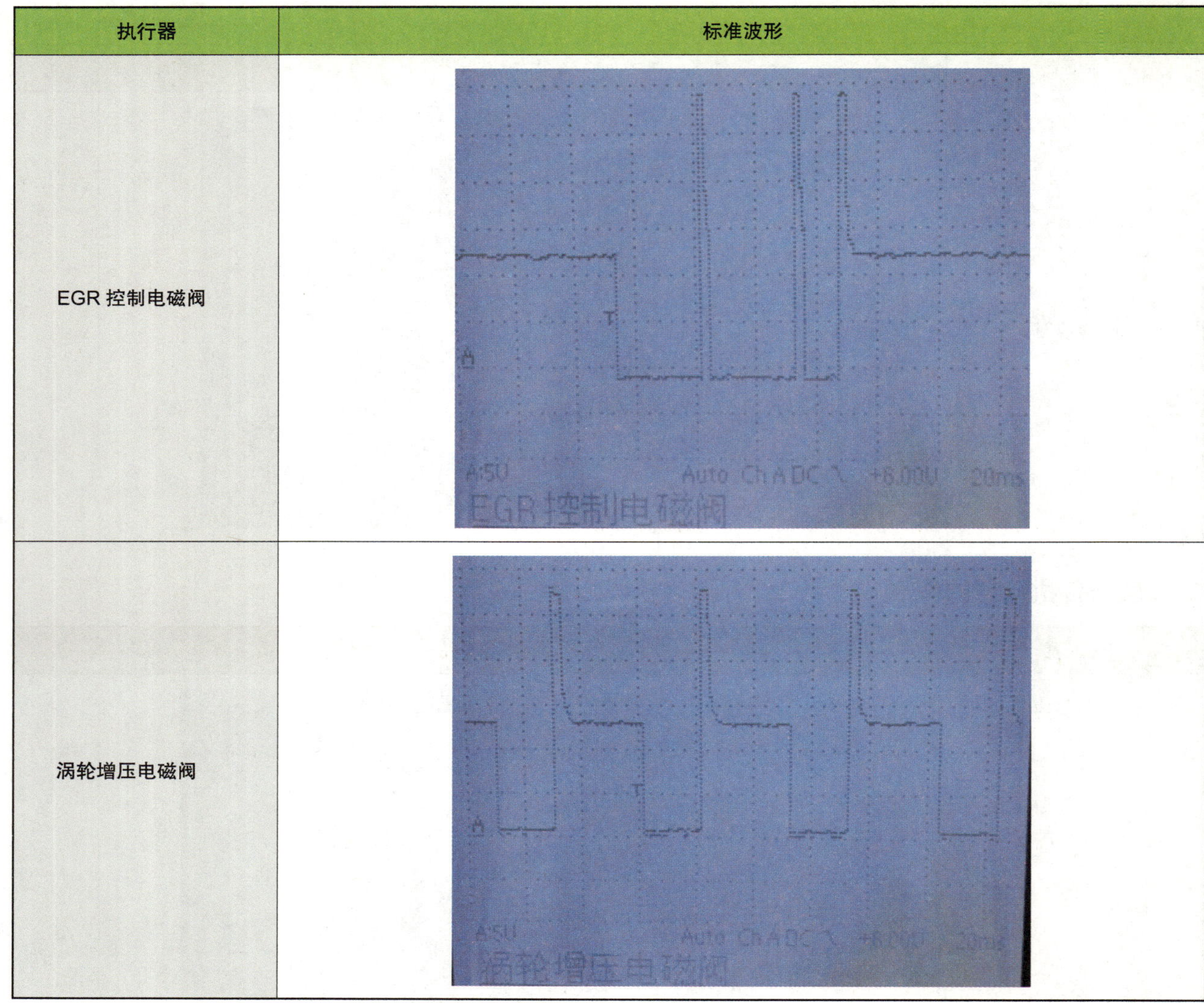

执行器	标准波形
EGR 控制电磁阀	A:5U Auto Ch A DC +8.00U 20ms EGR 控制电磁阀
涡轮增压电磁阀	A:5U Auto Ch A DC +8.00U 20ms 涡轮增压电磁阀

【知识拓展】

一、模拟信号与数字信号

1. 模拟通信

模拟通信的优点是直观且容易实现，但存在两个主要缺点。

（1）保密性差

模拟通信，尤其是微波通信和有线明线通信，很容易被窃听。只要收到模拟信号，就容易得到通信内容。

（2）抗干扰能力弱

电信号在沿线路的传输过程中会受到外界的和通信系统内部的各种噪声干扰，噪声和信号混合后难以分开，从而使得通信质量下降。线路越长，噪声的积累也就越多。

2. 数字通信

（1）数字化传输与交换的优越性

① 加强了通信的保密性。

② 提高了抗干扰能力。

数字信号在传输过程中会混入杂音，可以利用电子电路构成的门限电压（称为阈值）去衡量输入的信号电压。只有达到某一电压幅度，电路才会有输出值，并自动生成一整齐的脉冲（称为整形或再生）。较小杂音电压到达时，由于它低于阈值而被过滤掉，不会引起电路动作。因此再生的信号与原信号完全相同，除非干扰信号大于原信号才会产生误码。为了防止误码，在电路中设置了检验错误和纠正错误的方法，即在出现误码时，可以利用后向信号使对方重发。因而数字传输适用于较远距离的传输，也能适用于性能较差的线路。

③ 可构建综合数字通信网。采用时分交换后，传输和交换统一起来，可以形成一个综合数字通信网。

（2）数字化通信的缺点

① 占用频带较宽。

② 技术要求复杂，尤其是同步技术要求精度很高。接收方要能正确地理解发送方的意思，就必须正确地把每个码元区分开来，并且找到每个信息组的开始，这就需要收发双方严格实现同步，如果组成一个数字网的话，同步问题的解决将更加困难。

③ 进行模 / 数转换时会带来量化误差。随着大规模集成电路的使用以及光纤等宽频带传输介质的普及，对信息的存储和传输，越来越多使用的是数字信号的方式，因此必须对模拟信号进行模 / 数转换，在转换中不可避免地会产生量化误差。

数字信号与模拟信号的区别不在于该信号使用哪个波段（C、KU）进行转发，而在于信号采用何种标准进行传输。如：亚卫 2 号 C 波段转发器上是我国省区卫星数字电视节目，它所采用的标准是 MPEG-2-DVBS。

二、模数转换原理

模拟信号和数字信号之间可以相互转换：模拟信号一般通过 PCM 脉码调制 (Pulse Code Modulation) 方法量化为数字信号，即让模拟信号的不同幅度分别对应不同的二进制值，例如采用 8 位编码可将模拟信号量化为 2^8=256 个量级，实用中常采取 24 位或 30 位编码；数字信号一般通过对载波进行移相(Phase Shift) 的方法转换为模拟信号。

计算机、计算机局域网与城域网中均使用二进制数字信号，目前在计算机广域网中实际传送的则既有二进制数字信号，也有由数字信号转换而得的模拟信号。但是更具应用发展前景的是数字信号。

具体来说，数字信号有以下几个优势：

一是抗干扰能力比较强，传输信号的质量比较高；

二是图像的清晰度高，换音的效果好；

三是可以更有效地利用频道资源，可以传输几百套节目，在模拟电视信号中，只能传输几十套；

四是可以提供各种信息服务。

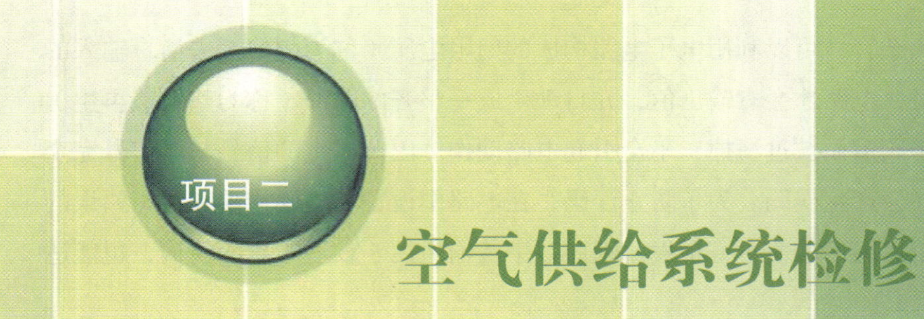

项目二 空气供给系统检修

任务 1　空气流量传感器检修

云板书

【理论知识】

一、空气供给系统的作用

燃油在发动机气缸内燃烧需要一定数量的空气，空气供给系统的任务就是为发动机提供适量的空气，同时向 ECU 传递此信息，并根据 ECU 的指令完成空气量的调节。

二、空气供给系统的组成

空气供给系统由空气滤清器、空气流量计 / 进气歧管压力传感器、节气门位置传感器、怠速控制装置、进气总管、进气歧管和增压控制装置等组成，如图 2-1 所示。

导学视频

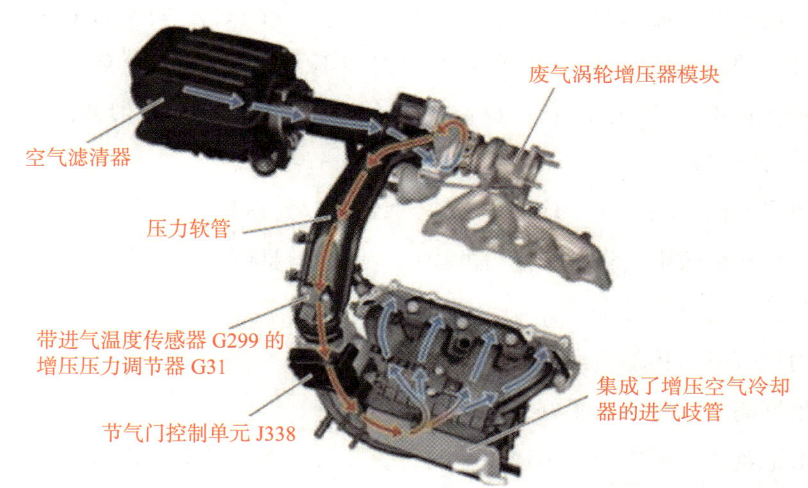

图 2-1　空气供给系统的组成

三、空气供给系统的类型

按进气系统空气量的检测方式分类，空气流量计分为速度密度型进气系统（D 型）和质量流量型进气系统（L 型），分别如图 2-2、图 2-3 所示。

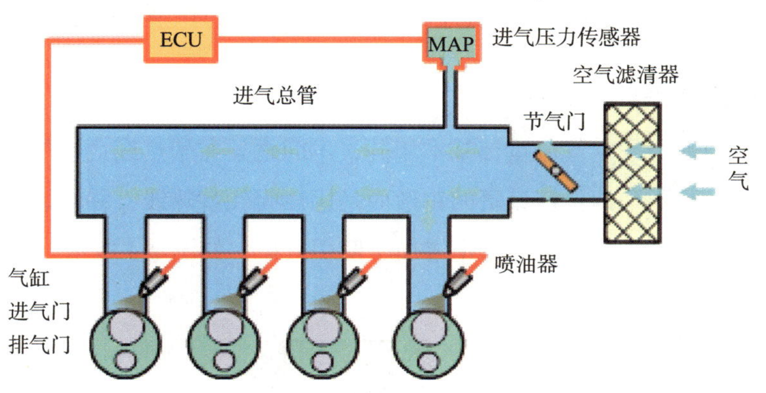

图 2-2 速度密度型进气系统（D 型）

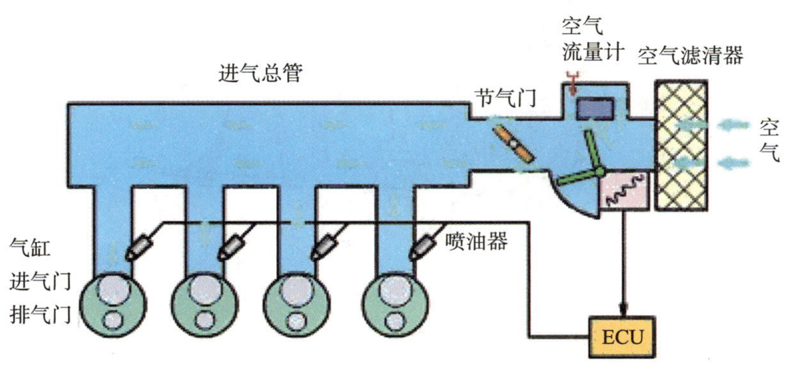

图 2-3 质量流量型进气系统（L 型）

四、空气供给系统工作原理

1. 速度密度式进气系统工作原理

速度密度式进气系统，利用进气歧管绝对压力传感器测得进气歧管中的绝对压力，然后根据绝对压力值和发动机转速推算出每一循环发动机吸入的空气量。由于进气歧管中的空气压力是变化的，因此速度密度方式不容易精确检测吸入的空气量。

2. 质量流量式进气系统工作原理

该进气系统利用空气流量计直接测量吸入的空气量，通常用测得的空气流量与发动机转速的比值作为计算喷油量的标准。空气经过空气滤清器过滤后，用空气流量计进行测量，然后通过节气体到达稳压箱，再分配给各缸进气管。在进气管内，由喷油器中喷出的汽油与空气混合后被吸入气缸内进行燃烧。

五、空气流量传感器的作用

空气流量传感器安装在空气滤清器和节气门之间，用来测量进入气缸内空气量的多少，然后，将进气量信号转换成电气信号输入电控单元，从而由电控单元计算出喷油量，控制喷油器向节气门室（进气管）喷入与进气量成最佳比例的燃油。

六、空气流量传感器的类型

空气流量传感器可分为空气流量计（L 型）和进气压力传感器（D 型）。其中空气流量计有叶片式

（翼板式）空气流量计、卡门涡旋式空气流量计、热线式空气流量计、热膜式空气流量计。

七、热膜式空气流量传感器结构原理

其结构与工作原理与热线式空气流量计基本相同，不同之处在于热线式空气流量计采用铂丝制成热线电阻，热膜式空气流量计不采用价格昂贵的铂丝而是用热膜代替热线，并将热膜镀在陶瓷片上，成本较低，而且测量元件不直接承受空气流的作用增加了使用寿命，如图 2-4 所示。

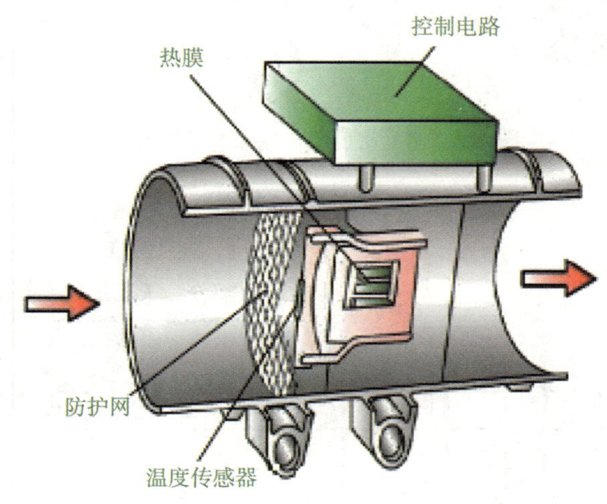

图 2-4　热膜式空气流量传感器

八、热线式空气流量传感器结构原理

热线式空气流量计的构造简单、结构紧凑、质量轻。它由感知空气流量的铂金热线、根据进气温度进行修正的补偿电阻（又称为冷线）和控制热线电流并产生输出信号的控制线路板，以及空气流量计的壳体，如图 2-5 所示。根据白金热线在壳体内安装的部位不同，可分为主流量测量方式和旁通测量方式两种组成。

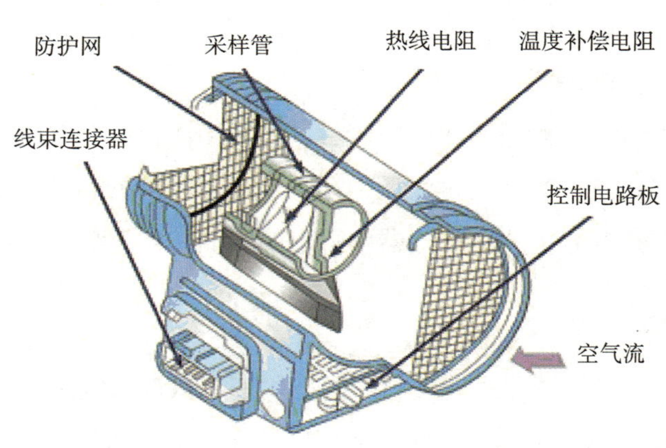

图 2-5　热线式空气流量计

热线通电并产生热量，当进入检测区域的空气流经热线时，带走部分热量使热线温度下降，而空气流量计中的电路设计使热线和进入的空气之间保持恒定的温度差；进气量增大，则需要向热线提供较大的电流，而空气流量计电路的输出电压信号随之发生改变。

【技能训练】

一、热膜式空气流量传感器线路检测

热膜式空气流量传感器线路连接，如图 2-6 所示。

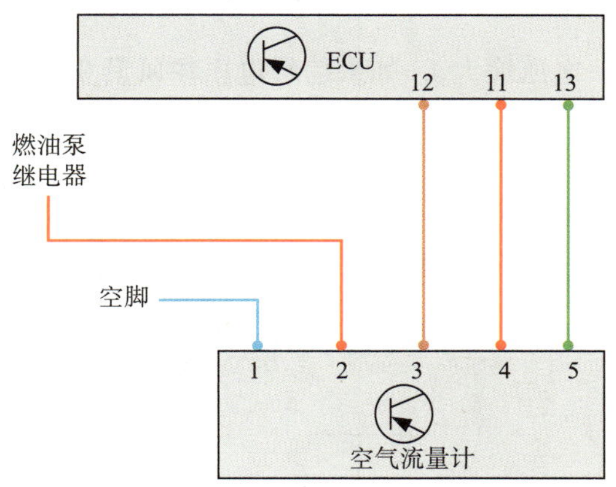

图 2-6　热膜式空气流量传感器线路连接

用万用表检测各线路接点电压，如图 2-7 所示。

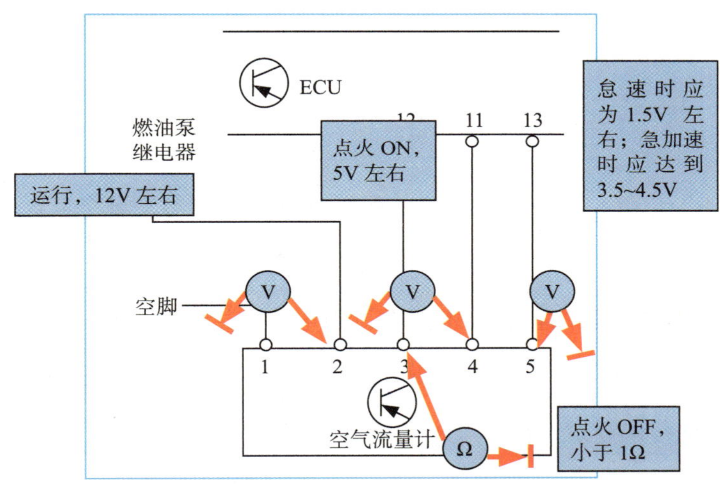

图 2-7　热膜式空气流量传感器各线路接点电压

二、热线式空气流量传感器线路检测

热线式空气流量传感器连接器一般有 6 个端子。

1. 就车检测

将热线式空气流量传感器导线连接器橡胶罩拨开，在发动机转动（怠速和 3000r/min）和停转的情况下，用万用表 V 档测量空气流量传感器空气流量信号——搭铁端子之间的输出电压值，其电压值应符合车型技术要求。

2. 离车单件检测

点火开关置于“OFF”位置，拔下空气流量传感器的导线连接器，从车上将空气流量传感器拆下。

观察空气流量传感器内的热线有无断开，护网有无堵塞或破裂。

如图 2-8 所示，将蓄电池电压施加于空气流量传感器的端子 D 和 E（热线式，注意蓄电池极性应正确，D 接负极，E 接正极），然后用万用表 V 档测量端子 B 和 D 之间的电压，电压值应符合车型技术要求。再用电风扇给空气流量传感器的进风口吹风，此时电压值应该上升 2~4V，信号电压值应随风量的大小变化灵敏的变化（风量增加，电压增大），如果信号电压在风量变化时不变、变化极小或变化迟缓等均为热线脏污或 ECU 故障。

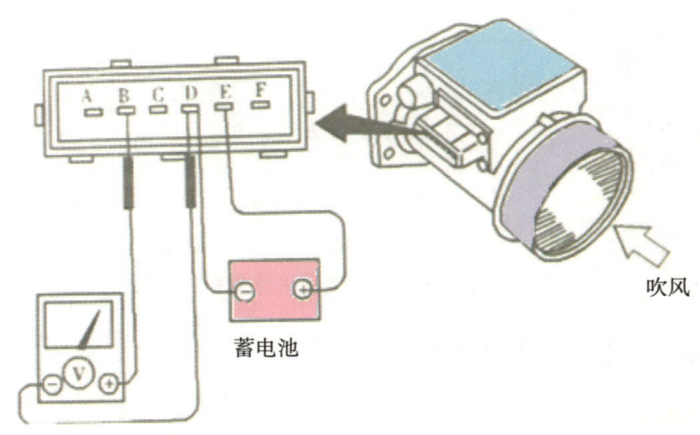

图 2-8　离车单件检测

3. 供电电压检测

点火开关置于“OFF”位置，拔下空气流量传感器的导线连接器，再将点火开关转至“ON”位置，用万用表 V 档测量导线侧连接器 E–D（热线式）端子间的电压值，电压值应该为蓄电池电压。

如果上述 1、2、3 项检测结果均符合技术要求，则空气流量传感器信号系统正常；如果 1、2 项中任何一项检测结果不在技术要求范围内，而 3 项检测结果符合技术要求，则说明空气流量传感器不良；如果 1、2 项检测结果符合技术要求，而 3 项的检测结果不符合技术要求，则说明空气流量传感器本身正常，ECU 性能不良。

三、空气流量传感器数据流的读取

发动机怠速运转，读测量数据块显示组 02，检查进气质量。标准值应为 2.0~4.0g/s。如果不在标准范围内或者查询到空气质量计有故障，应检查空气流量计的供电电压。

四、空气流量传感器信号波形的读取

输出信号电压随进气流量的增大而增大。通常热线（热膜）式空气流量传感器输出信号电压范围是从怠速时超过 0.2V 变至节气门全开时超过 4V，当急减速时输出信号电压应比怠速时的电压稍低，如图 2-9 所示。

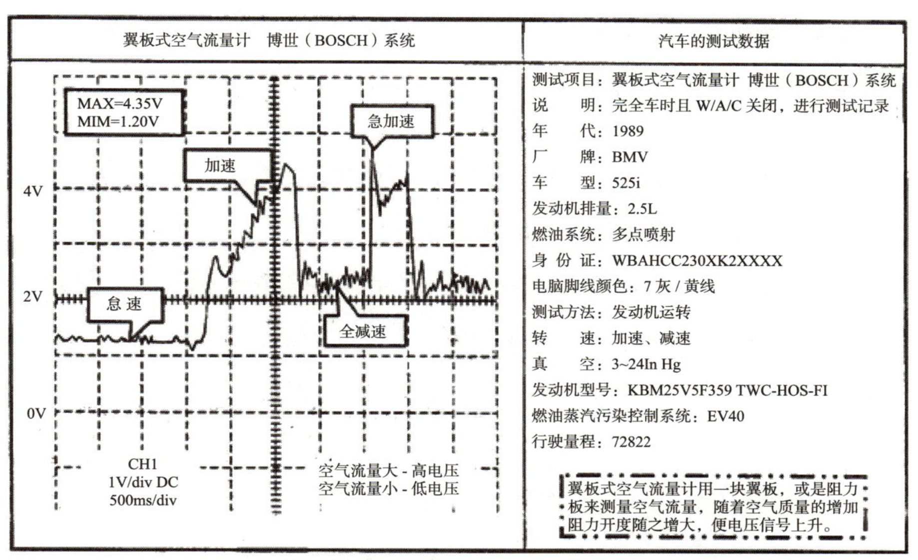

图 2-9 空气流量计波形

【知识拓展】

一、各种空气流量传感器性能比较

1. 叶片式空气流量计

叶片式空气流量计由测量板（叶片）、缓冲板、阻尼室、旁通气道、怠速调整螺钉、回位弹簧等组成，此外内部还设有电动汽油开关及进气温度传感器等。

在有的叶片式空气流量计中，还有一电动汽油泵开关，其作用是当点火接通而发动机不转动时，控制电动汽油泵不工作。一旦空气流量计中有空气流过时，此开关闭合，电动汽油泵开始工作。这种有电动汽油泵开关的空气流量计的电插座一般为 7 脚。

叶片式空气流量计电位器是以电位变化检测空气量的装置，它与空气流量计测量板同轴安装，能把因测量板开度变化而产生的滑动电阻变化转换为电压信号，并送给电控单元，在测量板的回转轴上，装有一根螺旋回位弹簧，当吸入空气推开测量板的力与弹簧变形后的回位力相平衡时，测量板即停止转动。用电位计检测出测量板的转动角度，即可得知空气流量，如图 2-10 所示。

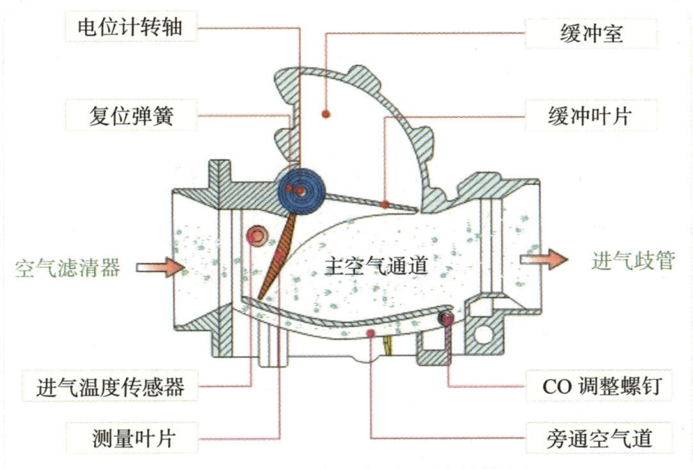

图 2-10 叶片式空气流量计结构图

2. 卡门旋涡式空气流量计

卡门旋涡式空气流量计与叶片式空气流量计相比，具有体积小、重量轻、进气道结构简单、进气阻力小等优点。

卡门旋涡式空气流量计的结构按照旋涡数的检测方式不同，可以分为反光镜检测方式卡门旋涡式空气流量计和超声波检测方式卡门旋涡式空气流量计两种。

由于卡门旋涡式空气流量计，没有可动部件，反应灵敏，测量精度高。卡门旋涡式空气流量计与叶片式空气流量计直接测得的均是空气的体积流量，因此在空气流量计内均装有进气温度传感器，以便对随气温而变化的空气密度进行修正，从而正确计算出进气的质量流量，如图 2-11 所示。

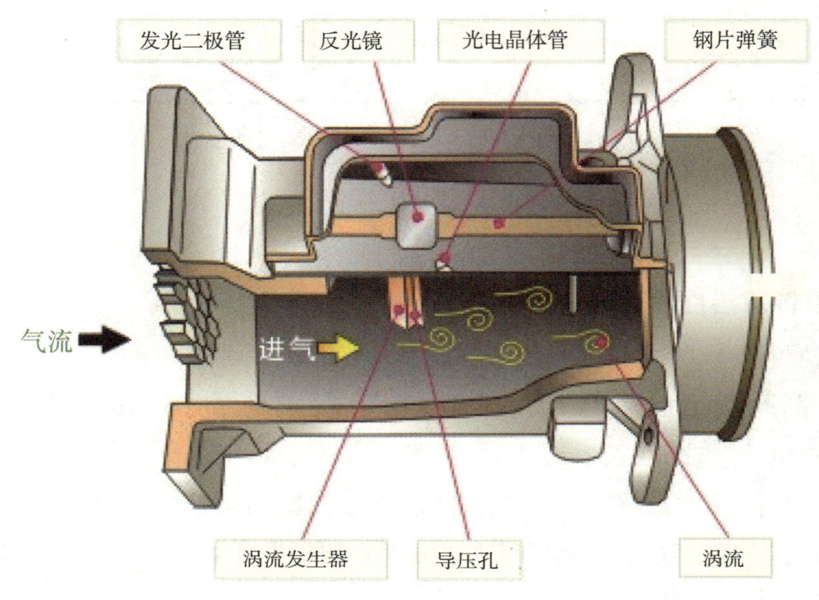

图 2-11　卡门旋涡式空气流量计

3. 热线式空气流量计

热线式空气流量计有两种形式：一种是把热线和进气温度传感器都放在进气主通路的取样管内，称为主流测量式；另一种是把热线缠在绕线管上和进气温度传感器都放在旁通气路内，称为旁通测量式。这两种热线式空气流量计为了将热线温度与进气温度的温差维持恒定，都设有控制回路。如果热线因吸入的空气而变冷，则控制回路可以增加供给热线的电流，以使热线与进气的温度差恢复到原来恒定的状态。

热线式空气流量计长期使用后，会在热线上积累杂质，为了消除使用中热线上附着的胶质积炭对测量精度的影响，为此在流量计上采用烧净措施解决这个问题。每当发动机熄火时（或启动时），ECU 自动接通空气流量计壳体内的电子电路，加热热线，使其温度在 1s 内升高 1 000℃。由于烧净温度必须非常精确，因此在发动机熄火 4s 后，该电路才被接通。

由于热线式空气流量计测量的是进气质量流量，它已把空气密度、海拔高度等影响考虑在内，因此可以得到非常精确的空气流量信号，如图 2-12 所示。

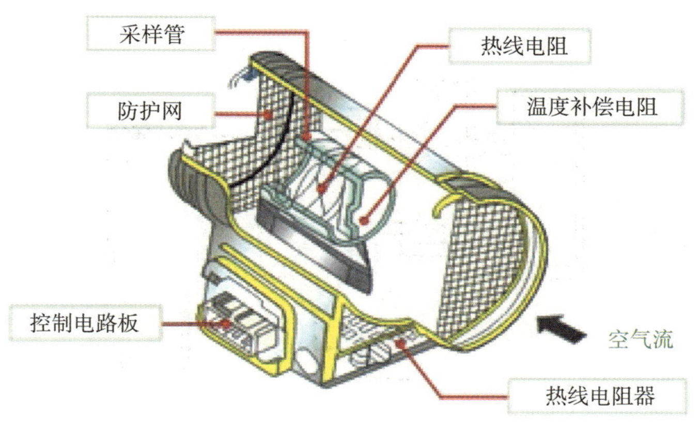

图 2-12 热线式空气流量计

4. 热膜式空气流量计

热膜式空气流量计是发热体不是热线而是热膜，即在热线位置放上热膜，发热金属膜固定在薄的树脂膜上，这种结构可使发热体不直接承受空气流动所产生的作用力，以延长使用寿命。由于在设计中考虑了进气管内的气流脉动和回流以及进气温度变化对空气流量测量的影响，因而热膜式空气流量计的测量精度和灵敏度更高，如图 2-13 所示。

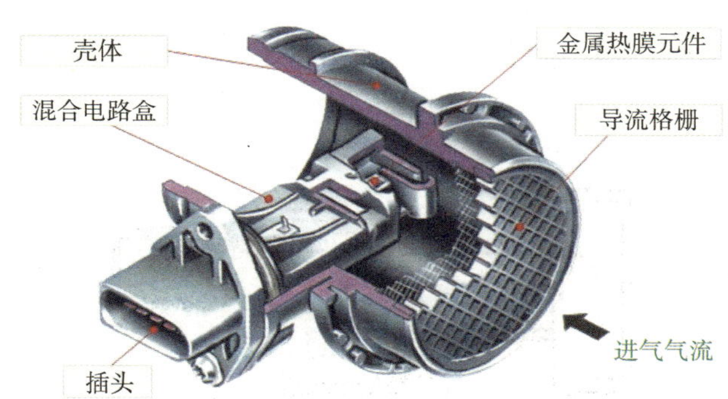

图 2-13 热膜式空气流量计

二、L 型进气系统与 D 型进气系统

进气系统是测量和控制汽油燃烧时所需要的空气量。其组成是由测量空气流量的方式决定的，根据测量空气流量的方式不同，进气系统有质量流量式的进气系统（用于 L 型 EFI 系统）、速度密度式的进气系统（用于 D 型 EFI 系统）。

1. L 型（质量流量式）进气系统

图 2-14 所示为质量流量式进气系统，该进气系统利用空气流量计直接测量吸入的空气量，通常用测得的空气流量与发动机转速的比值作为计算喷油量的标准。空气经过空气滤清器过滤后，用空气流量计进行测量，然后通过节气门体到达稳压箱，再分配给各缸进气管。在进气管内，由喷油器中喷出的汽油与空气混合后被吸入气缸内进行燃烧。

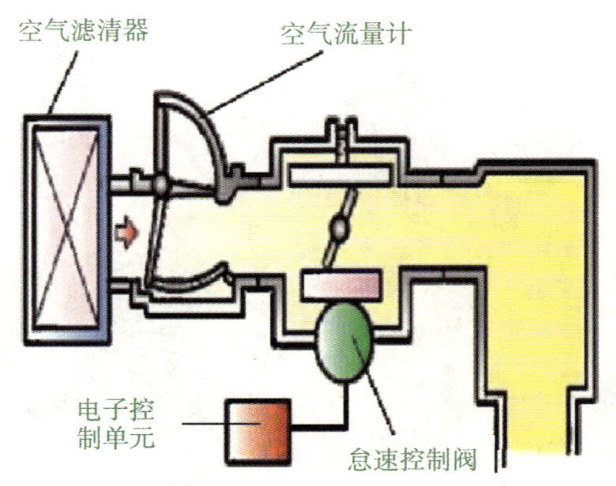

图 2-14　L 型进气系统

节气门装在节气门体上，控制进入各缸的空气量，在一些老式车上，在该总成上还装有空气阀。当温度低时空气阀打开，部分附加空气进入进气总管，以提高怠速转速，加快暖机过程（亦称快怠速）。在装有怠速控制阀（ISCV）的发动机上，由 ISCV 来完成空气阀的作用。

2. D 型（速度密度式）进气系统

速度密度式进气系统，利用进气歧管绝对压力传感器测得进气歧管中的绝对压力，然后根据绝对压力值和发动机转速推算出每一循环发动机吸入的空气量。由于进气歧管中的空气压力是变化的，因此速度密度方式不容易精确检测吸入的空气量。速度密度方式的进气系统组成，如图 2-15 所示，它与质量流量方式进气系统的主要差别是用进气歧管绝对压力传感器代替了空气流量计。

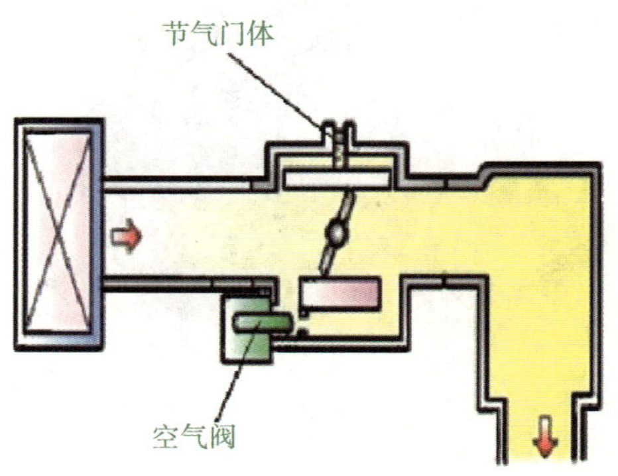

图 2-15　D 型进气系统

经过空气滤清器过滤的空气，经节气门体流入稳压箱，分配给各缸进气管，然后与喷油器喷射的汽油混合形成可燃混合气，再吸入气缸内。

任务 2　进气温度传感器检修

云板书

【理论知识】

一、进气温度传感器结构原理

进气温度传感器 IAT 安装在进气管道上，其内部有一个负温度系数的热敏电阻（阻值会随温度变化而变化）。空气温度越低，电阻越高，电压也越高；温度升高，电阻下降，电压也下降。ECU 利用该信号得知当前的空气密度，修正进入的空气质量值。当温度为 20℃时，电压为 4V，当温度为 100℃时，电压为 0.8V，如图 2-16 所示。

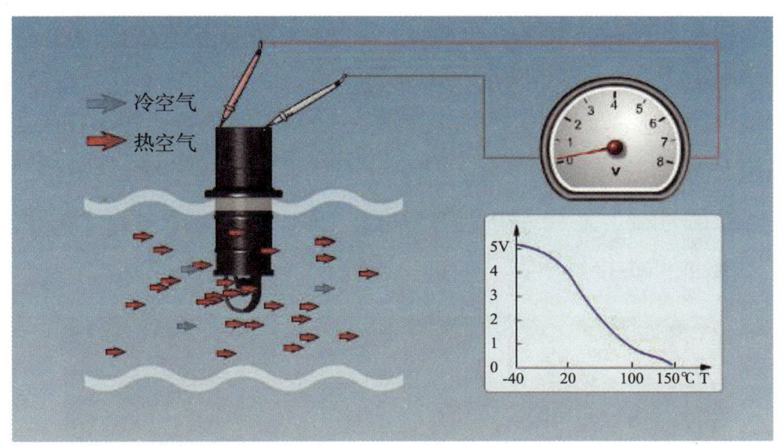

图 2-16　进气温度传感器结构特点和工作原理

【技能训练】

导学视频

一、进气温度传感器电阻检测

如果进气温度传感器本身或其线路故障，将导致发动机启动困难、怠速不稳、废气污染物排放量增加，进气温度传感器的电阻检测方法及要求与冷却液温度传感器基本相同。

单件检查时，将点火开关置于 OFF 位置，拆下进气温度传感器导线连接器，并将传感器拆下。用电热吹风或热水加热进气温度传感器，并用万用表电阻挡，测量在不同温度下两端子间的电阻值。

将测得的电阻值与标准数值进行比较，如果与标准值不符，则应更换进气温度传感器。

安装进气温度传感器，用 10Nm 左右的力矩拧紧传感器。检查结构与水温传感器相似的进气温度传感器时，可采用检查水温传感器的方法。

在正常情况下，温度为 20℃时，阻值为 2~3 千欧姆 ;80℃时，阻值为 0.4~0.7 千欧姆。如果测量结果不符合规定要求，则应更换传感器，安装于空气流量传感器内的进气温度传感器损坏时，应更换空气流量传感器，如图 2-17 所示。

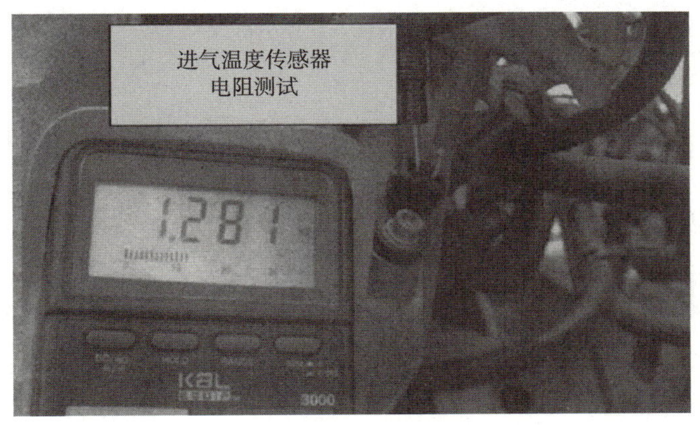

图 2-17　进气温度传感器电阻测试

二、进气温度传感器线路测试

（1）检测电源电压：拆下进气温度传感器线束插头，打开点火开关，测量进气温度传感器的电源电压，应为 5V。

（2）测量输入：信号电压。将点火开关置于 ON 位置，用万用表的电压挡测量图中 ECU 的 THA 与 E2 间的电压，该电压值应在 0.5~3.4V（20℃）范围内。

若不在规定范围内，则应进一步检查进气温度传感器连接线路是否接触不良或存在断路、短路故障。

（3）检查进气温度传感器连接线束电阻。用数字式万用表的电阻挡测量传感器插头与 ECU 插接器端子间电阻，即传感器信号端、地线端分别与对应的 ECU 的两端子电阻。如果不导通或电阻值大于 1Ω，说明传感器连接线路或插头接触不良，应进一步检查，如图 2-18 所示。

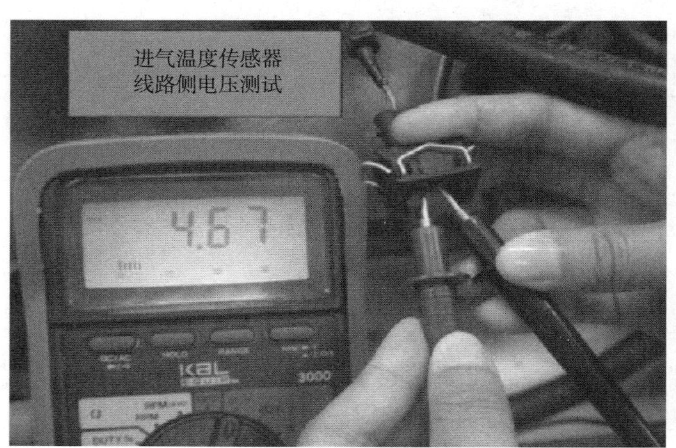

图 2-18　进气温度传感器线路侧电压测试

三、进气温度传感器数据流的读取

进气温度传感器不正常时的显示结果，如图 2-19 所示。

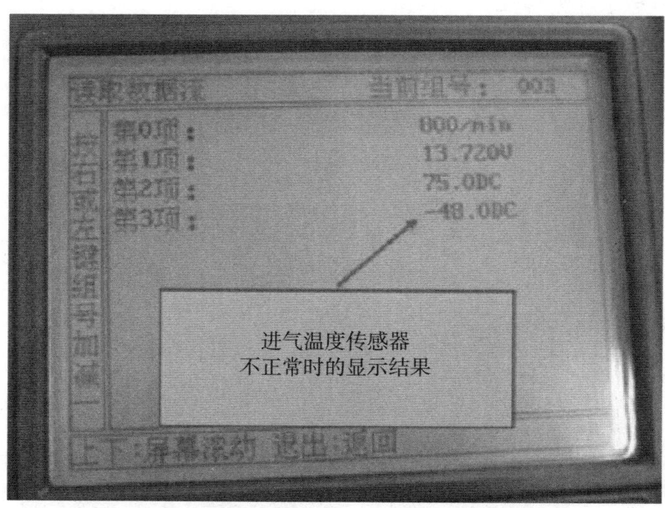

图 2-19　进气温度传感器不正常时的显示

进气温度传感器正常时的显示结果，如图 2-20 所示。

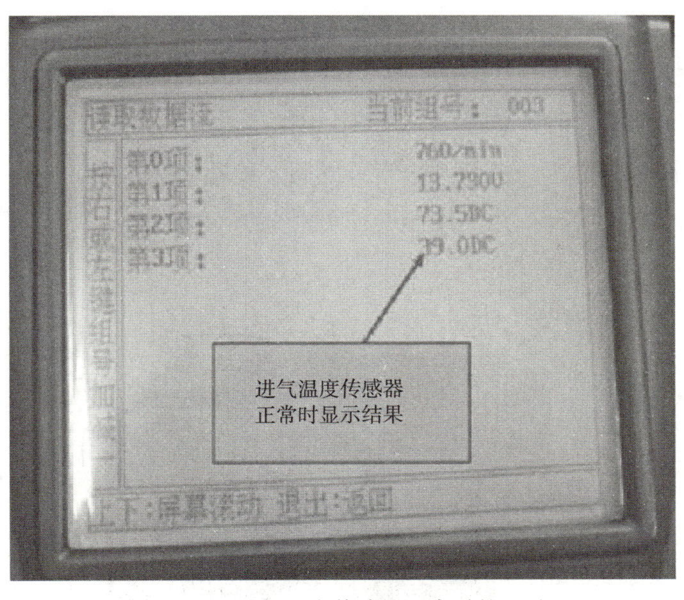

图 2-20　进气温度传感器正常时的显示

【知识拓展】

PTC 是 Positive Temperature Coefficient 的缩写，意思是正的温度系数，泛指正温度系数很大的半导体材料或元器件。

通常我们提到的 PTC 是指正温度系数热敏电阻，简称 PTC 热敏电阻。PTC 热敏电阻是一种典型具有温度敏感性的半导体电阻，超过一定的温度（居里温度）时，它的电阻值随着温度的升高呈阶跃性的增高。

NTC（Negative Temperature Coeff1Cient）是指随温度上升电阻呈指数关系减小、具有负温度系数的热敏电阻现象和材料。该材料是利用锰、铜、硅、钴、铁、镍、锌等两种或两种以上的金属氧化物进行充分混合、成型、烧结等工艺而成的半导体陶瓷，可制成具有负温度系数（NTC）的热敏电阻。其电阻率和材料常数随材料成分比例、烧结气氛、烧结温度和结构状态不同而变化。现在还出现了以碳化硅、硒化锡、氮化钽等为代表的非氧化物系 NTC 热敏电阻材料。

任务 3　节气门位置传感器检修

【理论知识】

一、节气门位置传感器作用

检测节气门的开度及开度变化，此信号输入 ECU，控制燃油喷射及其他辅助控制。

二、节气门位置传感器类型

节气门位置传感器常见有开关式、滑动电阻式、综合式。

1. 开关型节气门位置传感器

节气门位置传感器使用一个怠速（IDL）触点和高功率（PSW）触点来检测发动机是怠速还是在高负荷下运转。当节气门完全关闭时，怠速触点闭合、高功率触点断开。这时发动机 ECU 确定发动机处于怠速。当踩下加速踏板时，怠速触点断开，当节气门开度达 50%以上时，PSW 触点闭合，表明发动机处于大负荷状态；而当节气门开度在关闭至 50%之间时，动触点悬空，表明发动机处于中小负荷状态，如图 2-21 所示。

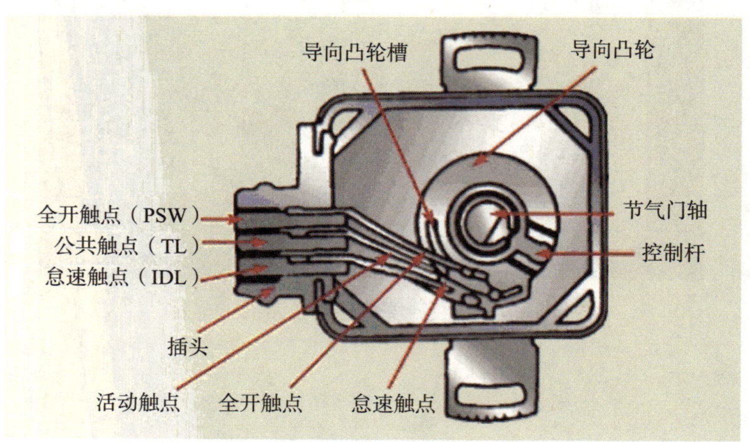

图 2-21　开关型节气门位置传感器结构

2. 滑动电阻式节气门位置传感器

当节气门位置改变时，节气门轴旋转带动主、副触电在滑动电阻体和滑片上滑动，因此改变电源端子和信号端子之间的电阻值，使节气门开度转换为电压信号输送给 ECU，如图 2-22 所示。

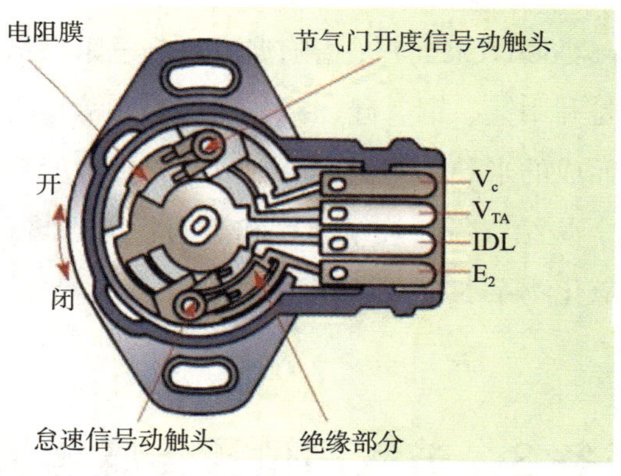

图 2-22　滑动电阻式节气门位置传感器结构

3. 综合式节气门位置传感器

采用一个怠速开关和一个线性可变电阻相结合的方式，怠速开关用来产生怠速信号，线性可变电阻用来反映节气门开度。

三、节气门位置传感器结构原理

节气门体主要由节气门、节气门位置传感器、怠速旁通气道和调整螺钉等组成。节气门体安装在空气流量传感器后方的进气管上。节气门用来控制发动机正常运行工况下的进气量。有的是电子节气门控制节气门开度，有的设有旁通通道。

由于电控汽油喷射发动机怠速运转时，一般将节气门完全关闭，所以专门设有怠速空气道，以供给发动机怠速时所需的空气量。怠速空气道由 ECU 通过怠速控制阀控制。为防止在寒冷地区使用时节气门转动部位结冰，有些节气门体的外围设有发动机冷却液通道，用以对节气门体加温，如图 2-23 所示。

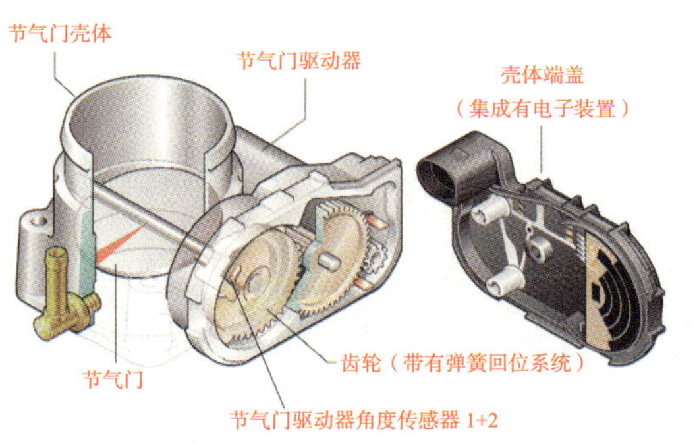

图 2-23 节气门位置传感器结构

1. 开关式节气门位置传感器工作原理

这种节气门位置传感器实质上是一种转换开关，又称为节气门开关。这种节气门位置传感器包括动触点、怠速触点、满负荷触点。利用怠速触点和满负荷触点可以检测发动机的怠速状态及重负荷状态。一般将动触点称为 TL 触点，怠速触点称为 IDL 触点，满负荷触点称为 PSW 触点。从结构图可以看出，在与节气门联动的连杆的作用下，凸轮可以旋转，动触点可以沿凸轮的槽运动。这种节气门位置传感器结构比较简单，但其输出是非连续的。

在节气门全关闭时，电压从 TL 端子加到 IDL 端子上，再回到电子控制器上。通过这样的途径传递信号时，电子控制器获得节气门现在是全关闭状态的信息。当踏下加速踏板，节气门处于某一开度以上时，电压从 TL 端子经过 PSW 端子再传递给电子控制器。电子控制器获得现在节气门打开了一定的角度的信息，如图 2-24 所示。

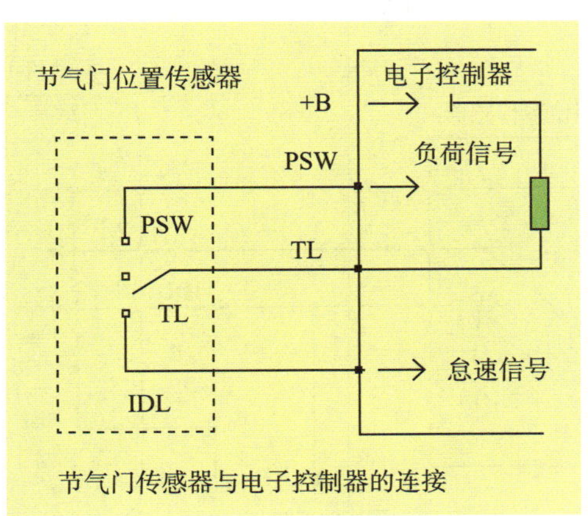

图 2-24 节气门传感器与电子控制器的连接

当有 IDL 信号输出并且发动机转速超过规定转速时，则中断供油，以防止催化剂过热及节省燃油。当 IDL 信号从有输出转换到无输出时，电子控制器判断出节气门从全关闭状态换至打开状态，判断出车辆处于起步或再加速状态，根据发动机的暖机状态进行加速加浓，增大喷油量，以供给加速所需要的较浓混合气。

当有 PSW 信号输入到电子控制器中时，则发挥输出加浓功能，增大喷油量。在重负荷行车时，若没有 PSW 信号输出，就会没有输出加浓作用，发动机输出的力量就要稍微低一些。

2. 线性节气门位置传感器工作原理

线性节气门位置传感器装在节气门上，它可以连续检测节气门的开度。它主要由与节气门联动的电位器、怠速触点等组成。电位计的动触点（即节气门开度输出触点）随节气门开度在电阻膜上滑动，从而在该触点上（VTA 端子）得到与节气门开度成正比例的线性电压输出。当节气门全闭时，另外一个与节气门联动的动触点与 IDL 触点接通，传感器输出怠速信号。节气门位置输出的线性电压信号经过 A/D 转换后输送给计算机，如图 2-25 所示。

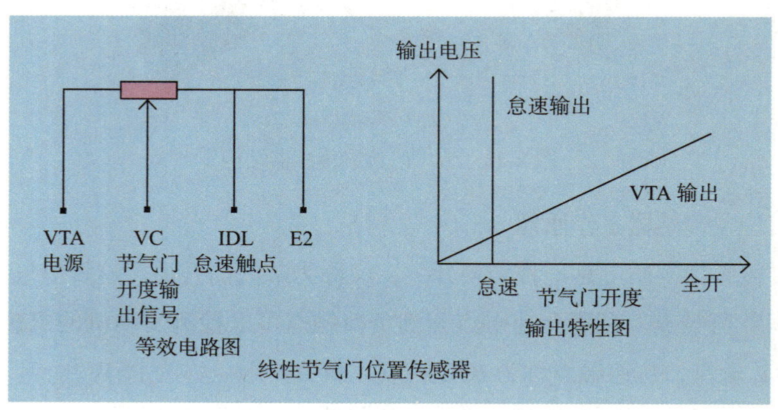

图 2-25　线性节气门位置传感器

【技能训练】

一、节气门位置传感器电阻检测

综合式节气门位置传感器，如图 2-26 所示。

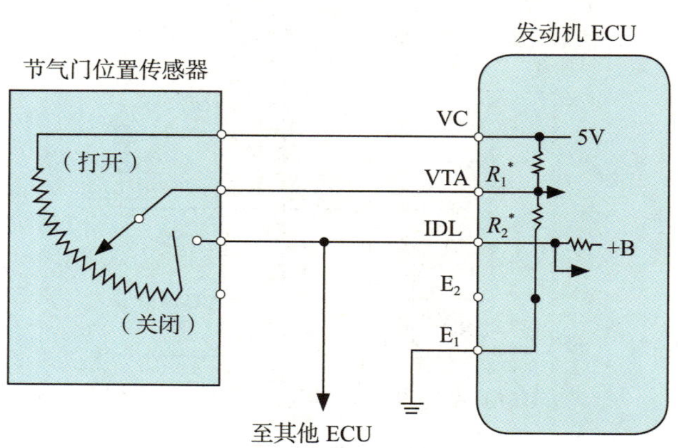

图 2-26　综合式节气门位置传感器

用万用表检查节气门位置传感器的电路：

（1）关闭点火开关，脱开节气门位置传感器电插头。

（2）用万用表欧姆挡测量节气门位置传感器电插座各端子间的电阻，应符合表 2-1 的规定，否则应更换传感器。

表 2-1　节气门位置传感器电插座各端子间的电阻

节气门开度	端子 VTA-E2	端子 IDL-E2	端子 VCC-E2
全闭	0.2-0.8	小于 2.3	定值
全开	2.8-8.0	无穷大	定值
从全闭到全开	逐渐增加	无穷大	定值

二、节气门位置传感器线路检测

（1）插上电插头，打开点火开关，不启动。测量 ECM 插接器上 VTA 端和 IDL 端之间的电压。

（2）节气门全闭时，IDL 端的电压不小于 1.0V，VTA 端的电压在 0.1~1V 之间。节气门全开时，IDL 端的电压在 4~6V 之间，VTA 端的电压在 3.5~5V 之间。VTA 端的电压随着节气门的开度增加而增加。

（3）检查节气门位置传感器和 ECM 之间的线束和插接器。如正常，进一步检查 ECM，必要时，更换 ECM。

三、节气门位置传感器数据流波形的读取

（1）连接好示波器。

（2）接通点火开关，缓慢转动节气门，使其从全闭位置到全开位置再到全闭位置。

（3）观察节气门位置传感器的信号波形。

其信号电压应从怠速时的 1V 左右逐渐增加到节气门全开时的接近 5V。也有一些系统设计成相反的方式，即输出的信号电压随节气门的开度增加而减小。

在信号波形上，不应出现任何断裂、对地尖峰或大的跌落。否则，就相应说明传感器有断路、短路和虚接故障。良好的节气门位置传感器的信号波形，如图 2-27 所示。

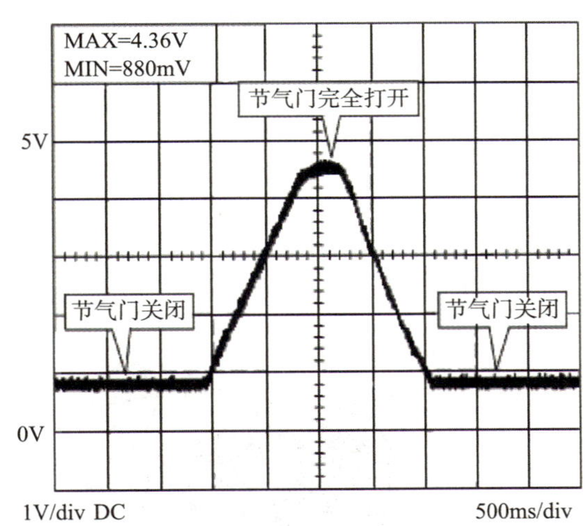

图 2-27　良好的节气门位置传感器信号波形

【知识拓展】

一、各种节气门位置传感器比较

节气门位置传感器有开关型和线性可变电阻型两种。

1. 开关型节气门位置传感器

开关型节气门位置传感器又称为节气门开关。它有两副触点，分别为怠速开关和全负荷开关。一个和节气门同轴的凸轮控制两开关触点的开启和闭合。当节气门处于全关闭的位置时，怠速开关的触点闭合，电脑根据怠速开关的闭合信号判定发动机处于怠速工况，从而按怠速工况的要求控制喷油量；当节气门打开时，怠速开关触点张开，电脑根据这一信号进行从怠速到小负荷的过渡工况的喷油控制。全负荷开关的触点在节气门全闭到中小开度范围内一直处于张开状态；当节气门打开至接近全开的位置时，全负荷开关的触点开始闭合，向电脑送出发动机处于全负荷运转工况的信号，电脑根据这一信号进行全负荷加浓控制。怠速开关的信号还可以作为电脑判断是否进行怠速自动控制和急减速断油控制的信号。

2. 线性可变电阻型节气门位置传感器

线性可变电阻型节气门位置传感器是一种线性电位计。由节气门轴带动电位计的滑动从而将节气门开度转变为电阻或电压信号输送给电脑。电脑通过节气门位置传感器，可以获得表示节气门全闭到全开的所有开启角度的连续变化的模拟信号，以及节气门开度的变化速率，从而更精确地判定发动机的运行工况，提高控制精度和效果。

任务 4　油门踏板位置传感器检修

【理论知识】

一、油门踏板位置传感器的作用

油门踏板位置传感器是电子油门系统的一个重要部件，电子油门通过电子油门踏板位置传感器，传送油门踩踏深浅与快慢的信号，这个信号会被 ECU 接收和解读，然后再发出控制指令要节气门依照指令快速或缓和开启它应当张开的角度。

二、油门踏板位置传感器工作过程

油门踏板位置传感器，如图 2-28 所示。

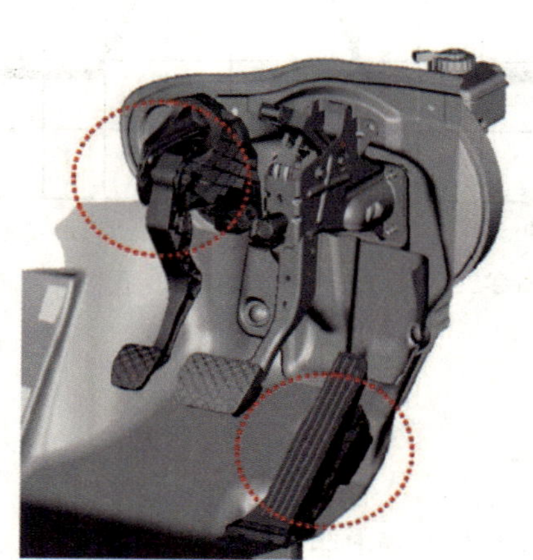

图 2-28　油门踏板位置传感器

1. 怠速时

发动机控制单元从油门踏板位置传感器的信号电压中得知：没有踏动油门踏板。 怠速调节过程开始工作。	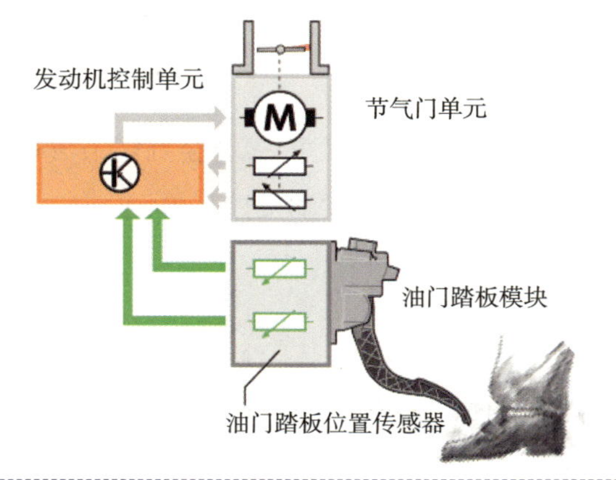
发动机控制单元激活节气门驱动装置，于是电机就带动节气门转动。 根据实际怠速转速值与规定怠速转速值之间的偏差的大小，节气门会再打开一些或再关闭一些。	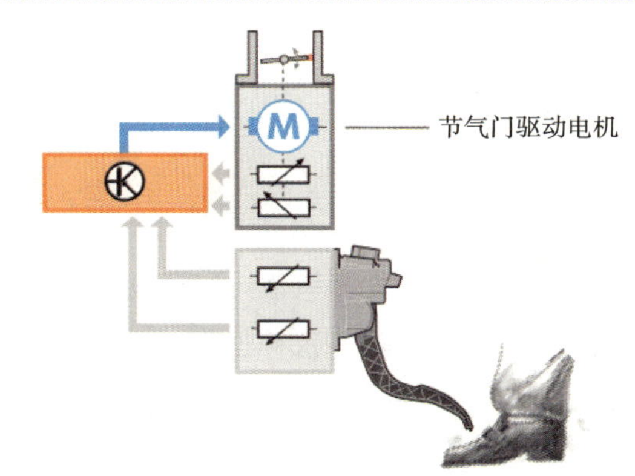
这两个节气门角度传感器将节气门瞬时位置信息传送给发动机控制单元。 这两个节气门角度传感器在节气门单元内。	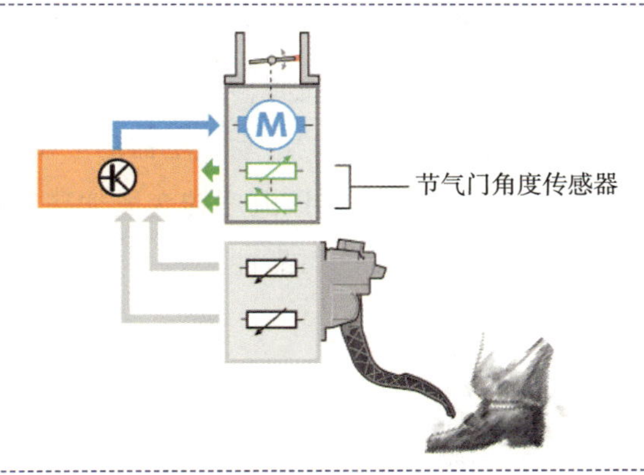

2. 踏动油门踏板

发动机控制单元根据油门踏板位置传感器所传来的信号，就可以判断出油门踏板被踏下到什么程度。 于是发动机控制单元就计算出司机所需要的状态，并通过节气门电机来将节气门转到需要的位置处。 另外，发动机控制单元还会调节点火正时、喷油时间以及增压压力（如果有的话）。	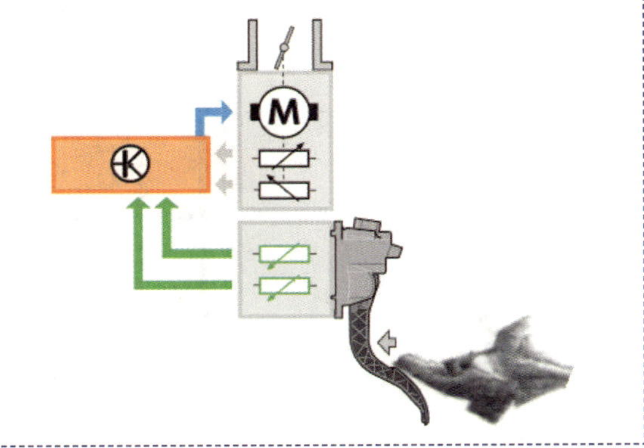

续表

两个节气门角度传感器会判定节气门的位置，并将这个信息发送给发动机控制单元。	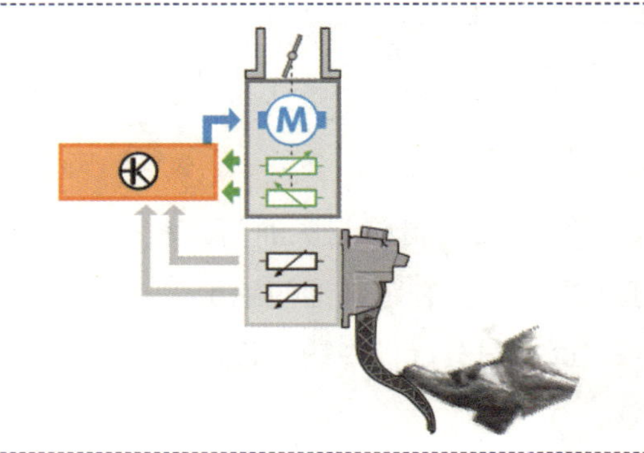
在计算节气门应处的位置时，发动机控制单元会考虑到额外的发动机扭矩需求。 这些额外的因素包括： - 转速限制； - 定速巡航（GRA）； - 驱动防滑调节（ASR）； - 发动机牵引力矩调节（MSR）。 在遇到有发动机扭矩需求时，即使司机并没有踏动油门踏板，系统也会调节节气门的位置的。	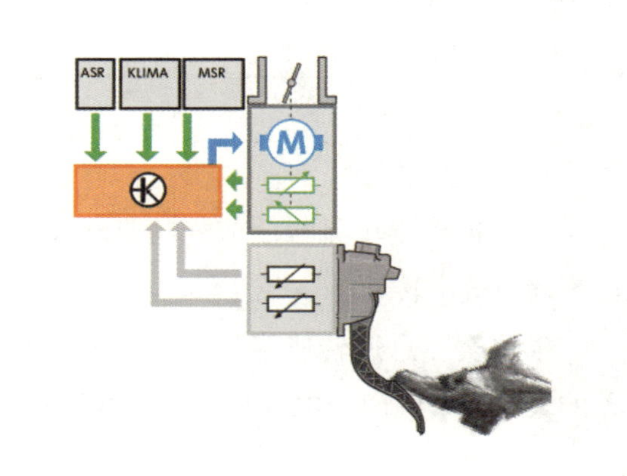

三、油门踏板位置传感器结构原理

电位计型油门踏板位置传感器以分压电路原理工作，ECU 供给传感器电路 5V 电压。电子油门踏板通过转轴与传感器内部的滑动变阻器的电刷连接，加速踏板位置传感器的位置改变时，电刷与接地端的电压发生改变，ECU 将该电压转变成加速踏板的位置信号。加速踏板位置传感器同时输出两组信号给 ECU，保证输出信号的可靠性。

【技能训练】

一、油门踏板位置传感器电阻检测

油门踏板位置传感器电阻检测（图 2-29）。

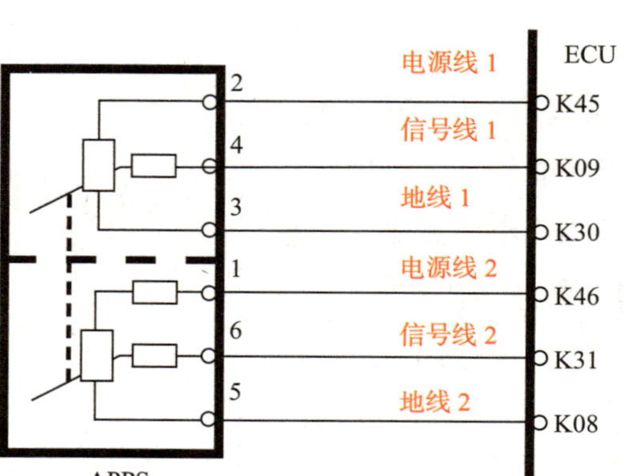

图 2-29　油门踏板位置传感器电阻

关闭点火开关，拔下电子油门位置传感器 APPS 传感器插头，测量传感器侧 #5、#6 端子之间电阻为（1.2 ± 0.4）kΩ，#1、#5 端子之间电阻为（1.7 ± 0.8）kΩ。

二、油门踏板位置传感器线路检测

1. 外线路检查

用万用表的电阻挡，分别测量电子油门位置传感器APPS的各端子与对应的ECU端子之间的电阻值，来判断外线路是否存在短路及断路故障。

2. 电压检查

关闭点火开关，拔下电子油门位置传感器 APPS 传感器插头，点火开关 ON，测量线束侧插头 #1、#2 端子与搭铁之间电压值应为 5V 电压，#3、#5 端子电压为 0V。

三、油门踏板位置传感器数据流的读取

用“X-431 故障诊断仪”读取发动机系统数据流，涉及到加速踏板位置传感器的数据流有 3 个：“加速踏板 1 电位计电压值”“加速踏板 2 电位计电压值”“滤波前的加速踏板开度”。

接入诊断仪，点火开关 ON（发动机 OFF），读取发动机系统数据流。不踩动加速踏板时，“加速踏板 1 电位计电压值”应为 0.7V 左右，“加速踏板 2 电位计电压值”为 0.35V 左右，“滤波前的加速踏板开度”应为 0。

缓慢踩下加速踏板，上述 3 个数据流应同时变化，其变化规律如下：“滤波前的加速踏板开度”数值应逐渐增加至 100%；“加速踏板 1 电位计电压值”与“加速踏板 2 电位计电压值”应同时增加，但是前者的瞬时数值等于后者数值的 2 倍。

检测时，应注意油门踏板能否踩到全开位置，是否因车内驾驶座椅下方的地毯过厚或位置不当将踏板顶住，无法踩到 100% 的位置。

【知识拓展】

一、电子节气门的基本设定

1. 为什么要设定

当节气门变脏后，发动机在怠速时，节气门开度会增大。这是因为节流阀体变脏后，在相同的开度下，进气量会减少，将不足以维持发动机的额定转速，节气门会增大（怠速控制阀）；清洗节气门后，怠速时，节气门的开度会减少。这说明电控单元具有学习功能。不但能够检查到元件参数的变化，还能够适应这种变化。

电控单元是如何知道该元件的初始参数需要基本设置，在未做基本设置之前，假如电控单元收到一个节气门怠速位置的电压信号，但并不知道其开启角度，这是因为电控单元还不知道节气门最小怠速位置、最大怠速位置等的电压值等基本参数。如果电控单元知道了节气门最小怠速位置，最大怠速位置，就知道了怠速节气门电位计的电压范围，如果电控单元知道了怠速节气门电位计的几个中间位置的电压值就知道了怠速节气门电位计的特性。这样，当电控单元收到任一位置的信号电压时，就能判断出节气门的开度。基本设置就是让电控单元了解节流阀体的基本特性基本参数，这样，才会在以后的运行过程

中自动的调整它与节气门的动作。

2. 基本设置的通道

基本设置是指人为创造一个特定的初始状态，既用故障诊断仪命令电控单元做一次基本设置的过程，它由电控单元控制进行，不能人工干扰。利用相同的仪器进行基本设置时，不同车型基本设置的通道不一样。

3. 基本设置时元件的动作

进行基本设置时，节流阀体发出哒哒的声音，可以看到节气门在抖动。这是节气门在节流阀体内怠速电机的驱动下做如下动作：

从初始位置关闭到最小位置，然后再从最小位置开启到最大位置，最后重新回到初始位置。此时，电控单元会把最大、最小及最大与最小之间的三等分位置记录下来。这样电控单元就识别了节流阀体的特性。

4. 在什么情况下要进行基本设置

由以上原理分析，在影响到电控单元与节流阀体协调工作的因素时，须进行基本设置。

（1）在更换电控单元后，电控单元内还没有存储节流阀体的特性，须进行基本设置。

（2）在电控单元断电后，电控单元存储器的记忆丢失，须进行基本设置。

（3）更换节流阀体后，须进行基本设置。

（4）更换或拆装进气道后，影响到电控单元与节流阀体协调工作既对怠速的控制，须进行基本设置。

（5）在清洗节流阀体后，怠速节气门电位计的特性虽然没有变化，但在相同的节气门开度下，进气量已发生了变化怠速控制特性已发生变化，须进行基本设置。

5. 不进行基本设置会有什么后果

对上述部件进行维修或更换后，如果不进行基本设置，电控单元与怠速控制元件的工作会出现不协调，表现就是怠速控制不精确，不稳定，如怠速忽高忽低，怠速不稳。但这种不良表现是暂时的，这是因为电控单元具有学习并自动适应的功能。只是这个学习与适应过程不如基本设置快速和准确。

有的车型对以上部件进行维修或更换后，不但要进行基本设置，还要清除原学习值。这与车型的软件有关。比如捷达前卫轿车在清洗节气门后，如果只进行基本设置，发动机怠速转速会偏高，这是因为电控单元还记忆着怠速时原节气门的开度值。使用 VAG1551 的功能 10，性质通道 00，执行清除学习值功能后，发动机怠速恢复正常。

任务 5　怠速控制系统检修

【理论知识】

一、怠速控制系统类型

怠速控制的实质是通过调节空气通道的流通面积来控制怠速的进气量。按怠速进气量控制的基本特征分类，可以分为节气门直动控制式和旁通空气控制式。

1. 节气门直动控制式

节气门直动控制式直接通过对节气门最小开度的控制来控制怠速时的进气量，完成怠速控制的各项内容。

由 ECU 控制直流电动机的正反转和转动量。直流电动机驱动减速齿轮并通过螺旋传动将转动量转变成直线移动。从而控制节气门开度的大小，达到控制怠速进气量和怠速的目的。

这种控制形式的优点是结构简单，工作稳定性好，缺点是采用了齿轮减速机构后执行速度慢，动态响应差，机械磨损较大。

2. 旁通空气控制式

旁通空气控制式主通过改变旁通流通面积来控制怠速的进气量，以达到怠速控制的目的。应用比较广泛的控制方式有步进电动机式、旋转滑阀式和电磁式，如图 2-30 所示。

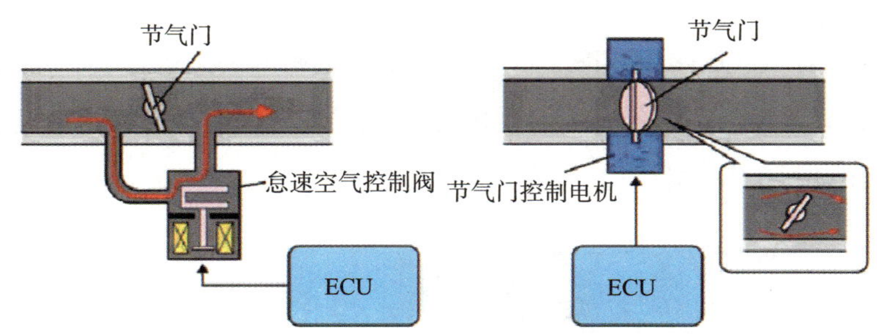

图 2-30　旁通空气控制室节气门

二、节气门电机结构原理

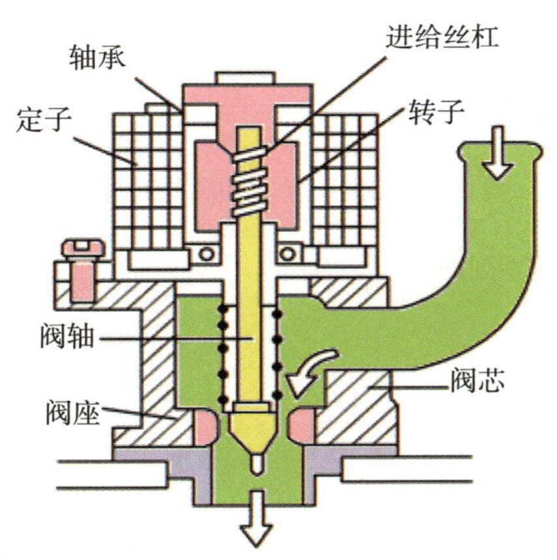

图 2-31　步进电动机怠速控制阀结构

步进电动机控制装置由步进电机和怠速控制机构两部分组成，其中步进电机由永久磁铁转子、定子线圈及轴承等组成。怠速控制机构由进给丝杆、阀轴、阀门、阀座及旁通空气通道等组成，如图 2-31 所示。怠速控制机构进给丝杆的一端通过阀轴与阀门固连在一起，进给丝杆的螺旋端旋入步进电机转子内。步进电机的转子既可以顺时针旋转，也可以逆时针旋转。转子旋转时，进给丝杆受到挡板约束不能随转子一起旋转，只能在轴向上下运动。进给丝杆上下运动时，带动阀门一起做轴向运动，使阀门与阀座之间的相对距离发生变化，使旁通空气通道截面发生变化，起到调节流过旁通气道空气量的作用。

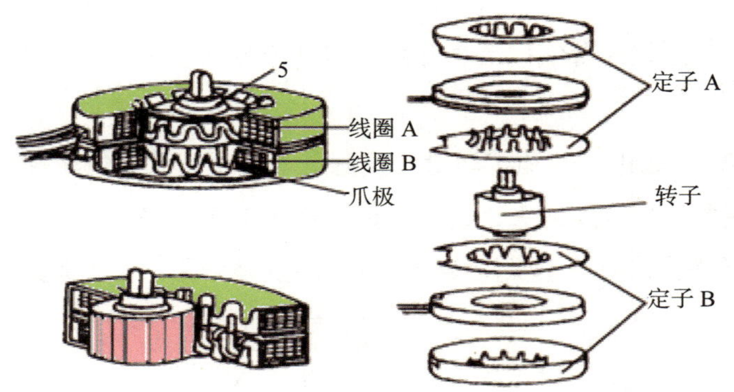

图 2-32　步进电动机结构

步进电机的转子由 N 级和 S 级在圆周上相间排列的永久磁铁组成，共有 8 对磁极。定子由 A、B 两个定子组成，定子内绕有 A、B 两组线圈，线圈由导磁材料制成的爪级包裹，两个定子组成一体安装在外壳内，如图 2-32 所示。每个定子各有 8 对爪极，每个爪极之间保持有 1 个爪宽的间距，A、B 两个定子的爪极相差一个爪的位差，如图 2-33 所示。

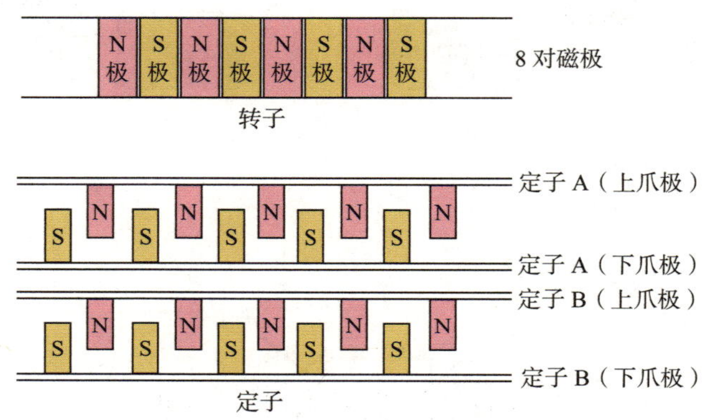

图 2-33　定子爪极的布置

三、节气门电机控制原理

步进电机控制，如图 2-34 所示。

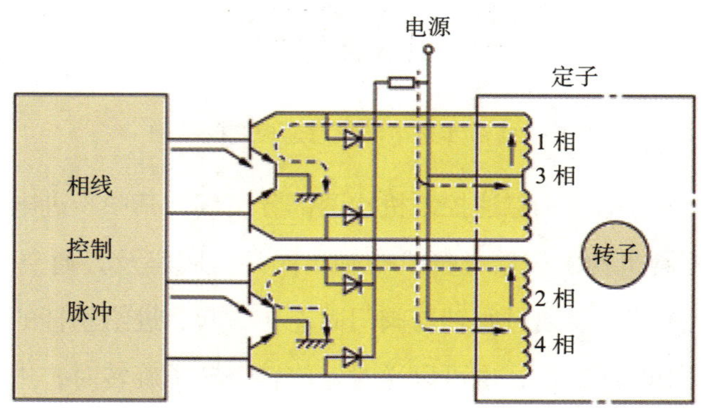

图 2-34　相线控制电路

A、B 两个定子绕组分别由 1、3 相绕组和 2、4 相绕组组成，ECU 通过晶体管控制各相绕组间的搭铁，交替变换定子爪极极性，使步进电机转子产生步进式转动。如欲使步进电机正转，相线控制脉冲装 1-2-3-4 的相序滞后 90° 相位角，使定子上 N 极向右移动，则转子正转，如图 2-35 所示。如欲使步进电机反转，相线控制脉冲按 4-3-2-1 的顺序依次退后 90° 相位角，定子上的 N 极向左移动，则转子反转。

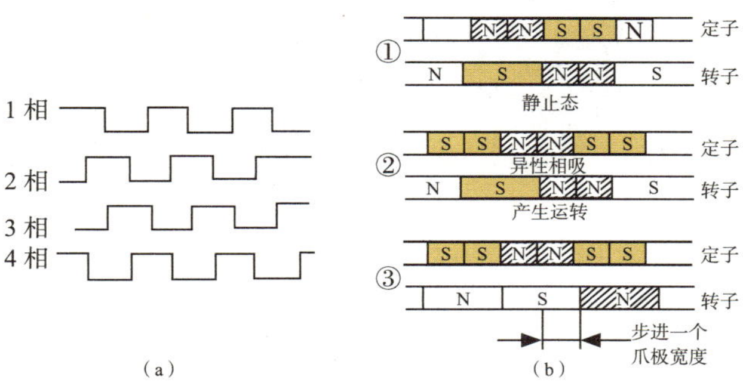

图 2-35　步进原理图

转子的转动是为了使定子线圈电磁铁和转子永久磁铁的 N 极和 S 极互相吸引到最近的距离。当定子的爪极极性由于相线控制脉冲的变化而改变时，转子也随之转动，始终保持转子的 N 极和定子的 S 极对齐。转子转动一圈需 32 步，每个步级转动一个爪的角度（即 11.5°），步进电机的正常工作范围为 0~125 步。

【技能训练】

一、节气门电机的检测

节气门体长时间使用后，在进气通道和节气门之间有可能形成积碳，造成节气门卡滞，怠速不稳等现象。此外节气门体在经受长期剧烈的振动后，有可能出现怠速直流电动机轴承磨损、塑料齿轮断齿、阀门驱动机构卡滞、驱动机构盖板破裂等，出现这类故障都无法修复，只能更换新的节气门体总成。所以在对节气门体检查时，可目测有无以上故障发生。

有的节气门体接头有 8 只端子，各端子的功能如表 2-2 所示。1、2 端子直接接直流电动机，5、8 端子分别接节气门位置传感器和怠速节气门位置传感器的滑动触点，他们的输出信号都不超过 5V 电压（接头端子的排列，如图 2-36（a）所示。且信号电压与节气门开度成反比。端子 3 输出怠速开关信号，端子 4、7 向节气门体提供 5V 电压，其中端子 7 通过发动机 ECU 接地。

将点火开关置于“ON”位置，按如图 2-36（b）所示方法用万用表进行测量：测量端子 4 与端子 7 之间的电压应为 5.0 ± 0.5V。若测量值与上述要求不符，将点火开关置于“OFF”档，拔下 ECU 接头用万用表进行线路检测。端子 4 与 ECU 接头端子 41、端子 7 与 ECU 接头端子 35 之间的导线阻值小于 1.5 欧；端子 4 与端子 7 间的电阻应为无穷大。若测得结果与上述要求不符，按电路图查找故障并排除。

表 2-2　节气门体接头各端子功能

端子号	连接点	功能	端子号	连接点	功能
1	30（电控单元一侧）	怠速升速控制	2	25	怠速降速控制
3	18（电控单元一侧）	怠速开关	4	41（电控单元一侧）	传感器供电（5V）
5	40（电控单元一侧）	节气门位置传感器信号	6	空	—
7	35（电控单元一侧）	传感器接地	8	28（电控单元一侧）	怠速节气门传感器信号

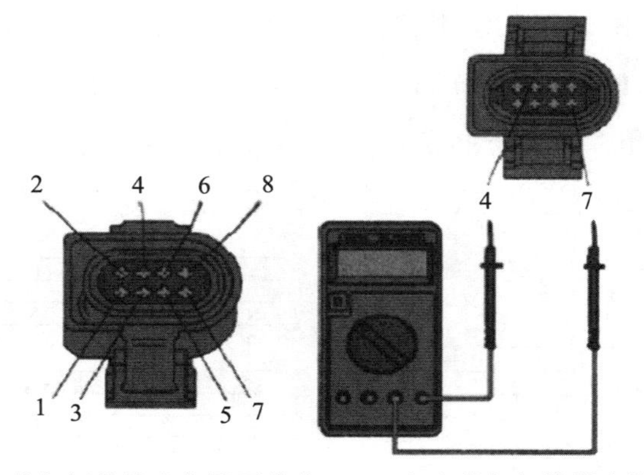

（a）节气门体接头各端子分布　　（b）节气门体供电检测

图 2-36　节气门体接头端子的分布和供电检测

二、节气门电机控制线路的检测

1. 怠速开关检测

将点火开关置于“OFF”档，拆下节气门体接头，用万用表检测节气门全闭时端子 3 与 7 间阻值应小于 1Ω；缓慢踩下加速踏板，端子 3 与 7 之间阻值应为无穷大，否则更换节气门体。

2. 怠速控制装置检测

将探针插入节气门体接头端子 8 引线内，如图 2-37 所示。启动发动机，进入怠速运行。在冷却液温度达到 80℃以上时，万用表测量探针检测点与蓄电池负极之间电压应在 2.8~3.6V。

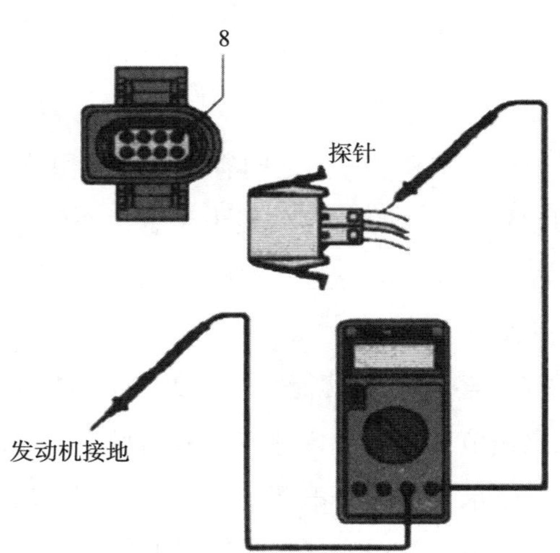

图 2-37　怠速节气门位置传感器的检测

3. 直流电动机检测

把点火开关置于关闭位置，拔下节气门体接头，用万用表测量节气门体接头端子 1 与端子 2 之间的阻值应为 3~200Ω。若不符合要求，更换节气门体总成。

4. 节气门位置传感器检测

打开点火开关，将万用表表笔插入节气门体插座第 5 端子引线内，如图 2-38 所示。缓慢踩下加速踏板从关闭到全开，万用表电压读数应随着节气门开度的增大而缓慢下降。反之，随节气门的逐渐关闭，万用表电压读数应逐渐上升，其信号变化曲线，如图 2-39 所示，否则应进行供电和线路检查。

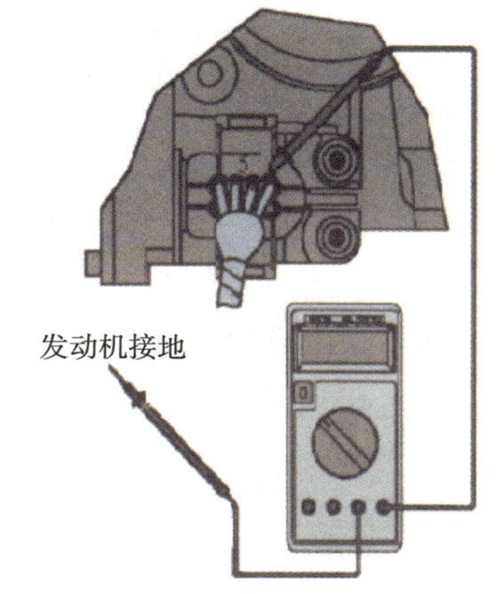

图 2-38　节气门位置传感器的检测

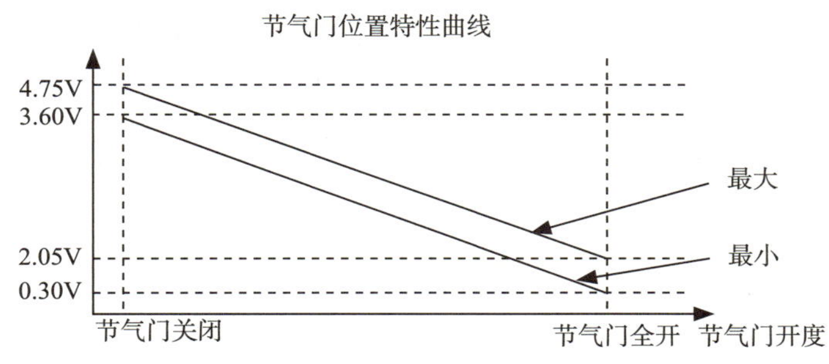

图 2-39　节气门位置传感器信号变化的曲线

【知识拓展】

一、占空比控制

1. 什么叫占空比控制

现代汽车的控制精度越来越高，特别是在电控系统中，以前所采用的一些普通的开关式的执行器件已经不能满足现代轿车的控制要求了，比如说 EGR 系统、怠速控制系统、燃油蒸发控制系统等。准确地说，占空比控制应该称为电控脉宽调制技术，它是通过电子控制装置对加在工作执行元件上一定频率的电压信号进行脉冲宽度的调制，以实现对所控制的执行元件工作状态精确、连续的控制。

近几年，上海通用别克轿车所采用的线性 EGR 系统实际上就是利用了这一技术，从而实现了 EGR 阀的线性开关功能。占空比是对电控脉宽调制的引申说明，占空比实质上是指受控制的电路被接通的时间占整个电路工作周期的百分比。

2. 必须了解的几点信息

（1）脉冲宽度，就是在一个工作周期内电路被接通或是受控电路实际的工作时间。在我们所探讨的汽车电控系统中，这个脉冲宽度应该是毫秒级的。

（2）平均工作电压，这个电压值是经过电子控制系统调制后在受控电路的一个工作周期内加在它的工作电路上的电压平均值。

（3）工作电压，在汽车电控系统中，工作电压是控制单元加在执行元件或是受控电路上的恒定电压值。根据受控电路所需要完成的作用的不同它的工作电压有可能分为 5 伏、8 伏、12 伏不等。

3. 分类正向占空比控制

在直流电路中，受控元件与电源相连的一端称作电源输入端，工作地线所接的称作电源输出端。正向占空比控制就是控制受控元件的电源输入端；相反，控制电源输出端的，我们称为负向占空比控制。

4. 在实际的维修工作当中，对这一控制系统的检测需要一定的技巧，需要注意以下几点：

（1）用万用表测试这种控制系统的时候，所测得的受控元件电压值实际上是它的平均工作电压。

（2）尽管控制模块的工作电压是恒定的，但是如果你选用万用表来测试，是不可能读出它的工作电压的，这并不能说明控制系统已经损坏或是有问题。

（3）如果想要实现精确的占空比控制，控制系统必须有一个恒定的工作频率。占空比控制是通过控制一个恒定的工作频率的直流工作电压在一个工作周期内的占空比（也就是对直流脉冲宽度的控制），利用电子控制电路进行高速的开关动作控制，从而控制了受控电路的接通和关断的时间比，实现了对受控元件工作电压平均值的控制，事实上控制了流经受控元件的工作电流值。因为占空比控制可以实现对负载工作电压平均值的线性控制，所以它对我们车上所采用的大多数开关类执行器件可以进行 0~100% 的任意位置的控制。

二、各种怠速控制系统比较

1. 节气门直动式怠速控制

节气门直动式怠速控制取消了旁通气道和怠速控制阀，在怠速时由电机直接驱动节气门开启一个角度，实现怠速的稳定，广泛的应用于大众车系，此时的节气门体统称为节流阀体或节气门控制组件。

2. 旁通空气式怠速控制

旁通空气式是由电子控制器通过怠速控制阀改变怠速辅助气道的空气流量来实现怠速控制，这种控制方式动态响应好，结构简单尺寸小。

任务 6　进气歧管绝对压力传感器检修

【理论知识】

一、进气歧管绝对压力传感器类型

进气歧管绝对压力传感器通常安装在进气歧管上或振动较小的车体上，也可以做成一个装在 ECM 上的元件。它的类型很多，根据信号产生的原理不同分为半导体压敏电阻式、电容式、膜盒传动的可变电感式和表面弹性波式等。目前以半导体压敏电阻式应用最为广泛。

二、进气歧管绝对压力传感器结构原理

进气歧管绝对压力传感器，根据发动机的负荷状态测出进气歧管内绝对压力的变化，感知发动机的

进气量大小，并转换成电压信号与转速信号一起输送给微机控制装置，作为喷油器基本喷油量的依据。

进气压力传感器最常用的是半导体压敏电阻式，进气歧管内绝对压力越高硅膜片的变形越大，其变形量与压力成正比，附在硅膜片上的应变电阻阻值产生与变形量成正比的变化，利用这种原理把进气歧管内的压力变化转换成为电信号，其结构如图 2-40 所示。工作原理如图 2-41 所示。

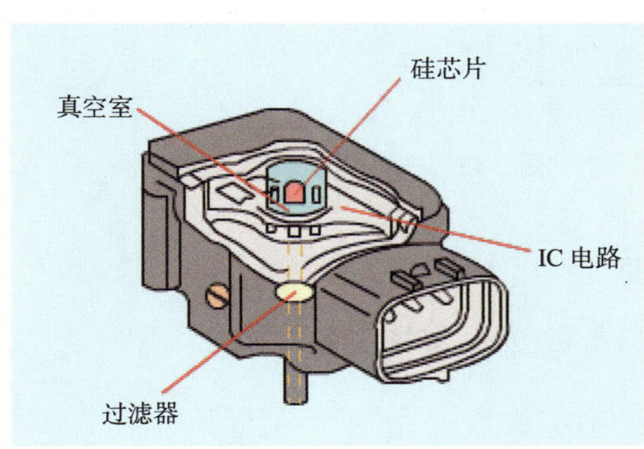

图 2-40　进气歧管绝对压力传感器结构

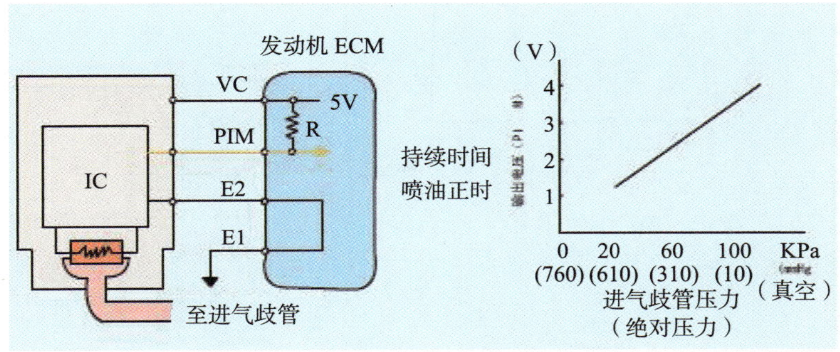

图 2-41　进气歧管绝对压力传感器工作原理

【技能训练】

一、进气压力传感器的检测

（1）点火开关关闭的情况下，脱开传感器的所有连接。

（2）给传感器加 5V 电压。

（3）欧姆表的负极搭铁，正极接传感器电插头的信号端子。

（4）将手持真空泵连接到传感器上抽气。在不同的压力下，传感器的输出电压值应符合技术规定。

二、进气压力传感器线路检测

电容式进气压力传感器

（1）电源线：拔下连接器，点火开关 ON，发动机静止，供电电压 5 V。

（2）搭铁线：拔下连接器，点火开关 OFF，搭铁电阻小于 5Ω。

（3）信号线：插好连接器，发动机运转，动态信号频率 80~160Hz，减速 80Hz，怠速 105Hz，大气压 160Hz，连接线路，如图 2-42 所示。

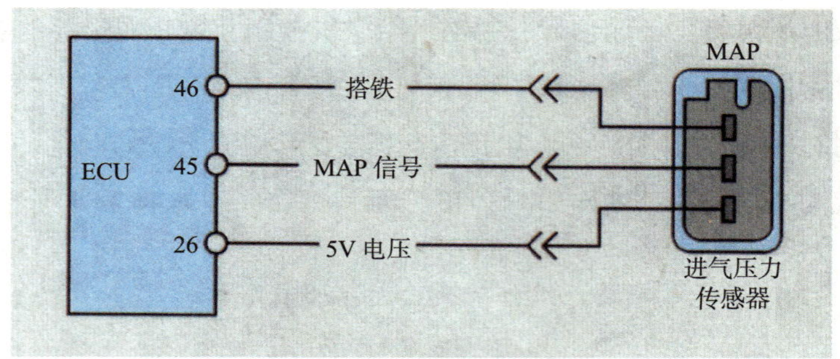

图 2-42　进气压力传感器线路检测

三、进气压力传感器波形读取

用示波器测取进气压力传感器的波形，如图 2-43 所示。

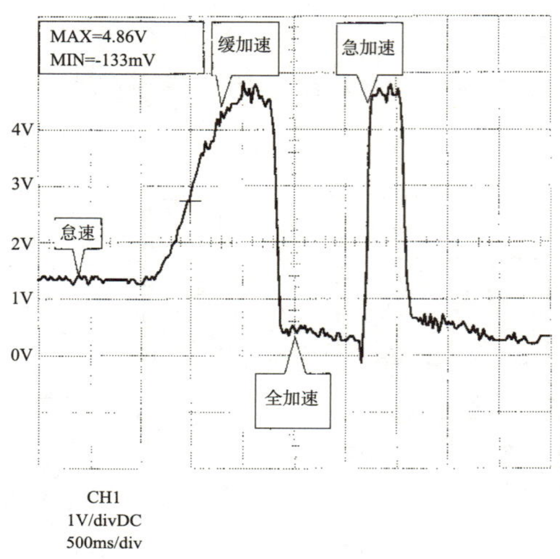

图 2-43　进气压力传感器数据流的读取

模拟信号：通常信号电压在怠速时为 1.25V，当节气门全开时略低于 5V，全减速时接近 0V。

有些进气歧管压力传感器设计成相反方式，即当真空度增高时输出电压增高。

在波形图上，可以看到一些毛刺，这是正常现象。但如果波形图上出现变化比较剧烈的跳跃，则说明传感器已经损坏。

【知识拓展】

一、绝对压力与相对压力

压力的表示法有两种，绝对压力和相对压力。

绝对压力是以绝对真空作为基准所表示的压力；相对压力是以大气压力作为基准所表示的压力。由于大多数测压仪表所测得的压力都是相对压力，故相对压力也称表压力。

绝对压力＝相对压力＋大气压力；如果液体中某点处的绝对压力小于大气压，这时在这个点上的绝对压力比大气压小的部分数值称为真空度。即真空度＝大气压－绝对压力。

我国法定压力单位为帕斯卡（简称帕），符号为 Pa，$1Pa = 1N/m^2$。由于 Pa 太小，工程上常用其倍数单位 MPa（兆帕）来表示，$1MPa=10^6Pa$。我国常用非法定压力单位为巴、毫巴、托、标准大气压、工程大气压、毫米汞柱等。

注：1 兆帕（MPa）= 1000000 帕（Pa）

1 巴（bar）= 1000 毫巴（mbar）

1 毫巴（mbar）= 1000 微巴（μ bar）= 1000 达因 / 平方厘米（dyn/cm^2）

1 托（Torr）= 1 毫米汞柱（mmHg）= 133.329 帕（Pa）

1 工程大气压 = 1 千克力 / 平方厘米（kgf/cm^2）

1 物理大气压 = 1 标准大气压（atm）

标准大气压 = 1.01325×10^5Pa

= 76cmHg = 760mmHg

≈ 1×10^5Pa ≈ a1MPa ≈ 100KPa ≈ 1000hPa（百帕）

= $1kgf/cm^2$（公斤力 / 平方厘米）

= 1bar

燃油供给系统检修

任务 1　电动燃油泵及控制线路检修

【理论知识】

一、燃油供给系统的作用

燃油供给系统的作用是提供汽油喷射所需要的压力燃油，并在电脑的控制下喷射一定数量雾化良好的燃油到气缸进行燃烧。

导学视频

二、燃油供给系统组成

（一）有回油管 MPI 燃油供给系统组成

燃油系统一般由油箱、电动燃油泵、燃油滤清器、燃油压力调节器、燃油压力脉动阻尼器（有些老式车型有）及供油总管（也称燃油分配管）、喷油器等组成。

汽油由汽油泵从油箱中泵出，经过滤清器滤去水分和杂质后，送到燃油脉动阻尼器（老式车型有），再进入燃油分配管，（也称燃油总管）。燃油压力调节器将分配管动力调至规定压力（捷达为 250KPa, 宝来为 340KPa），多余燃油通过回油管流回油箱。喷油器装在燃油分配管上，由 ECU 控制将燃油适时适量喷入进气歧管。如图 3-1 所示。

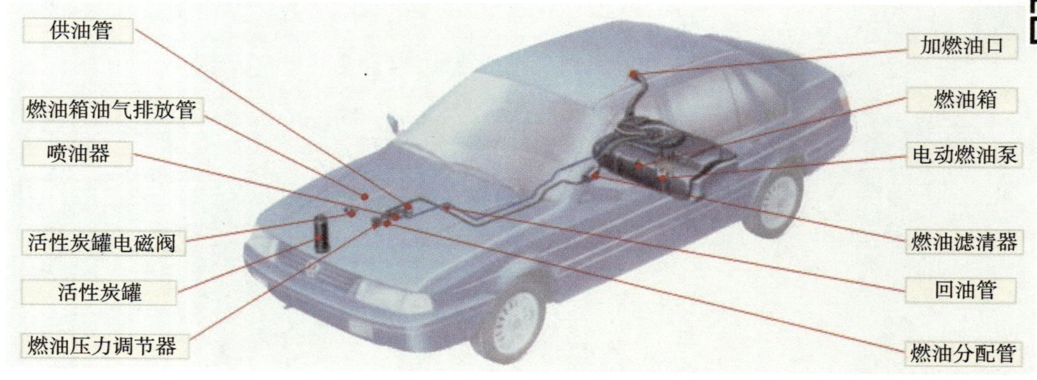

图 3-1　有回油管 MPI 燃油供给系统的组成

（二）无回油管 MPI 燃油供给系统组成

无回油管 MPI 燃油供给系统没有压力调节器，代之为油泵上的压力控制阀，作用可保持燃油导轨内压力为一定值。有回油管与无回油管燃油系统对比图如图 3-2 所示。

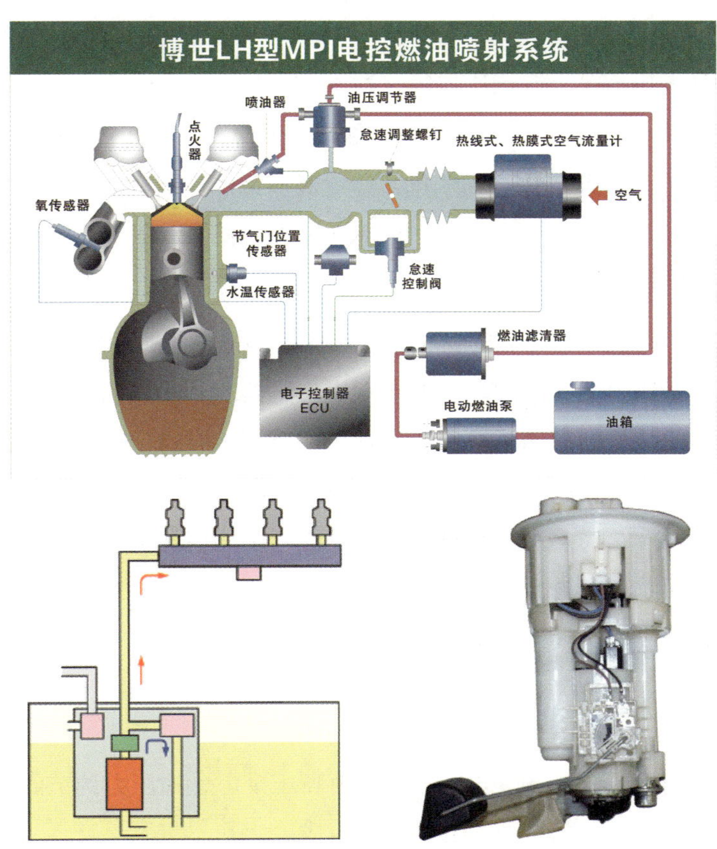

图 3-2　有回油管、无回油管 MPI 燃油供给系统对比图

（三）缸内直喷燃油供给系统组成

目前实际装车用的缸内直喷汽油机的低压燃油系统和高压燃油系统都采用按需调节燃油系统，如图 3-3 所示。所用的缸内直接喷射都取消了“分层”充气工作模式（压缩行程喷射、稀混合汽），只有“均质”一种模式（进气行程喷射、λ =1 的混合汽）。这样可以不使用昂贵且易损坏的存储型氮氧化物催化转化器，也能使排放达标。

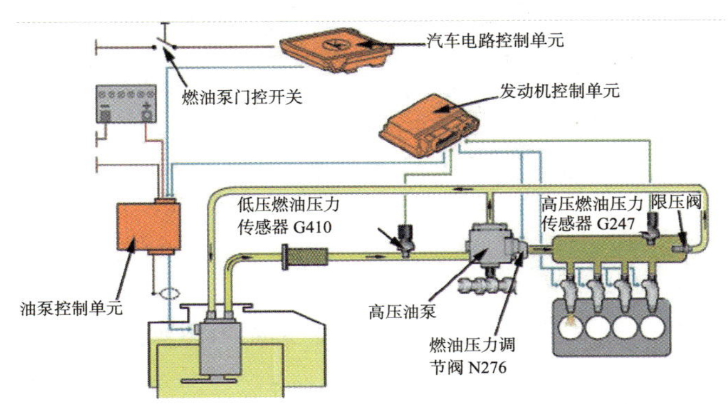

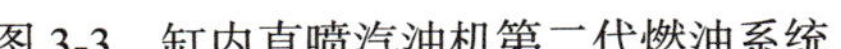
图 3-3　缸内直喷汽油机第二代燃油系统

1. 低压燃油系统

（1）低压燃油系统结构

与传统的进气道燃油喷射系统相比，其低压油路增加了燃油泵门控开关、燃油低压压力传感器G410、油泵控制单元J538。

燃油低压压力传感器采用传统三线式压力传感器。

燃油泵门控开关能使打开驾驶员侧车门时燃油泵即开始工作，车门开关信号被送至发动机控制单元，燃油泵被触发2s。燃油泵提前工作是为了迅速建立高压以缩短启动时间。

有些汽车还具有碰撞燃油切断装置，它是通过燃油泵继电器断开燃油泵。

（2）按需调节低压油路

低压油路在发动机工作时仅保持0.4MPa油压以节电。在易汽阻状态则使油压保持在0.5MPa。然而，发动机工作时燃油消耗是不固定的，因此燃油低压压力传感器时刻将燃油压力信号发送到发动机控制单元，发动机控制单元根据此信号向燃油泵控制单元发送一个有20Hz频率的脉冲宽度调制信号。

燃油泵控制单元根据这个指令，为电动燃油泵送去的脉冲宽度调制电流，形成闭环控制。换言之，此时燃油泵上的电压不是12V，而是由脉冲宽度调制电流产生的较低的有效电压。即燃油泵转速是受控可变的，不需要燃油压力调节器，输出油压也保持在0.4MPa。如图3-3所示。燃油泵上的回油管不是用于低压燃油系统的，它是仅用于高压燃油系统的。低压燃油系统都采用无回油式的。

2. 高压燃油系统

（1）高压油路系统结构

第二代高压泵高压油路系统，如图3-4所示。它由高压泵、燃油压力调节阀、燃油压力传感器、燃油分配管、喷油器、压力限制阀及高压回油燃油管等组成。

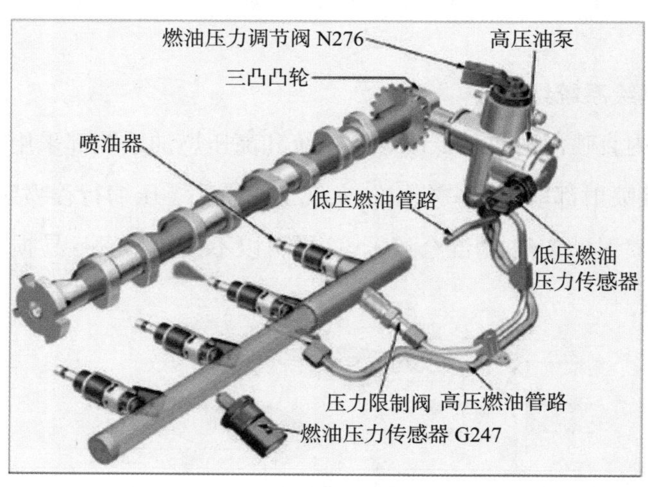

图3-4　第二代高压燃油系统组成

（2）按需调节高压油路

第二代和第三代高压燃油系统结构和工作原理相近，都是采用按需调节高压油路。目前常用的是第三代高压燃油系统。

发动机在不同工况时喷射压力不同，一般在4~10MPa之间。例如大众Tiguan怠速时喷射压力是

4MPa，高速时喷射压力是 9MPa。因为按需调节高压油路压力，燃油分配管中的油压始终处于最佳压力。

燃油分配管处装有高压燃油压力传感器 G247。此传感器时刻向发动机控制单元发送一个当前的压力信号。

这样，发动机控制单元就在高压油泵的每次泵油过程中，提前或错后地控制着燃油压力调节阀，使高压油泵的泵油量时而小一点、时而大一点，从而使燃油分配管中的油压始终处于发动机控制单元要求的压力。

如果因为高压油泵等出故障使而高压油路中油压大于 14MPa（有些车型更高或更低些），如图 3-4 中所示，燃油分配管上的压力限止阀开启而泄压，以防压力过高。

三、燃油供给系统主要部件

（一）电动燃油泵

1. 作用

电动燃油泵其功能向燃油系统供给具有规定压力的燃油。压力值为 0.2~0.45MPa。因此，电动燃油泵技术状况的好坏，将直接影响到汽油喷射系统的正常运转和喷油质量。

2. 电动燃油泵特点与类型

电控汽油喷射系统的电动燃油泵是一种由微型直流电动机驱动的小型油泵，为减小体积，电动机多与油泵制成一体，并密封在泵壳内。

大多数汽车将电动燃油泵设置在燃油箱内，也有少数车型装在燃油箱外面，还有一些车型在燃油箱内外各设置了一个电动燃油泵，一并串联在油路中。

目前，电控汽油喷射系统所使用的电动燃油泵主要有两种类型，即滚柱式电动燃油泵和平板叶片式电动燃油泵。

（1）滚柱式电动燃油泵

① 结构　滚柱式电动燃油泵的外形呈圆柱状，进油口和出油口分别设置在外壳的两端。滚柱式燃油泵安装在进油口一边，并由设置在中间部位的直流电动机驱动运转。为了方便，将电源插头设置在出油口一边。其结构示意图，如图 3-5（a）所示。

② 工作过程　工作时，电动机带动油泵转子旋转，如图 3-5（b）所示。在离心力的作用下，泵转子槽内的滚柱外移并靠紧在泵体的腔壁上。由于滚柱随转子旋转的过程中，滚柱、转子与腔壁之间的容积不断变化，即向进油口处旋转时容积逐渐变大，离开进油口向出油口处旋转时容积逐渐变小，于是燃油便经进口处的滤网被吸入泵腔，逐步加压后，经过电动机周围的空间由出油口泵出。

此外，在油泵的出口处设有单向阀和缓冲器。单向阀的功能是，当电动机停转、油泵不工作时，阻止燃油倒流回油箱并保持一定燃油压力，以便再次启动。而缓冲器是用来减小出口处因油压脉动产生的噪声。

滚柱式电动燃油泵的最大泵油压力可达 400kPa 以上。如由于滤清器堵塞而造成油泵出口端油压过高时，可自动顶开设在出口侧的限压阀，使一部分燃油回到油口一侧，以保护电动燃油泵不被损坏。

滚柱式电动燃油泵的不足之处是工作时运转噪声较大，供油压力不稳定，而且容易磨损。现在趋向改用平板叶片式电动燃油泵。

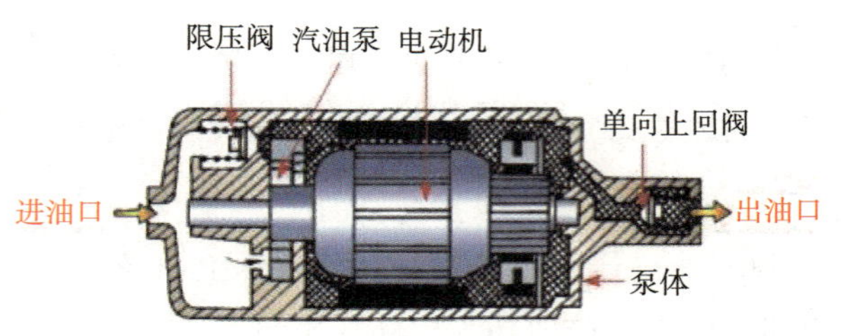

（a）结构示意图

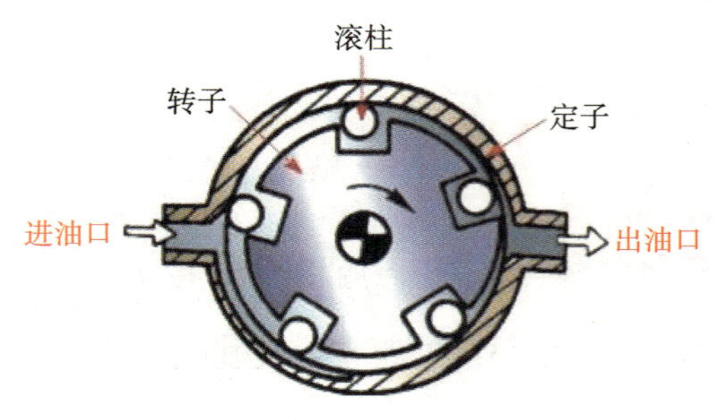

（b）工作原理示意图

图 3-5　滚柱式电动燃油泵结构及工作原理示意图

（2）平板叶片式电动燃油泵

平板叶片式电动燃油泵的结构与滚柱式电动汽油泵大体相似，所不同的只是转子部分。平板叶片式电动燃油泵的转子不是圆柱形，而是一块圆形平板，并在其外缘上开有小槽，以形成均匀分布的叶片，如图 3-6 所示。

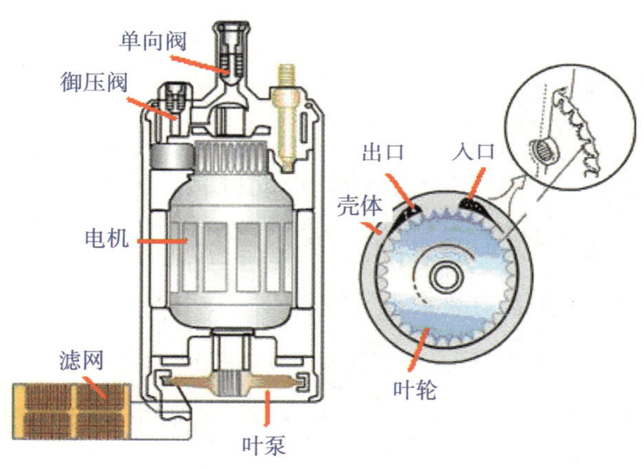

图 3-6　平板叶片式电动燃油泵结构示意图

（3）双级式叶轮泵

第一级（前置级）泵从油箱的底部抽取燃油并将燃油送入储油器。这样可保证即使剩的燃油很少，也可以供油。

第二级（主级）泵直接从储油器中抽取燃油。带有泵的储油器和浸入式传感器用卡夹固定在油箱底部，通过带凸缘的盖可以够着这些件，如图 3-7 所示。

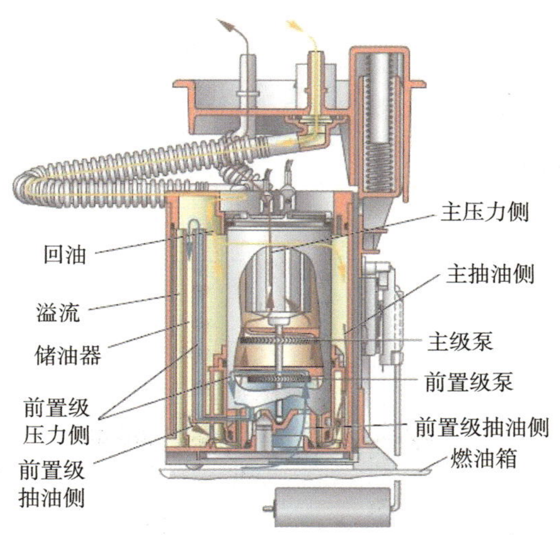

图 3-7　奥迪汽车双级式叶轮泵

（二）燃油压力调节器

燃油压力调节器的功能是使发动机在任何工况下，燃油系统的燃油压力和进气歧管的空气压力之差值恒定不变，从喷油器喷出的燃油量只取决于喷油器的开启时间，ECU 通过控制喷油时间的长短精确地控制喷油量，如图 3-8 所示。

燃油压力一般为 0.25~0.3MPa。无论进气歧管真空度如何变化，喷油器的喷油压力与进气歧管的压力之差是恒定不变的。因为发动机所要求的燃油喷射量，是通过 ECU 输出的驱动脉冲控制喷油器的通电时间来实现的。进气歧管的真空度在汽车运行过程中随着发动机负荷的变化而不断变化。如果不控制燃油压力，即使加给喷油器的通电时间相同，当燃油压力高时，燃油喷射量也会增加；而当燃油压力低时，燃油喷射量则会减少。由于有燃油压力调节器的作用，电控单元 ECU 可以根据喷油时间控制喷油量，无须对进气歧管压力的变化进行修正。

图 3-8　燃油压力调节器

燃油压力调节器一般安装在供油总管的末端，其结构如图 3-9 所示，为膜片式结构，主要由弹簧、阀体、阀门和壳体等构成。油压调节器是一个金属壳体，在壳体上设有油管接头和真空管接头，进油口接头与供油总管连接，回油口接头连接回油管并与油箱相通，真空管接头与节气门至进气歧管之间的真空管连接。中间通过一个卷边的膜片将壳体内腔分成两个小室：一个是弹簧室，内装一个带预紧力的螺旋弹簧作用在膜片上，弹簧室由一真空软管连接至进气歧管；另一个室为燃油室，直接通入供油总管。阀体固定在金属膜片上，阀体与阀门之间安装有一个球阀，由球阀弹片托起，球阀与阀体之间设有一个弹力较小的弹簧，使球阀与阀门保持接触。

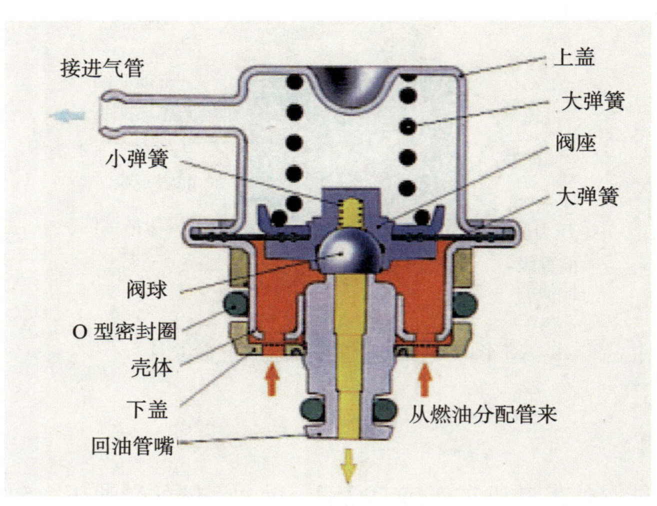

图 3-9　燃油压力调节器结构

当供油管的燃油压力大于（弹簧力 + 进气管）压力时，膜片压缩弹簧向上拱起，回油阀打开，燃油通过回油管流回到燃油箱中；当燃油压力小于（弹簧力 + 进气管）压力时，膜片恢复，回油阀关闭。

弹簧的预紧力一般设为 250kPa，因此当进气管真空度变化时，会影响到膜片的上下动作，从而使燃油压力随着进气管真空度的变化而变化，使两者之差始终保持恒定，如图 3-10 所示。

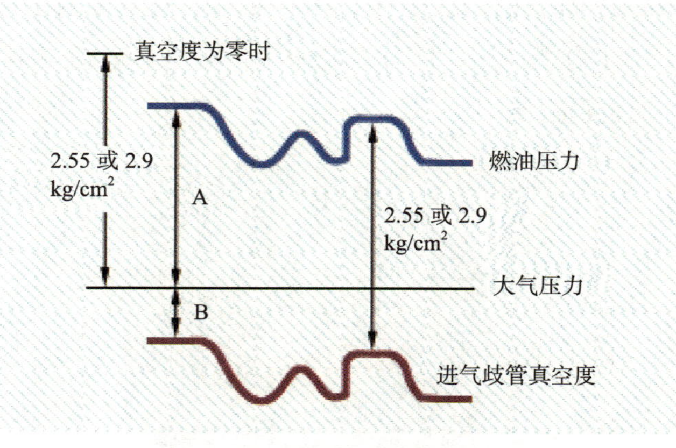

【燃油压力 =250kPa+ 进气歧管真空（负压力）】

图 3-10　节气门开度与燃油压力的关系

（三）燃油分配管

燃油分配管的功用是将燃油均匀、等压地分配给各个喷油器；另外，还有储油蓄压的作用，如图 3-11 所示。

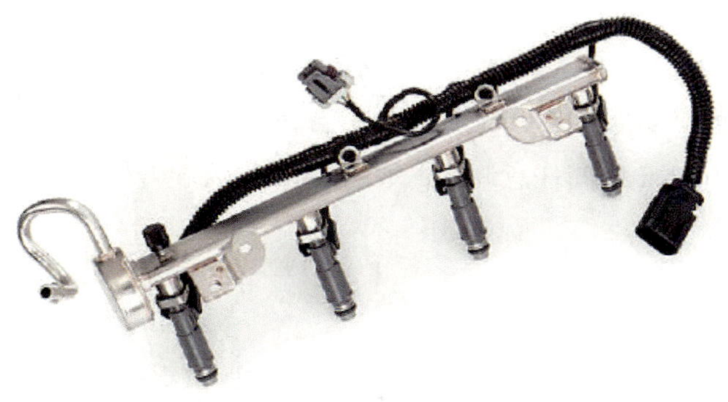

图 3-11　燃油分配管

（四）喷油器

根据发动机电控单元（ECU）发出的控制信号，将一定量的燃油以雾状喷入进气管内，使燃油与空气混合形成可燃混合气，如图 3-12 所示。

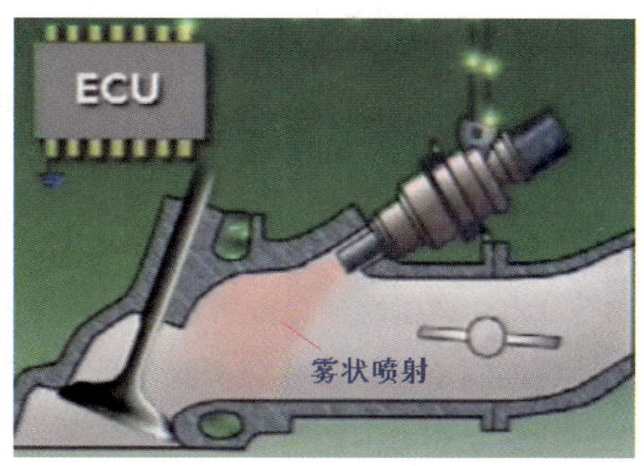

图 3-12　喷油器的作用

（五）缸内直喷高压油泵

最新的第三代高压燃油泵使用在 1.4L TFSI 发动机上。该泵具有更小的输油行程（3mm）；集成在泵上的限压阀，无须来自燃油分配器的回流管。1.4L TFSI 发动机高压燃油泵结构，如图 3-13 所示。

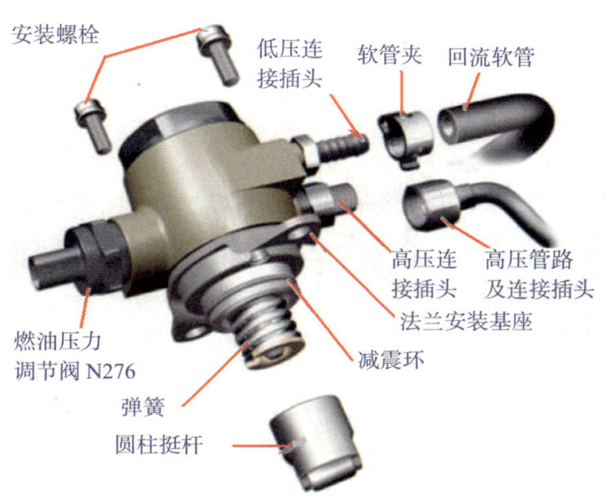

图 3-13　高压燃油泵

（六）缸内直喷限压阀

限压阀集成在高压燃油泵上，可以在受热膨胀或在功能故障时保护零部件不会经受到燃油的高压。这是一个弹簧按压阀，在燃油压力超 140 bar 时打开。当阀门打开时，燃油从高压端流入低压端。根据发动机负载，压力可在 35~100bar 之间任意调节，如图 3-14 所示。

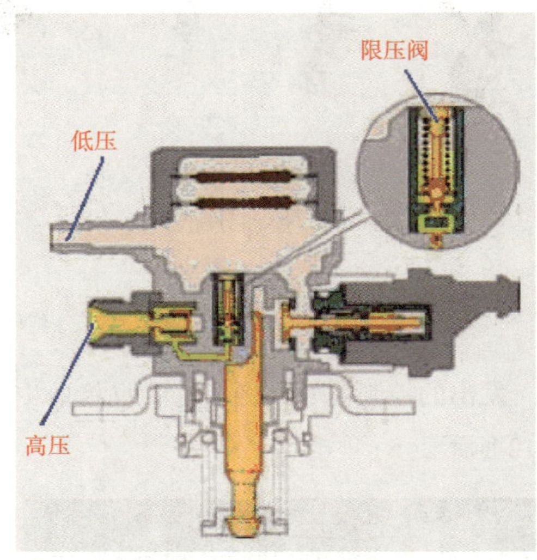

图 3-14　限压阀

（七）缸内直喷燃油压力传感器

缸内直喷燃油压力传感器 G247 安装在高压燃油分配管上，用来测量高压燃油系统的燃泪压力，并把信号传递到发动机控制单元。发动机控制单元接收并分析此信号，通过燃油压力调节阀调节燃油分配管的压力。如果燃油压力传感器探测到额定压力不用再调节，在压缩过程中燃油压力调节阀会持续地触发并保持打开状态，使燃油压力下降到 500 kPa。

信号故障的影响：如果燃油压力传感器发生故障，在压缩过程中燃油压力调节阀会持续地激活并保持打开状态。从而使燃油压力下降到 500kPa。发动机扭矩和功率急剧降低，迈腾 B8L 燃油压力传感器，如图 3-15 所示。

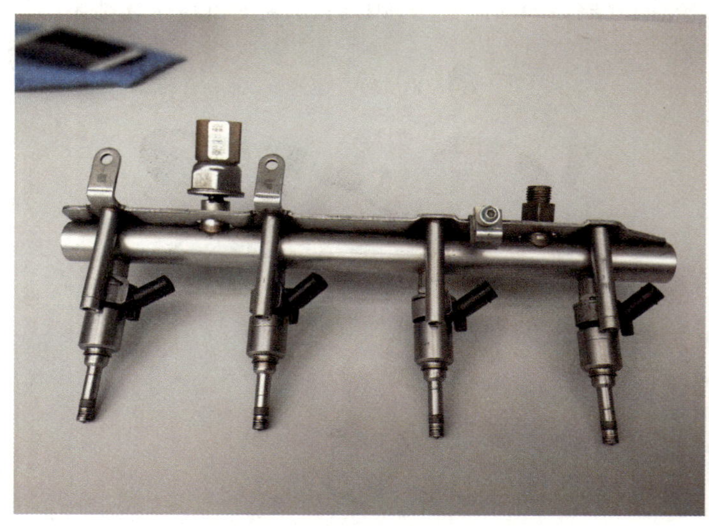

图 3-15　燃油压力传感器 G247

四、电动燃油泵控制线路

（一）ECU 控制的燃油泵控制线路

ECU 控制的燃油泵控制线路，如图 3-16 所示。

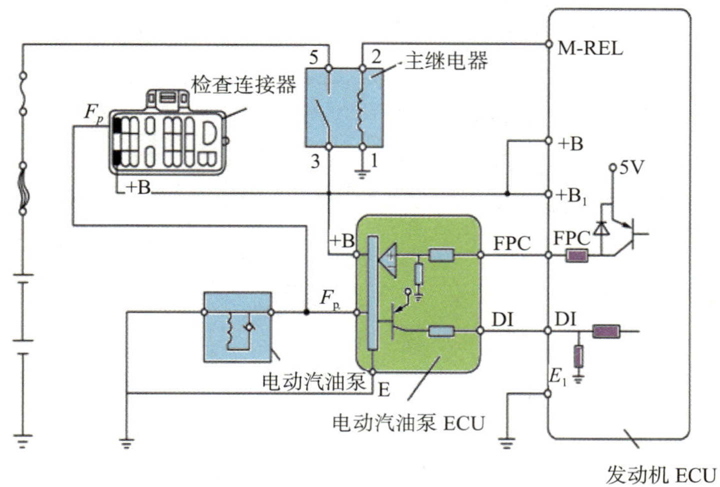

图 3-16 油泵转速控制电路（专设油泵 ECU 式）

这种控制方式，为了对油泵的控制，专设了一个油泵 ECU，通过对油泵电动机上的电压的控制来实现油泵转速的控制。

发动机在启动阶段或在高速、大负荷工作时，发动机 ECU 向油泵的 FPC 端输入一个高电位信号，此时 ECU 的 *F*p 端向油泵电动机提供较高的电压（约 12V），使油泵高速运转。

发动机在低速或小负荷工作时，发动机 ECU 向油泵 ECU 的 FPC 端输入一个低电位信号，此时油泵 ECU 的 *F*p 端向油泵电动机提供低电压（约 9V），使油泵低速运转。

（二）开关控制的燃油泵控制线路

（1）由点火开关和空气流量传感器内的油泵开关控制的电动油泵控制电路，如图 3-17 所示。主要用于装用叶片式空气流量计的 L 型 EFI 系统中。

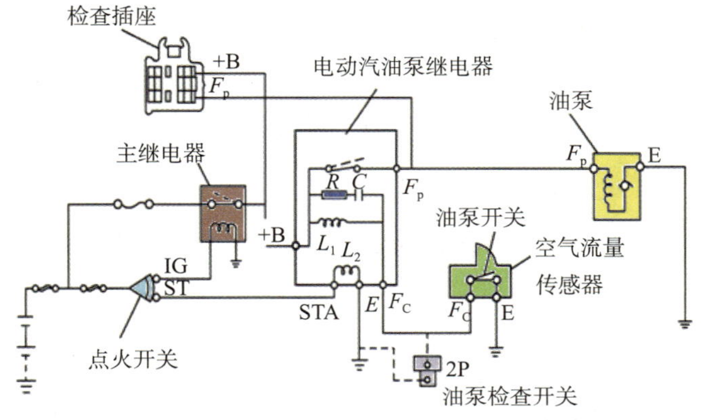

图 3-17 L 型汽油喷射系统的电动汽油泵控制电路

这种电路中控制电动汽油泵电源的继电器有 L_1、L_2 两组互相并联的电磁线圈，任一组线圈通电都会使继电器触点闭合。线圈 L_1 的一端接点火开关点火挡（IG 位置），另一端与叶片式空气流量计连接，通过流量计内的油泵开关搭铁，如图 3-18 所示。

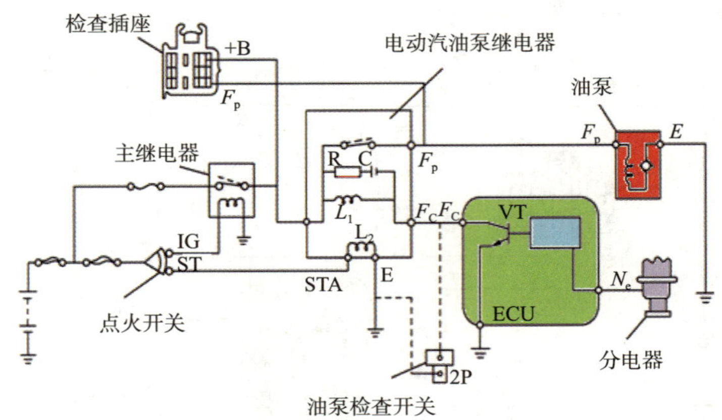

图 3-18　点火开关和 ECU 共同控制的电动汽油泵电路

只接通点火开关，不启动发动机，主继电器通电，由于没有进气，空气流量计的测量片没有偏转，油泵触点开关断开，故线圈 L_1 不通电，继电器触点断开，电动汽油泵不工作。

启动时，点火开关转至启动挡，线圈 L_2 通电，继电器触点闭合，电动汽油泵工作。

发动机转动后，进气流使空气流量计的测量片偏转，油泵开关接通，线圈 L_1 通电，继电器触点闭合，电动汽油泵工作。

熄火时，发动机停转，油泵开关断开，此时即使点火开关接通，继电器触点也断开，油泵停止工作。

线圈 L_1 上并联着一个电容器。当发动机急减速或大负荷低速运转时，进气脉动有可能使测量片关闭而导致油泵开关触点断开，L_1 断电，电容器可在线圈 L_1 断电的瞬间向线圈 L_1 放电，使继电器触点保持闭合，防止电动汽油泵停转，保持油压稳定。

线圈 L_1 的一端还与油泵检查插座连接。该插座通常位于发动机附近，可用于检测电动汽油泵的控制电路。将这一接头搭铁后，只要打开点火开关，不需要运转发动机，就能使电动汽油泵运转。

（2）由点火开关和 ECU 共同控制的电动汽油泵控制电路。主要应用在装用 D 型 EFI 和装用卡门旋涡式空气流量计的 L 型 EFI 系统中。

电动汽油泵的继电器由点火开关和 ECU 共同控制。继电器有两组线圈：一组线圈 L_2 直接由点火开关启动挡控制，在启动发动机时候使油泵运转。另一组线圈 L_1 由 ECU 控制，在发动机启动后使油泵保持运转。

发动机运转时，发动机的转速信号 Ne 输入 ECU，ECU 内的三极管 VT 导通，线圈 L_1 通电，继电器触点闭合，油泵工作。

发动机停止转动时，三极管 VT 截止，线圈 L_1 断电，继电器触点断开，油泵停止工作。

发动机启动之前，将点火开关由“OFF”位置转到“ON”位置，ECU 会使电动汽油泵运转 3~5 秒，使油路中油压升高，以利于启动。这种类型的油泵检查插座位于发动机故障检测插座内。将油泵检查插座的插孔与电源插孔连接，不启动发动机，只要将点火开关转至“ON”位置，就可使电动汽油泵运转。

（三）继电器控制的燃油泵控制线路

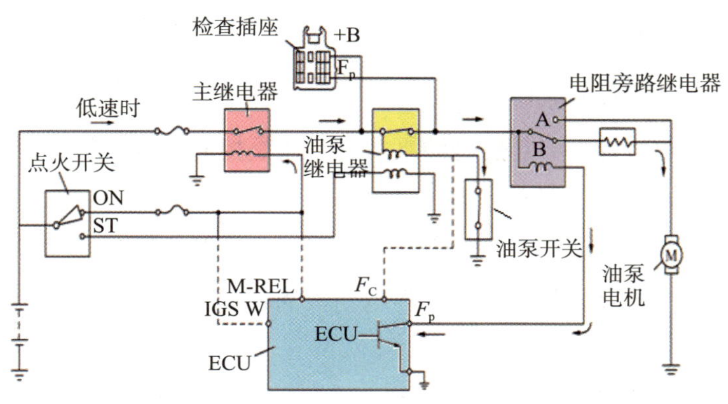

图 3-19 油泵转速控制电路（电阻器式）

此控制电路在油泵控制电路中增设了一个电阻器和电阻器旁路继电器。发动机工作时，ECU 根据转速和负荷，对电阻器旁路继电器进行控制。通过电阻器是否串入油泵电路来控制油泵电动机的不同电压，就可以实现油泵的转速变化，如图 3-19 所示。

发动机在低速或中小负荷工作时，电阻器旁路继电器触点 B 闭合，电阻器串入油泵电路中，油泵低速运转。

发动机在高速或大负荷工作时，ECU 输出信号，切断电阻器旁路继电器线圈的电路，使触点 A 闭合，此时电阻器被短路，油泵电动机直接和电源相通，油泵高速运转。

【技能训练】

一、电动燃油泵的检修

（1）电动汽油泵工作状态检查：将电动汽油泵与蓄电池相连，并使电动汽油泵尽量远离蓄电池，每次接通不超过 10s（时间过长会烧坏电动汽油泵电动机的线圈）。如果电动汽油泵不转动，则应更换电动汽油泵。

（2）电动汽油泵电枢绕组的电阻和电流的检查：用万用表检查电枢绕组的电阻，不同型号汽油泵的电阻值不同，一般在十几欧姆左右。如果过小或过大，说明汽油泵电枢绕组存在短路、断路或电刷接触不良故障。

拆下汽油泵电源线，串联电流表，启动发动机，观察电流表的读数应不大于 7A，如果读数过大，说明汽油泵的电动机存在短路、阻塞、卡滞等现象，这时会使供应压力不足。

（3）电动汽油泵燃油压力的检测：接上油压表，启动发动机，让发动机怠速运转，测量此时的燃油压力，怠速时的燃油压力应为 196~235kPa。缓慢开大节气门，测量在接近全开时的燃油压力，压力表读数应为 265~304kPa。

拔下燃油压力调节器上的真空软管，用手堵住，让发动机怠速运转，测量此时的燃油压力，应为 265~304kPa，该压力和节气门全开时的燃油压力基本相等。

启动发动机，观察并记录燃油压力，使发动机停机。观察压力表指示，在 5min 之内，燃油压力应保持在 147kPa 以上，否则汽油泵单向阀损坏。

二、电动燃油泵控制线路检修

1. ECU 控制的电动汽油泵控制系统的检查

在检查这种控制系统时，首先应判别是油泵本身，还是控制电路故障。控制电路应判断是 ECU 内部故障，还是 ECU 外部的控制电路故障。其方法如下。

（1）打开油箱盖，将点火开关置于 ON 位置（但不要启动发动机），在油箱口处倾听有无电动汽油泵运转的声音。如果在打开点火开关后，能听到电动汽油泵运转 3~5s 后又停止，说明控制系统各部分工作正常。

（2）若打开点火开关后听不到电动汽油泵运转的声音，可用一根短导线将故障检测插座内两个检测电动汽油泵的插孔（如丰田汽车故障检测插座内的 Fp 和 +B 两插孔）短接。此时，打开点火开关，如果能听到电动汽油泵运转的声音，说明 ECU 外部的电动汽油泵控制电路工作正常，故障在 ECU 内部，应更换 ECU；若仍听不到电动汽油泵运转的声音，则为 ECU 外部的控制电路故障，应检查熔丝、继电器及油泵有无损坏，各电路有无断路或接触不良。

2. 不受 ECU 控制的电动汽油泵控制电路的检查

以博世 L 型汽油喷射系统为例，该系统的电动汽油泵不受 ECU 控制，应按下述方法检查。

（1）卸除燃油管路内的油压，拆下分配油管上的进油管接头，将油管插入容器内。

（2）将点火开关转至启动挡，在启动发动机的同时应有汽油从进油管内喷出；若无油喷出，说明电路有故障，就应进一步检查熔丝、继电器、空气流量计内的汽油泵开关、点火开关和线路。

（3）用一根导线将故障检测插座内检测电动汽油泵的两个插孔短接，然后打开点火开关（不要启动发动机），打开油箱盖，并倾听有无汽油泵运转的声音。若有运转声，说明控制电路工作正常；若无运转声，说明控制电路有故障，则应检查电路中的熔丝、继电器有元损坏，线路有无接触不良或折断。

（4）若上述检查中电动汽油泵控制电路正常，但启动发动机时汽油泵不工作，则应检查叶片式空气流量计内的汽油泵开关触点。拆下空气滤清器，打开点火开关，用手指或旋具（起子）推动叶片式空气流量计的测量片，此时，在油箱口应能听到汽油泵运转的声音；若听不到汽油泵运转的声音，说明空气流量计内的汽油泵开关损坏，应更换空气流量计；也可通过用万用表电阻挡在测量片不同位置测量汽油泵开关两端子的导通性进行判断，如图 3-20 所示。

图 3-20　叶片式空气流量传感器内的油泵开关检查

3. 电动汽油泵继电器的检测

常用的电动汽油泵继电器有四脚及五脚两种。ECU控制的电动汽油泵控制系统通常采用四脚继电器，博世 L 型或 D 型（由开关和 ECU 共同控制）的汽油喷射系统采用五脚继电器。

（1）四脚电动汽油泵继电器的检测

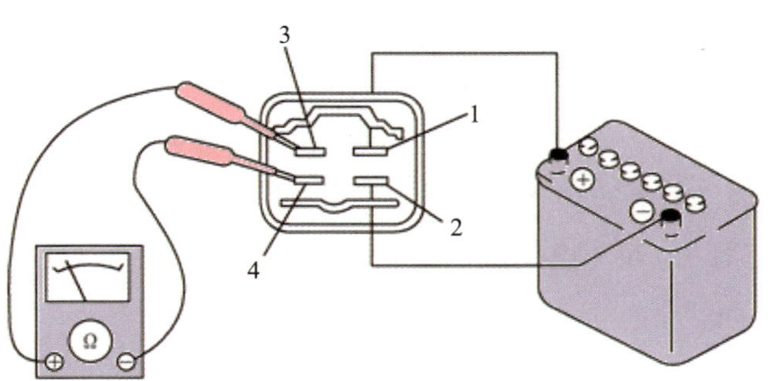

图 3-21　1、2—电磁线圈脚；3、4—常开触点接脚

四脚电动汽油泵继电器中有两脚是接继电器的电磁线圈，另外两脚接继电器常开触点。用万用表电阻挡测量，继电器电磁线圈两脚之间应能导通，常开触点两脚之间应不导通。在电磁线圈两接脚上施加 12V 电压，同时用万用表电阻挡测量常开触点两脚之间应能导通。若测量结果不符合要求，应更换电动汽油泵继电器，如图 3-21 所示。

（2）五脚电动汽油泵继电器的检查

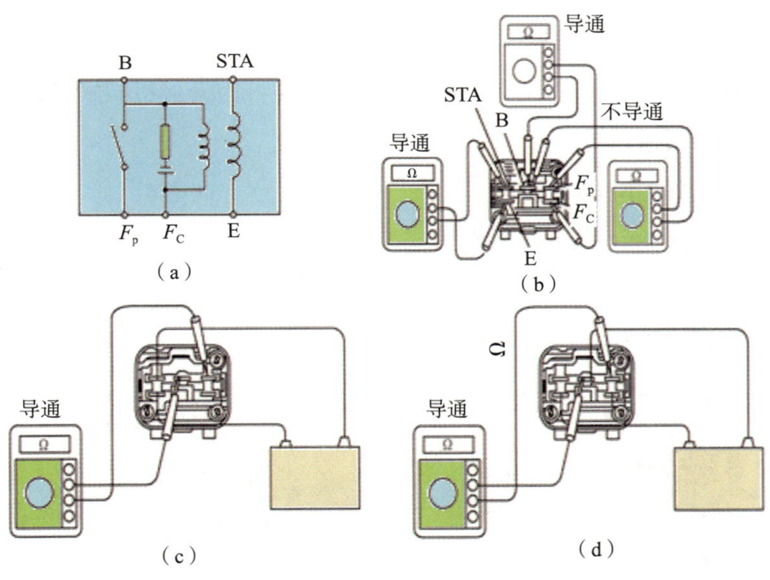

图 3-22　五脚电动汽油泵继电器内有两组电磁线圈。

其中一组由启动开关控制，另一组由 ECU 或空气流量计内的汽油泵开关触点控制。如图 3-22（a）所示。用万用表电阻挡测量这两组线圈，均应导通；测量常开触点两端（+B 和 Fp），应不导通；如图 3-22（b）所示。分别在两组线圈两端施加 12V 电压，同时测量常开触点两端，应导通。否则，应更换电动汽油泵继电器。

4. 电动汽油泵 ECU 的检测

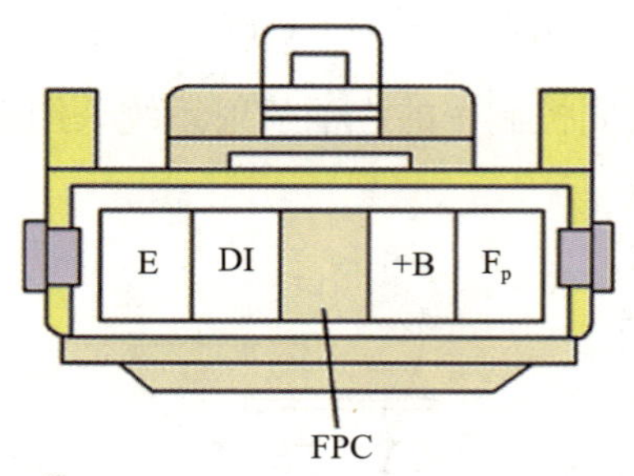

图 3-23　皇冠 3.0 轿车用电动汽油泵 ECU 连接器端子

如图 3-23 所示。为皇冠 3.0 轿车电动汽油泵控制系统其电动汽油泵 ECU 的连接端子。电动汽油泵 ECU 装在行李舱内衬板下面。

拆下蓄电池上负板搭铁线，拔下 ECU 的插头，用万用表电阻挡测量导线插头上 E 和 D1 端子的接地电阻时应导通。如不通，检查其连接线路。

装上蓄电池负极搭铁线，插好电动汽油泵 ECU 的导线连接器，在各种条件下用万用表电压挡测量电动汽油泵 ECU 上 +B、Fp、Fpc 端子的接地电压，应符合规定的电压值。如不符，则应检查线路或更换电动汽油泵 ECU。

【知识拓展】

一、各种燃油供给系统比较

（一）按喷射装置的控制方式分类

在发动机电子控制系统中，按喷射装置的控制方式分类可为分：机械式汽油喷射系统、机电结合式汽油喷射系统、电控汽油喷射系统。

1. 机械式燃油喷射系统（K 系统）

德国博世公司的 K-Jectronic 系统属于机械式汽油喷射系统，简称 K 系统，如图 3-24 所示。该系统采用连续喷射方式，可分为单点或多点喷射，其喷油量是通过空气计量板直接控制汽油流量调节柱塞来控制的，采用的是机械式计量方式，故由此得名。

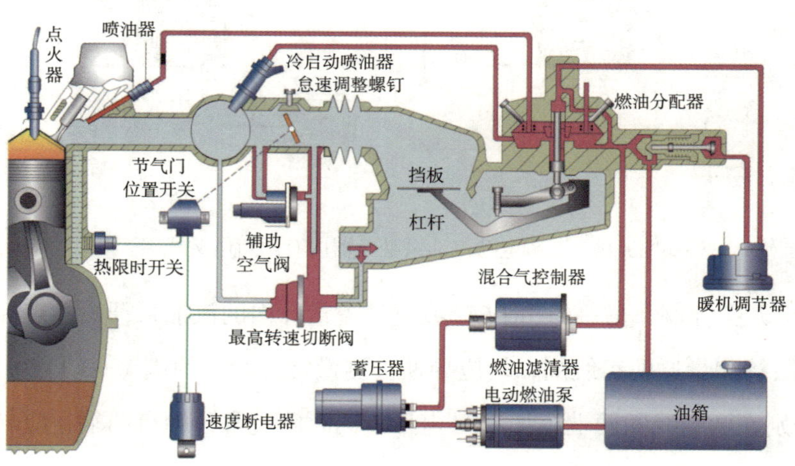

图 3-24　机械式燃油喷射系统

2. 机电结合式燃油喷射系统（KE 系统）

KE 系统，是在 K 式的基础上改进后的产品，如图 3-25 所示。其特点是增加了一个电子控制单元（Electric Control Unit，ECU）。ECU 可根据水温、节气门位置等传感器的输入信号来控制电液式压差调节器的动作，以此实现对不同工况下的空燃比进行修正的目的。

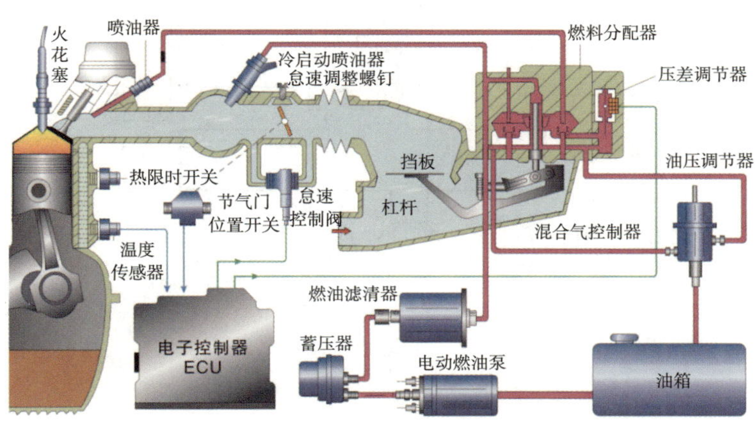

图 3-25　机电结合式燃油喷射系统

3. 电控燃油喷射系统（E 系统）

燃油的计量通过电控单元和电磁喷油器来实现，如图 3-26 所示。该系统采用了全电子控制方式，即电子控制单元通过各种传感器来检测发动机运行参数（包括发动机的进气量、转速、负荷、温度、排气中的氧含量等）的变化，再由 ECU 根据输入信号和数学模型来确定所需的燃油喷射量，并通过控制喷油器的开启时间来控制喷入气缸内的每循环喷油量，进而达到对气缸内可燃混合气的空燃比进行精确控制的目的。

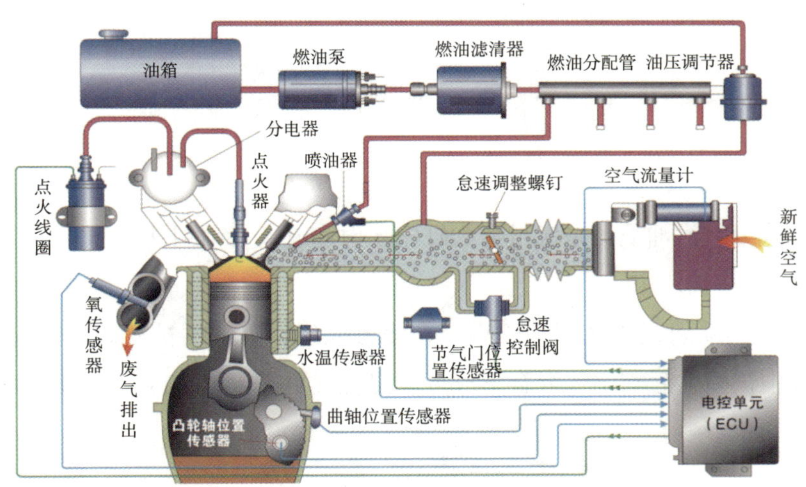

图 3-26　电控燃油喷射系统

（二）按喷油器的布置方式分类

按喷油器的布置方式可分为：单点燃油喷射和多点燃油喷射。

1. 单点燃油喷射系统

单点喷射系统是把喷油器安装在化油器所在的节气门段，它的外形也有点像化油器，通常用一个喷油器将燃油喷入进气流，形成混合气进入进气歧管，再分配到各个气缸中，如图 3-27 所示。

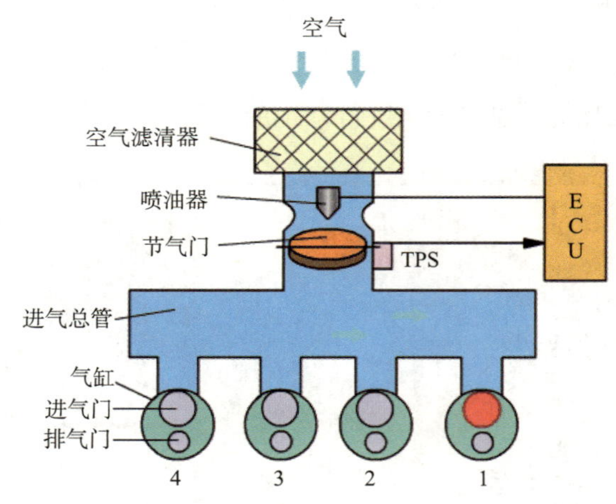

图 3-27　单点燃油喷射系统

2. 多点燃油喷射系统

多点喷射系统是在每缸进气口处装有一只喷油器，由电控单元（ECU）控制，顺序地进行分缸单独喷射或分组喷射，汽油直接喷射到各缸的进气门前方，再与空气一起进入气缸形成混合气，如图 3-28 所示。

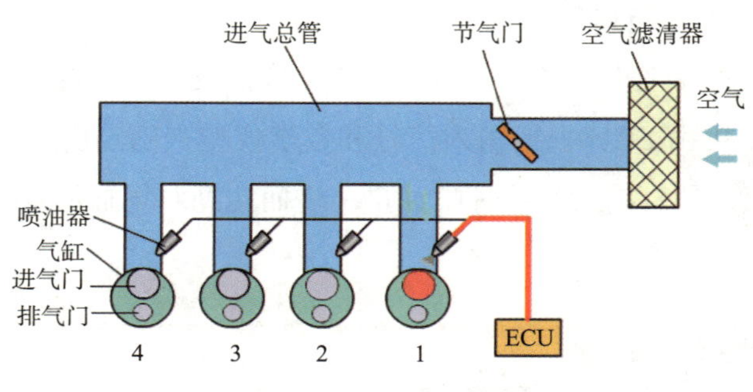

图 3-28　多点燃油喷射系统

（三）按喷油方式分类

根据汽油喷射方式分：汽油喷射系统可分为缸内喷射和进气管喷射两种。

1. 进气管喷射

它是指在进气歧管内喷射或进气门前喷射。在该方式中，喷油器被安装于进气歧管内或进气门附近，汽油在进气过程中被喷射后与空气混合形成可燃混合气再进入气缸内，如图 3-29 所示。

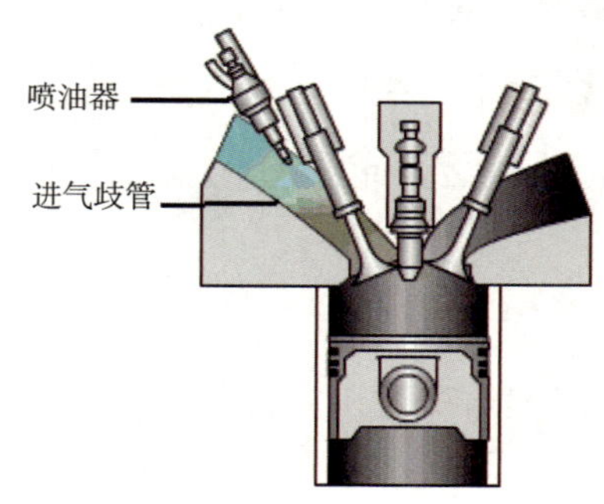

图 3-29　缸外喷射

2. 缸内喷射

缸内喷射系统是将喷油器安装在气缸盖上，将汽油直接喷入气缸内与空气混合，形成可燃混合气。这种喷射系统需要较高的喷油压力，为 3~5MPa，如图 3-30 所示。

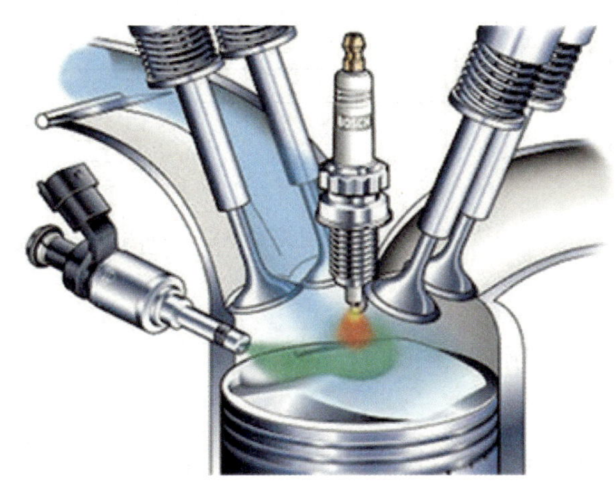

图 3-30　缸内喷射

（四）按喷射时间分类

按喷射时间可分为：同时喷射、分组喷射、顺序喷射。

1. 同时喷射

是指发动机在运行期间，所有的喷油器并联连接，电子控制单元根据曲轴位置传感器送入的基准信号，发出喷油器控制信号，控制功率三极管的导通和截止，从而控制各喷油器电磁线圈电路同时接通和切断，使各缸喷油器同时喷油。控制电路，如图 3-31 所示。

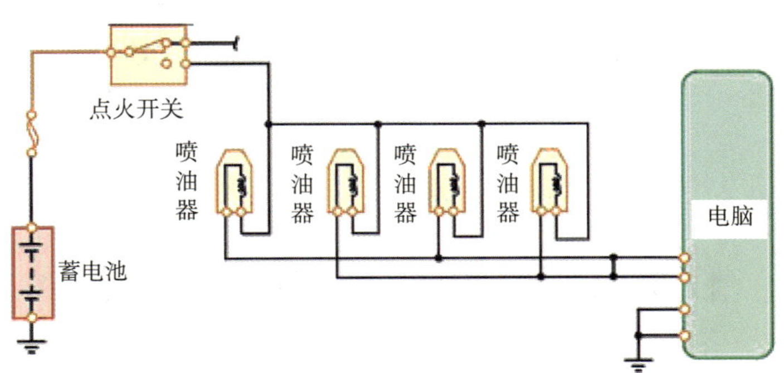

图 3-31　同时喷射控制电路原理图

2. 分组喷射

将多缸发动机的喷油器按发动机每工作循环分成若干组交替进行喷射，每组分别通过一条控制电路和电脑连接，由电子控制单元分组控制喷油器，两组喷油器轮流交替喷射。每一工作循环中，各喷油器均喷射一次或两次。一般多是发动机每转一转，只有一组喷射。控制电路，如图 3-32 所示。

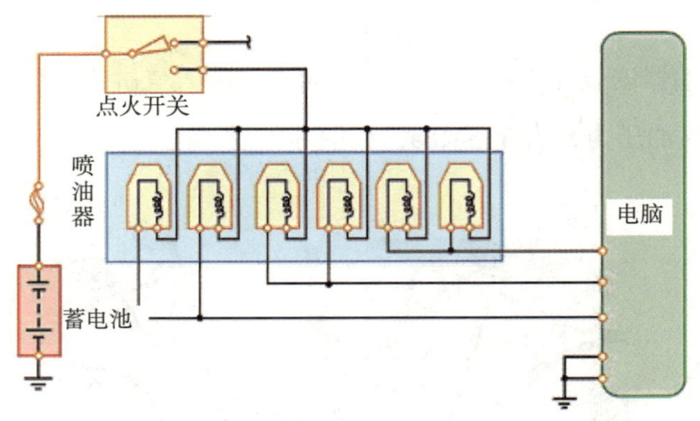

图 3-32　分组喷射控制电路原理图

3. 顺序喷射

喷油器按照发动机各缸工作的顺序依次喷射。各缸喷油器分别由电脑进行控制。驱动回路数与气缸数目相等。

顺序喷射可以设立在最佳时间喷油，对混合气的形成十分有利，因此它对提高燃油经济性和降低有害物的排放等有一定好处。控制电路，如图 3-33 所示。

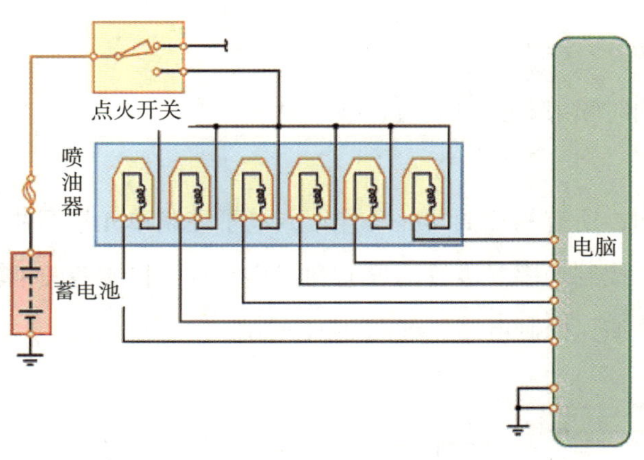

图 3-33　顺序喷射控制电路原理图

任务 2　喷油器及控制线路检修

云板书

【理论知识】

一、喷油器作用

喷油器的作用是根据 ECU 发出的喷油脉冲信号，精确的计量燃油喷射量，同时将燃油喷射后雾化。

二、喷油器类型

喷油器按用途不同，分为 SPI（单点喷射）系统和 MPI（多点喷射）系统两种；按燃料的输送位置不同，分为上部给油式和下部给油式两种；按喷口形式不同，分为孔式和轴针式两种；按电阻线圈阻值不同，分为低阻式和高阻式两种。

三、喷油器结构原理

1. 结构

主要由滤网、电接头、电磁线圈、回位弹簧、衔铁和针阀等组成。轴针式喷油器针阀下部还有一段探入喷口的轴针。不喷油时，弹簧将针阀压紧在阀座上，防止滴漏；停喷瞬时，弹簧使针阀迅速回位，断油干脆。轴针式喷油器可使燃油以环状喷出，有利于雾化，且由于轴针在喷口中的不断运动使喷口不易堵塞，如图 3-34 所示。

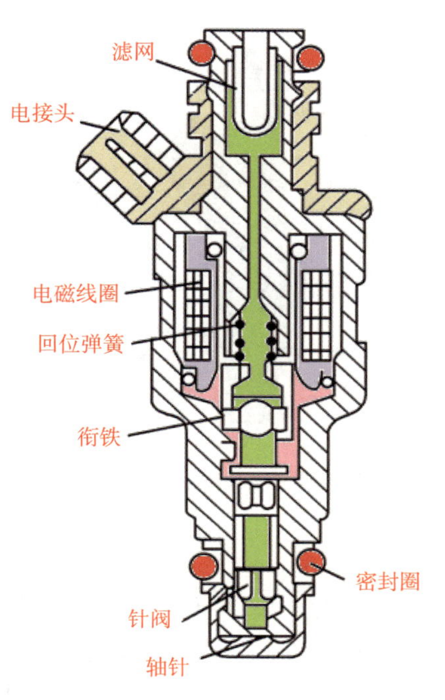

图 3-34　喷油器的结构

2. 工作原理

当 ECU 发出喷油脉冲信号时，喷油器的电磁线圈电路被触发接通，电磁线圈产生电磁吸力，吸动衔铁带动针阀离开阀座，压力油从针阀与阀座之间的精密环形缝隙中喷出。为使燃油能被充分雾化，轴针的前端被加工成针状。当喷油信号结束后，喷油器电磁线圈的电流被切断，电磁力迅速消失，在喷油器螺旋弹簧的作用下，针阀迅速回位，阀门关闭，喷油器停止喷油。

喷油量的多少取决于针阀的行程、喷口截面积、喷射环境压力与燃油压力的压差及喷油时间。当各因素确定时，喷油量就取决于喷射持续时间。喷油器针阀开启的时间则取决于电磁线圈通电脉冲的宽度，其脉冲宽度由 ECU 根据各传感器输入的信号，通过分析、对比、计算后确定。

【技能训练】

一、喷油器的检修

1. 喷油器的就车检查

（1）喷油器工作情况的检查

① 发动机运转时用手指接触喷油器，应有脉冲振动的感觉。

② 用旋具或听诊器与喷油器接触，应能听到其有节奏的工作声；否则表明喷油器工作不正常，应对喷油器和控制电路做进一步检查。

③ 采用断油方法检查，当拔下某缸喷油器线束插头时，该缸喷油器停止喷油，发动机转速立即下降，这表明该喷油器工作正常；否则表明不工作或工作不良，应做进一步检查。如果喷油器针阀完全被卡死，则应更换喷油器。

（2）喷油器电磁线圈电阻的检查

检查时拔下喷油器线束插头，用万用表测量其接线柱间的电阻。在 20℃时，对于高阻喷油器来说，其电阻值应为 12~17 欧；对于低阻喷油器来说，其电阻值应为 2~5 欧。否则应更换，如图 3-35 所示。

图 3-35　喷油器电磁线圈电阻的检查

2. 喷油器的检验

（1）喷油器泄漏情况的检查。将喷油器装在分配油管上，用一根油管将车上的过滤器出口与分配油管进口连接；另一根油管接回油管。然后用一根导线将燃油泵的两个检测插孔短接，并打开点火开关。这时，燃油泵开始运转，注意观察喷油器有无漏油现象。如漏油，其漏油量在 1min 内应少于 1 滴，否则应予以更换。

（2）喷油器的喷油量的检验。准备工作时的喷油量与检查泄漏时的相同。检验时用导线分别将喷油器与蓄电池相连接，并用量杯测量一定时间内的喷油量。各个车型互不相同，一般为 50~70mL/15s。每个喷油器应重复测量 2~3 次，相互的喷油量差值应小于其喷油量的 10%，否则应加以清洗或更换。

（3）喷雾质量检查。在检查喷油量的同时观察燃油雾化情况。

检查时应注意：低电阻值的喷油器不可直接与蓄电池连接，应串联一个适当阻值（8~10 欧）的降压电阻，以免烧毁电磁线圈。上述检测也可直接在喷油器检测清洗仪上进行。

二、喷油器控制线路检修

（1）拔下喷油器连接器插头。

（2）接通点火开关，不要启动发动机。

（3）测量喷油器控制线连接插头上电源线的电压，应为 12V（个别为 5V）。若无电压，检查点火开关、熔断器或主继电器及线路。

（4）检查 ECU 的喷油器控制搭铁线及 ECU 搭铁线，搭铁是否良好。

（5）将专用检查试灯串接到喷油器连接器两插头上，启动发动机，试灯应闪烁，不亮或不闪烁则表明控制回路有故障，可检查喷油器至 ECU 的线路和 ECU 是否有故障，也可用示波器检测喷油器脉冲波形，来对控制电路进行检查。

三、喷油器数据流的读取

1. 检查喷油器喷油时间

（1）关闭点火开关，将 V.A.G1552 上导线连接到 OBDII 端口。

（2）启动发动机，让发动机充分暖机，并保持在怠速工况。

（3）诊断仪屏幕显示：

快速数据传递	帮助
输入地址码	

输入地址码 01，屏幕显示：

快速数据传递	帮助
输入地址码	

（4）按 0 和 8 键，选择“读取测量数据块”，按 Q 键确认。屏幕显示：

读取测量数据块	Q
输入显示组号	

（5）输入 002，按 Q 键确认，屏幕显示：

读取测量数据块		2	
1	2	3	4

数据流 002 组读数说明见表所示。

数据流 002 组读数说明

显示组号	屏幕显示	说明	怠速时允许值
C2 基本功能	Read measuring value block 2 1　2　3　4	1- 发动机转速（怠速转速） 2- 发动机负荷 3- 发动机每循环喷射时间 4- 进气质量	820r~900r/min 1.00~2.5ms 2.00~5.00ms 2.0~4.0g/s

其中第 3 个数据即为喷油器喷油时间，单位为 ms。

2. 检测喷油器故障码

（1）保持上一步骤发动机和诊断仪连接状态，在诊断屏幕显示：

快速数据传递	帮助
选择功能	

状态下，按 0 和 2 键选择查询故障代码，并按 Q 键确认。屏幕显示存储的故障数量，或“没有识别出故障”。

如果无故障，则按键。

识别到 * 个故障

如果有多个存储的故障，存储的故障码将被按顺序显示出来，喷油器的故障代码见表所示。

故障代码	故障内容	故障原因
01249	一缸喷油器（N30）	N30 线路对正极断路或短路；N30 损坏
01250	二缸喷油器（N31）	N31 线路对正极断路或短路；N31 损坏
01251	三缸喷油器（N32）	N32 线路对正极断路或短路；N32 损坏
01252	四缸喷油器（N33）	N33 线路对正极断路或短路；N33 损坏

（2）将发动机熄火。

四、喷油器波形的读取

喷油器波形的读取如图 3-36 所示。

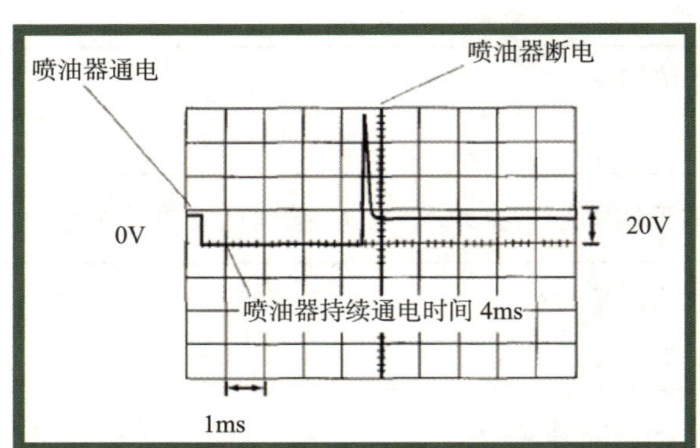

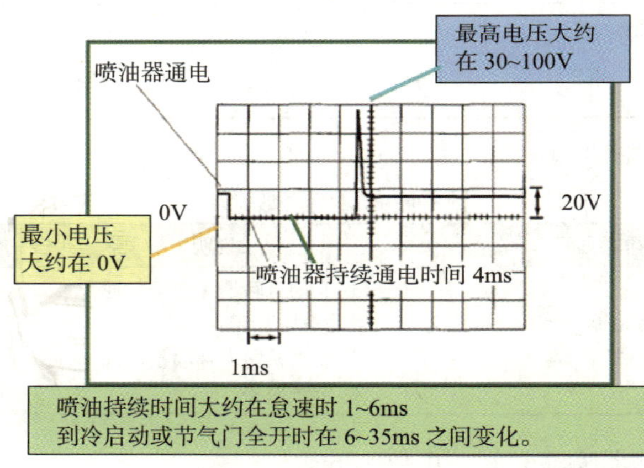

图 3-36　喷油器波形读取

【知识拓展】

一、发动机喷油控制原理

发动机喷油量由喷油器喷孔的横断面面积、汽油的喷射压力和喷油持续时间来决定。

喷孔的横断面面积和喷油压力都是恒定的，汽油的喷射量只取决于喷油持续时间。

喷油持续时间由 ECU 根据发动机的各种参数确定，ECU 通过输出喷油脉冲信号的长短控制喷油时间，即喷油量大小。

二、喷油脉宽控制

喷油脉冲宽度是发动机微机控制喷油器每次喷油的时间长度，是喷油器工作是否正常的最主要指标。该参数所显示的喷油脉冲宽度数值单位为 ms。该参数显示的数值大，表示喷油器每次打开喷油的时间较长，发动机将获得较浓的混合气；该参数显示的数值小，表示喷油器每次打开喷油的时间较短，发动机将获得较稀的混合气。喷油脉冲宽度没有一个固定的标准，它将随着发动机转速和负荷的不同而变化。

影响喷油脉冲宽度的主要因素如下：

（1）λ 调节；

（2）活性炭罐的混合气浓度；

（3）空气温度与密度；

（4）蓄电池电压（喷油器打开得快慢）。

喷油量过大常见原因如下：

（1）空气流量计损坏；

（2）节气门控制单元损坏；

（3）有额外负荷；

（4）某缸或数缸工作不良。

喷油脉宽在汽车故障诊断中的应用：

1. 用脉宽诊断燃油反馈控制系统

使发动机运转 5 分钟以上，进入闭环控制状态，氧传感信号参与发动机反馈系统。关掉所有附属用电设备，测量喷油脉宽。

（1）取掉油压调节器的真空管，并用软塞堵好，以防进气系统泄漏。此时转速上升，设法堵住回油管，人为使油压增高，如果反馈系统正常，氧传感器正常，可以看出喷油脉宽减少，一般减少 0.1~0.2ms，这是电脑对过浓的混合气进行修正的结果。

（2）造成真空泄漏，使混合气过稀。如果系统工作正常，脉宽将增加 1.01~1.04ms，这是 ECU 对过稀混合气进行补偿的结果。

2. 用怠速脉宽诊断油路

（1）热车怠速正常运行时，脉宽一般为 1.5~2.9ms。如果脉宽达到 2.9~5.5ms，一般是喷嘴有堵塞现象。新车运行一段时间后，喷嘴就有不同程度的堵塞，使喷油量减少，电脑认为空燃比增大（即稀），怠速下降，会修正喷油脉宽、修正怠速控制信号，使怠速达到目标转速值。这个循环反复进行，怠速脉宽就越来越大。同时发动机控制电脑将此时的怠速控制阀位置（步进电机之步数、或脉冲阀的占空比信号）储存下来以备下次启动时参考。由于各缸喷嘴堵塞的程度不一样，而发动机控制电脑向喷嘴提供的喷油脉宽是一致的，导致发动机工作不稳、动力不足、加速性不良、燃油消耗增加等现象产生。此时用一个好的清洗机可基本解决上述问题。

实例：时代超人，清洗前脉宽 3.31ms，清洗后脉宽 1.70ms。

应该注意，刚清洗好的喷嘴装车后，发动机转速会聚然提高，这是因为ECU长期燃油修正的结果，它记忆着学习以来的数据，以此控制怠速，使混合气过浓，这里有一个重新学习的过程，冈车型的不同，学习时间也不尽相同，有些车几秒就可，有些车则需要更长的时间。

（2）喷嘴已清洗干净的车，如果怠速脉宽仍然很大，通过数据流也已确定空气流量计、进气压力传感器、氧传感器和冷却水温传感器均无故障，那么故障的根源很可能是燃油压力过低引起的，这时需要用燃油压力表来确定是油泵或油压调节器的故障。

三、发动机断油控制

断油控制是电脑在一些特殊工况下，暂时中断燃油喷射，以满足发动机运转中的特殊要求。它包括以下几种断油控制方式：

1. 超速断油控制

超速断油是在发动机转速超过允许的最高转速时，由电脑自动中断喷油，以防止发动机超速运转，造成机件损坏，也有利于减小燃油消耗量，减少有害排放物。

超速断油控制过程是由电脑将转速传感器测得的发动机实际转速与控制程序中设定的发动机最高极限转速（一般为6000~7000转/分）相比较。当实际转速超过此极限转速时，电脑就切断送给喷油器的喷油脉冲，使喷油器停止喷油，从而限制发动机转速进一步升高；当断油后发动机转速下降至低于极限转速约100转/分时，断油控制结束，恢复喷油。

2. 减速断油控制

汽车在高速行驶中突然松开油门踏板减速时，发动机仍在汽车惯性的带动下高速旋转。

由于节气门已关闭，进入气缸的混合气数量很少，在高速运转下燃烧不完全，使废气中的有害排放物增多。减速断油控制就是当发动机在高转速运转中突然减速时，由电脑自动中断燃油喷射，直至发动机转速下降到设定的低转速时再恢复喷油。其目的是为了控制急减速时有害物的排放，减少燃油消耗量，促使发动机转速尽快下降，有利于汽车减速。

减速断油控制过程是由电脑根据节气门位置、发动机转速、水温等运转参数，做出综合判断，在满足一定条件时，执行减速断油控制。这些条件是：

节气门位置传感器中的怠速开关接通；发动机水温已达正常温度；发动机转速高于某一数值；该转速称为减速断油转速，其数值由电脑根据发动机水温、负荷等参数确定。

通常水温愈低，发动机负荷愈大（如使用空调时），该转速愈高。当上述三个条件都满足时，电脑就执行减速断油控制，切断喷油脉冲。上述条件只要有一个不满足（如发动机转速已下降至低于减速断油转速），电脑就立即停止执行减速断油，恢复喷油。

3. 溢油消除

启动时汽油喷射系统向发动机提供很浓的混合气。若多次转动启动马达后发动机仍未启动，淤积在气缸内的浓混合气可能会浸湿火花塞，使之不能跳火。这种情况称为溢油或淹缸。此时驾驶员可将油门踏板踩到底，并转动点火开关，启动发动机。电脑在这种情况下会自动中断燃油喷射，以排除气缸中多余的燃油，使火花塞干燥。电脑只有在点火开关、发动机转速及节气门位置同时满足以下条件时，才能进入溢油消除状态：

点火开关处于启动位置、发动机转速低于 500 转 / 分、节气门全开。

因此，电子控制汽油喷射式发动机在启动时，不必踩下油门踏板，否则有可能因进入溢油消除状态而使发动机无法启动。

4. 减扭矩断油控制

装有电子控制自动变速器的汽车在行驶中自动升挡时，控制变速器的电脑会向汽油喷射系统的电脑发出减扭矩信号。汽油喷射系统的电脑在收到这一减扭矩信号时，会暂时中断个别气缸（如 2、3 缸）的喷油，以降低发动机转速，从而减轻换挡冲击。

四、稀薄分层燃烧

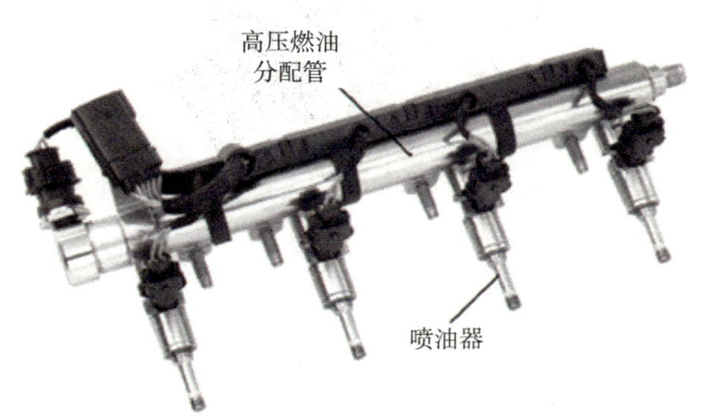

高压燃油分配管和喷油器

分层燃烧，这是一种超脱常规活塞式发动机的燃烧做功状态，是活塞式发动机的理想燃烧境界。分层燃烧有许多种形式，在比较接近常规的活塞式发动机中是指：在火花塞点火的那部分区域是一团较浓的混合气，而其他周边区域则是较稀的混合气或是纯粹空气，以此来实现电火花的可靠点燃和时间控制。这种燃烧状态的混合气浓度内外层次不一样，因此叫分层燃烧。目前国外各大汽车公司都有自己的稀燃技术，其共同点都是利用缸内涡流运动，使聚集在火花塞附近的混合气最浓，先被点燃后迅速向外层推进燃烧，并有较高的压缩比。

有了缸内直喷技术，分层燃烧才能得以实现，分层燃烧主要是通过控制混合气的浓度分布来实现的，其在火花塞附近混合气比较浓，空燃比为 12~13，保证可靠的点火，在其余大部分区域混合气较稀，空燃比在 20 以上。目前分层燃烧的实现方式主要有两种：一种是利用气流运动（主要是涡流）使混合气浓度分布不同，实现分层燃烧；另外一种是采用燃油喷射器二次喷射，从而实现燃油浓度的分层。第一种一般是采用立式吸气口方式，从气缸盖的上方吸气的独特方式产生强大的下沉气流。这种下沉气流在弯曲顶面活塞附近得到加强并在气缸内形成纵向涡旋转流。在高压旋转喷注器的作用下，压缩过程后期被直接喷注进气缸内的燃料形成浓密的喷雾，喷雾在弯曲顶面活塞的顶面空间中不是扩散而是气化。这种混合气被纵向涡旋转流带到火花塞附近，在火花塞四周形成较浓的层状混合状态。这种混合状态虽从燃烧室整体来看十分稀薄，但由于呈现从浓厚到稀薄的层状分布，因此能保证点火并实现稳定燃烧。但是这种分层方式需要设计较好的活塞顶面，从而引导气流运动。因此这种方式较少使用。另外一种分层燃烧的实现方式是采用燃油喷射器二次喷施的技术，进气冲程中随着活塞下行，燃油喷射器第一次喷射出少量燃油，使燃油随着活塞的运动在气缸中形成均匀的稀混合气。在压缩冲程中当活塞快上行至上止点时，燃油喷射器第二次喷油，这时使火花塞附近形成较浓混合气，此时火花塞跳火点燃其附近的浓混合气，火面逐步向外扩散点燃稀混合气，从而实现分层燃烧。

稀薄分层燃烧中高压燃油分配管和喷油器如图所示。高压燃油泵如图所示。

高压燃油泵

分层燃烧在一些车型上应经得到应用，这种燃烧方式有许多优点。首先，能使有效的燃油发挥出最大的效率，使汽油机燃烧室内的燃烧更加完全，不但大大地降低了汽油机的燃油消耗率，也大大地改善了汽油机的尾气排放。其次，取消节流降低了泵气损失，燃油蒸发引起了缸内温度的降低，提高了汽油机可工作的压缩比；并且燃油在进气行程中对进气的冷却，提高了充气效率等。这些优点可以使发动机的燃油经济性提高 25% 左右。

当然，分层燃烧技术还存在一些不足。首先，成本高。由于稀薄燃烧系统的结构较为复杂，对喷油系统的要求也相当严格，使喷油系统的结构也较为复杂，由此使制造成本明显增加。其次，NO_X 排放量增加。我们知道在高温富氧环境下 NO_X 排放量会增加。虽然利用分层燃烧可以较传统均质燃烧模式气缸内温度更低，但是由于空燃比相当高，燃烧室内氧气含量增多，从而使 NO_X 的生成增加。另外由于排放温度较低，这就使得三元催化器的转换效率下降，不利于 NO_X 的转化。还有一点是理想的分层燃烧很难实现，分层燃烧火焰从浓区传播到稀区时往往容易熄灭，形成大量未燃碳氢，同时由于缸内温度偏低，不利于未燃碳氢在燃烧后期的继续氧化。

任务 3　燃油压力测试

【理论知识】

一、燃油压力影响因素

1. 系统内泄漏

油液通过非正常工作通道由高压腔流到低压腔现象，称为内泄漏。设备完全没有泄漏是不可能的，一般只是把泄漏量限定在一个允许的范围内。造成泄漏的主要原因有三个：①油液黏度过低；②系统压力过高；③局部部位的结构不合理。

油压系统各组成部分的故障均可引起内泄漏并导致压力波动。

2. 油液混入空气

在常温和大气压下，气体在液压油中是有一定溶解度的。油泵工作时，吸油管阻力很大（滤油器堵塞、管道长、管径细等原因），油来不及充满吸油腔，造成局部真空。当压力低于空气分离压时，溶解于油中的空气便大量分离出来，气泡的存在，使原来充满在管道或元件中的液体成为不连续状态。随着泵的运转，气泡被液体带到高压区后，气泡受高压而缩小、破裂和溃灭，形成局部的压力冲击和高温。因此含有气泡的油液在受到压缩后，系统虽可建立起一定的压力，但油压极不稳定。

空气侵入油压系统所造成的不良后果有两方面：①破坏系统工作平稳性，使系统产生噪声，振动和运动部件爬行；②容易使油液氧化变质，降低油液使用寿命。

3. 油液污染

油液污染包括：①固体杂质、水分和空气的混入；②系统中运行部件及密封件的磨损产生的固体颗粒；③滤油器中脱离下来的颗粒纤维；④油液变质产生的黏度及酸值的变化。

二、燃油压力测试注意事项

（1）燃油供给系统存在高压汽油，因此任何涉及燃油管路拆卸的工作都应首先卸压并准备好消防设备，作业区应通风良好、断绝火源，作业时格外仔细小心，避免泄漏汽油引发火灾。

（2）在拆卸油管时，油管内还会有少量燃油泄出，所以在断开油管前，用抹布将拆卸处罩住，以吸附泄漏的燃油，将吸附燃油的抹布收集到准许的容器中。

（3）燃油管多用钢、橡胶或尼龙制造，不得渗漏、裂纹、扭结、变形、刮伤、软化或老化，否则应立即更换。

（4）油管接头不得松动，否则应立即紧固。钢制油管端部的喇叭口应密封良好无渗漏，否则应重新制作。

（5）连接螺母或接头螺栓与高压油管接头连接时必须使用新垫片并涂上一薄层机油，先用手拧紧螺栓，再用工具拧紧到规定力矩。喇叭口的连接也一样。

三、缸内直喷燃油压力控制原理

缸内直喷技术采用了两种不同的注油模式，即分层注油和均匀注油模式。

发动机低速或中速运转时采用分层注油模式。此时节气门为半开状态，空气由进气管进入气缸撞在活塞顶部，由于活塞顶部制作成特殊的形状从而在火花塞附近形成期望中的涡流。当压缩过程接近尾声时，少量的燃油由喷射器喷出，形成可燃气体。这种分层注油方式可充分提高发动机的经济性，因为在转速较低、负荷较小时除了火花塞周围需要形成浓度较高的油气混合物外，燃烧室的其他地方只需空气含量较高的混合气即可，而 FSI 使其与理想状态非常接近。当节气门完全开启，发动机高速运转时，大量空气高速进入气缸形成较强涡流并与汽油均匀混合。从而促进燃油充分燃烧，提高发动机的动力输出。电脑不断的根据发动机的工作状况改变注油模式，始终保持最适宜的供油方式。燃油的充分利用不仅提高了燃油的利用效率和发动机的输出而且改善了排放，如图 3-37 所示。

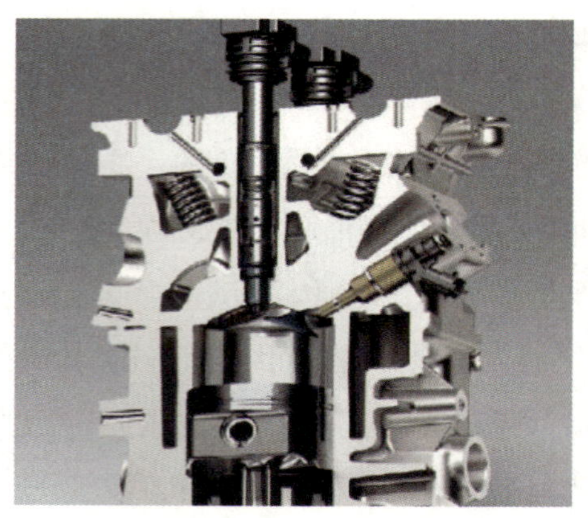

图 3-37　缸内汽油直喷发动机设备原理

【技能训练】

一、燃油系统泄压

汽油喷射发动机为便于再次启动，在发动机熄火后，燃油系统仍保持有较高的残余压力。在拆卸燃油系统内任何元件时，都必须首先释放燃油系统压力，以免系统内压力油喷出，造成人身伤害或火灾。燃油系统压力卸除方法如下：

（1）松开油箱上的加油盖，释放油箱中的蒸汽压力。

（2）启动发动机，维持怠速运转，在运转中拔去燃油泵继电器或熔断丝，也可拔下燃油泵导线插头，直至发动机自行熄火。

（3）再次启动发动机 3~5 次，利用启动喷射卸除油管中残余压力。

（4）关闭点火开关，装上油泵继电器或熔断丝或电动油泵导线插头。

二、燃油压力测试（以有回油管多点喷射系统为例）

1. 油压表的安装

（1）将燃油系统卸压。

（2）拆下蓄电池负极搭铁线。

（3）安装专用压力表。一般安装于冷启动喷油器油管接头、汽油滤清器的出油口或燃油分配管的进油处。

（4）重新装上蓄电池负极搭铁线，如图 3-38 所示。

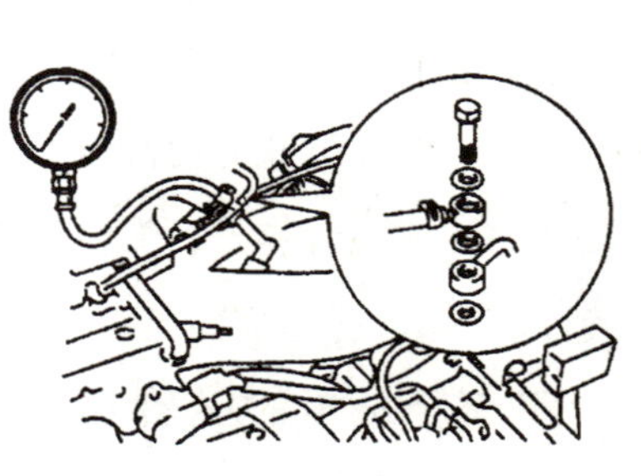

（a）安装在冷启动喷油器上

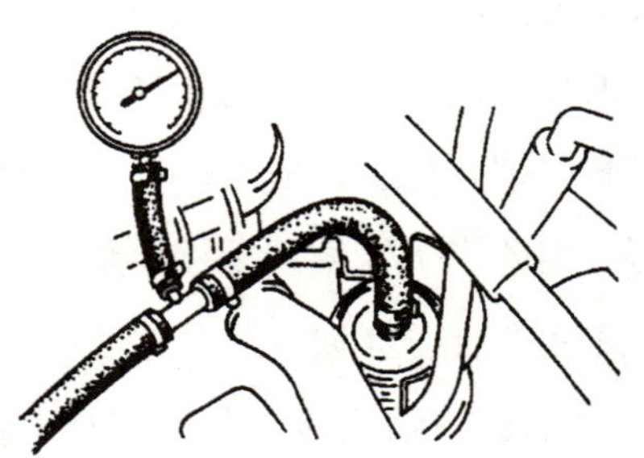

（b）安装在滤清器油管上

图 3-38　油压表的安装

2. 检测油压

（1）检测静态油压

① 用一根短导线将电动汽油泵的两个检测孔短接。

② 打开点火开关（不启动发动机），使电动汽油泵运转。

③ 测量燃油压力。其正常油压应为 300kPa 左右。若油压过高，应检查油压调节器；若油压过低，应检查电动汽油泵、汽油滤清器和油压调节器。

④ 拔掉电动汽油泵检测插孔的短接线，关闭点火开关。

（2）燃油系统保持油压的测量。测量静态油压结束 5min 后，再观察油压表指示的油压。此时的油压称为燃油系统保持压力。其值应不小于 147kPa。若油压过低，应进一步检查电动汽油泵保持压力、油压调节器保持油压及喷油器有无泄漏。

（3）油压调节器保持油压的测量。当燃油系统保持油压不符合标准（小于 147kPa）时，应进行此项检查，以便找出故障原因。其检查方法如下：

① 将油压表接入燃油管路。

② 用一根短导线将电动汽油泵的两个检测孔短接。

③ 打开点火开关，并保持 10 秒，让电动汽油泵运转。

④ 关闭点火开关，拔去电动汽油泵检测插孔短接线。

⑤ 用包上软布的钳子将油压调节器的回油管夹紧。

⑥ 5min 钟后观察燃油压力，该压力称为油压调节器保持油压。如果该压力仍然低于燃油系统保持压力的标准值（147kPa），则说明燃油系统保持压力过低的故障不在油压调节器；相反，若此时压力大于 147kPa，则说明油压调节器有泄漏，应更换。

（4）发动机运转时燃油系统动态油压的测量。

① 启动发动机。

② 让发动机怠速运转，测量此时的燃油压力。

③ 缓慢开大节气门，测量在节气门接近全开时的燃油压力。

④ 拔下油压调节器的真空软管，并用手堵住，让发动机怠速运转，测量此时的动态油压。该压力应和节气门全开时的燃油压力基本相等。

不同车型燃油系统的动态油压各不相同。若测得的油压过高，应检查油压调节器及其真空软管；若测得的油压过低，则应检查电动汽油泵、汽油滤清器及油压调节器。

（5）电动汽油泵最大泵油压力和保持压力的测量。

① 将燃油系统卸压。

② 拆下蓄电池负极搭铁线。

③ 将油压表接在燃油管路上，并将出油口塞住。

④ 接上蓄电池负极搭铁线。

⑤ 使用一根导线将电动汽油泵的两个检测插孔短接。

⑥ 打开点火开关，持续 10 秒（不要启动发动机），使电动汽油泵工作，同时读出油压表的压力，

该压力称为电动汽油泵的最大泵油压力。它应当比发动机运转时燃油系统的动态油压高 200~300kPa，通常可达 490~640kPa。如不符合标准值，应更换电动汽油泵。

⑦ 关闭点火开关，5min 后再观察油压表的压力，此时的压力值称为电动汽油泵的保持压力。其值应大于 340kPa。如不符合标准值，应更换电动汽油泵。

3. 油压表的拆卸

测量好燃油压力后，按下列步骤拆卸油压表。

（1）释放燃油系统的油压。

（2）拆下蓄电池搭铁线。

（3）拆下油压表。

（4）重新装好油管接头。

（5）接好蓄电池负极搭铁线。

（6）预置燃油系统的压力。

（7）检查油管各处有无漏油。

三、燃油压力预置

在拆开燃油供给系统进行维修之后，为避免首次启动发动机时因系统内无压力而导致启动时间过长，应预置燃油供给系统残余压力。燃油供给系统压力预置可通过反复打开和关闭点火开关数次来完成，也可按下述方法进行。

（1）检查燃油供给系统所有元件和油管接头是否安装良好。

（2）用专用导线将诊断座上的燃油泵测试端子跨接到 12V 电源上，如：日本丰田车系直接将诊断座上的 +B 端子（电源端子）与 FP 端子（燃油泵测试端子）跨接。

（3）将点火开关转至“ON”位置，使电动燃油泵工作约 10s。

（4）关闭点火开关，拆下诊断座上的专用导线。

四、缸内直喷燃油压力数据流的读取

汽油机缸内直喷燃油系统，可以利用 VAS5052/5051B 等专用电脑，进入“引导性功能 - 读取发动机的测量值”选项进行读取。

1. 检测系统油压及油泵

（1）燃油压力泄压

可以通过读取数据流检查燃油系统高压油路压力，一般应在 3.5~11MPa 之间。若油压显示不正常，则应首先检查低压油路状态是否正常，再检查高压限压阀、高压油泵和油压调节阀等部件的状况。需要拆卸燃油系统时，须注意高压系统必须进行泄压处理。

（2）检查燃油泵

电动燃油泵的调节是由燃油泵控制单元输出的 PWM 信号进行的，从而使得低压燃油系统的工作压力范围保持在 50~500kPa 之间。当冷热启动时，应达到 650kPa。测量其最大压力值时，应以以下步骤进行：将带有油路开关的燃油压力表连接至低压系统，关闭油路开关。连接诊断电脑 VAS5051，选择诊断电脑的“01-03”选项，使燃油泵自动运转 15s。此时燃油表压力值应达到 680kPa，即低压限压阀打开时的压力值。在停止运转后 10min，燃油系统的残压应大于或等于 375kPa。此外，在检测最大压力时，测量燃油泵的最大工作电流不可大于 9A。

【知识拓展】

一、燃油供给系统油路及喷油器的清洗

（一）燃油供给系统油路清洗

（1）打开油箱盖，取出滤网筒，用软管抽出油箱内的大部分燃油，留下 10~15cm 深的燃油，并加入 80ml 乙醇汽油更换清洗剂，装上滤网筒并盖上油箱盖。

（2）将发动机进油管和回油管与免拆清洗机进油管和回油管相连接，并用专用接口连接进油管和回油管形成回路。

（3）按免拆清洗机储油罐的刻度或发动机缸数（每缸 100ml 汽油），将汽油加入清洗剂储油罐中，并加入 100ml 乙醇汽油更换清洗剂。

（4）根据车型调整压力，电喷车调整 2~3 个压力。

（二）喷油器的清洗

喷油器清洗仪，如图 3-39 所示。

图 3-39 喷油器清洗仪

第一步：接通电源

把电源线插在本机右侧插座上，接通 220V 交流电，打开本机右侧的电源开关（显示窗最终显示 2000）。

第二步：测量喷油嘴的阻抗

首先，把要检测的喷油嘴安装到本机，按阻抗键即可

判断喷油嘴高低阻。

第三步：检查检测液液面高度

检查检测液液面高度，可从本机左侧观察液面高度，正常时本机应加检测液 1. 5L。未达到标准液面的，从加液口进行加注。

第四步：选择检测项目

（1）检测喷油嘴的滴漏。

（2）检测喷油嘴的常喷油量、喷油角度、雾化程度、喷油均匀度。

（3）检测喷油嘴在各工作环境中的工作状态。

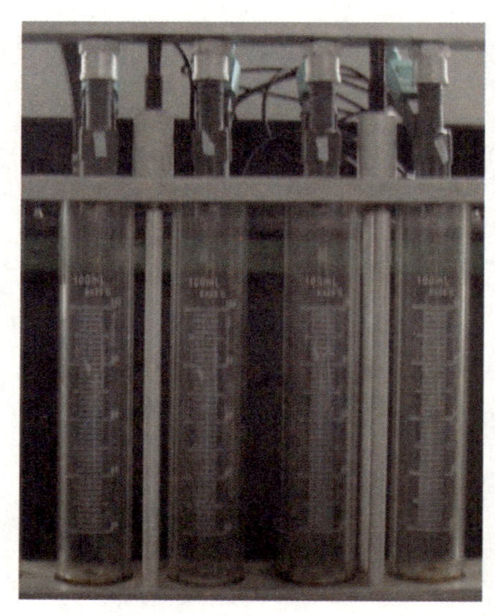

① 检测喷油嘴的滴漏

根据喷油嘴的型号选择接头并连接好，然后检查“0”型密封圈（发现坏的要更换），将喷油嘴安装在测试架上，按“油泵”键，将压力调至被检车出厂规定压力（最好高 10%），观测喷油嘴是否滴漏，如发现一分钟滴漏大于一滴（或按技术标准），则要更换喷油嘴。

②检测喷油嘴的常喷油量、喷油角度、雾化程度、喷油均匀度

关闭回油开关，确认油泵处于正常供油压力，然后按选择键进入清洗检测程序，显示 0015，再按

手动键，15 秒后观测试管的喷油量应为 38 ~ 45ml（或按技术标准），均匀度误差不超过 5%，否则更换或者清洗。

注意：此检测参数为最主要及基本参数，无论喷油嘴其他检测结果如何，只要该数据偏差在 9%以上，则该喷油嘴必须清洗或建议全组更换。

（4）检测喷油嘴的在各工作环境中的工作状态

按选择键进入检测程序，可任意设定高、中、低速模拟状态，依次显示“3000”“2400”“0750”转速状态，按手动键，观测喷油角度及雾化状态，喷油角度要一致（或按喷油嘴制造厂提供技术标准），雾化要均匀，无射流现象，并根据数据检测喷油嘴均匀度，不合格者立即更换或者清洗。

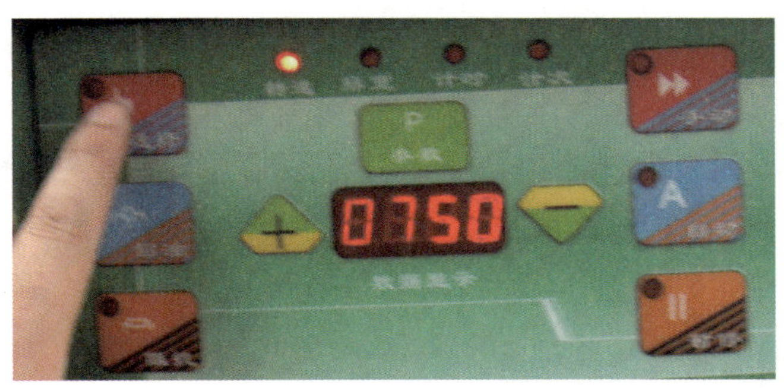

第五步：自动检测清洗分析 使用自动检测清洗分析，先按油泵键启动油泵，并把压力调至被检车系统油压规定的范围（最好高 10%），然后按自动检测键，在自动检测清洗分析过程中其他任意键处于锁死状态，只有按复位选择键，系统才可恢复到初始状态。

项目四

电控点火系统检修

任务 1　曲轴位置 / 凸轮轴位置传感器检修

云板书

【理论知识】

一、曲轴位置 / 凸轮轴位置传感器的作用

1. 曲轴位置传感器的作用

曲轴位置传感器（CKP）又称为发动机转速传感器、曲轴转角传感器等。

曲轴位置传感器一般安装在分电器内（早期发动机）、曲轴飞轮旁、曲轴皮带轮后，也有的安装在发动机缸体中部。

曲轴位置传感器主要用于采集发动机曲轴转速与转角信号并输入 ECM，以便计算确定并控制喷油提前角与点火提前角，是电控系统点火和燃油喷射的主控制信号。

导学视频

2. 凸轮轴位置传感器的作用

凸轮轴位置传感器（CMP）又称为气缸识别传感器。

凸轮轴位置传感器安装在分电器内、凸轮轴前或后端。

凸轮轴位置传感器通常用于采集配气凸轮轴的位置信号并输入 ECM，以便确定活塞处于压缩（或排气）冲程上止点的位置。

二、曲轴位置 / 凸轮轴位置传感器的类型

曲轴位置传感器与凸轮轴位置传感器有光电式、磁电式（又称磁感应式或电磁式）、磁阻式、霍尔式等类型。光电式曲轴位置或凸轮轴位置传感器通常安装在分电器内部，随着分电器的淘汰，也不再采用。以下介绍磁电式、磁阻式、霍尔式曲轴位置 / 凸轮轴位置传感器的工作原理。

三、曲轴位置 / 凸轮轴位置传感器工作原理

1. 磁电式曲轴位置 / 凸轮轴位置传感器工作原理

磁电式传感器由信号转子、传感线圈、永久磁铁和导磁磁轭组成，工作原理如图 4-1 所示。

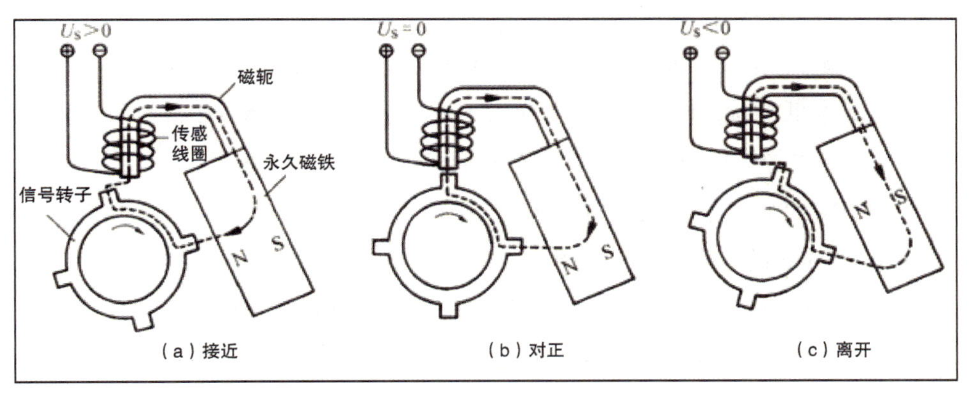

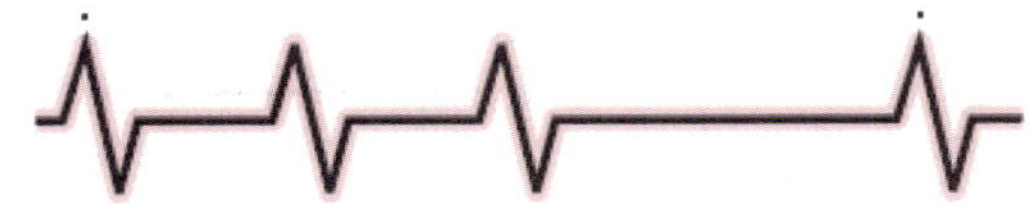

图 4-1　磁电式传感器工作原理

磁力线穿过的路径为：永久磁铁 N 极→定子与转子间的气隙→转子凸齿→信号转子→转子凸齿与定子磁头间的气隙→磁头→导磁板（磁轭）→永久磁铁 S 极。当信号转子旋转时，磁路中的气隙就会周期性的发生变化，磁路的磁阻和穿过信号线圈磁头的磁通量随之发生周期性的变化。根据电磁感应原理，传感线圈中感应产生交变电动势。

信号转子每转过一个凸齿，传感线圈中则产生一个周期的交变电动势，即电动势出现一次最大值和一次最小值，传感线圈相应地输出一个交变电压信号。

磁电式传感器不需要外接电源。当发动机转速变化时，转子凸齿转动的速度将发生变化，铁芯中的磁通变化率也将随之发生变化。转速越高，磁通变化率就越大，传感线圈中的感应电动势也就越高。

磁电式传感器曲轴位置传感器（丰田也称 NE 传感器，如图 4-2 所示），由曲轴位置传感器齿板和感应线圈组成。传感器齿板有 34 个齿，被安装在曲轴上。感应线圈由缠绕的铜线、铁芯和磁铁构成。传感器齿板旋转，每个齿通过感应线圈时，产生脉冲信号。发动机每转动一转，感应线圈就产生 34 个信号。根据这些信号，ECM 计算曲轴位置以及发动机的转速。利用这些计算值，燃油喷射时间和点火正时得到控制。

图 4-2　曲轴位置传感器

2）磁阻式曲轴位置 / 凸轮轴位置传感器工作原理

近年来，汽车上逐渐采用新型的磁阻效应（MRE）传感器，它具有灵敏度高、低转速信号测试可靠、集成加工容易、成本低的优点。MRE 传感器采用透磁合金材料（MRE 材料），这种材料通电后在外部磁场的作用下，本身磁场方向发生改变，因而电阻发生变化。

如图 4-3 所示，MRE 材料安装在集成电路板上，当带磁铁的转子（磁环）旋转时，MRE 传感器外部磁场方向发生变化，MRE 的电阻也发生变化，集成电路根据电阻的变化输出脉冲信号（脉冲数量和磁环的磁极数量相同）。MRE 传感器是一种主动型的传感器，发动机电控模块必须施加电源（根据车型，通常有 5V、8V、9V 或 12V 几种电压）才能工作。

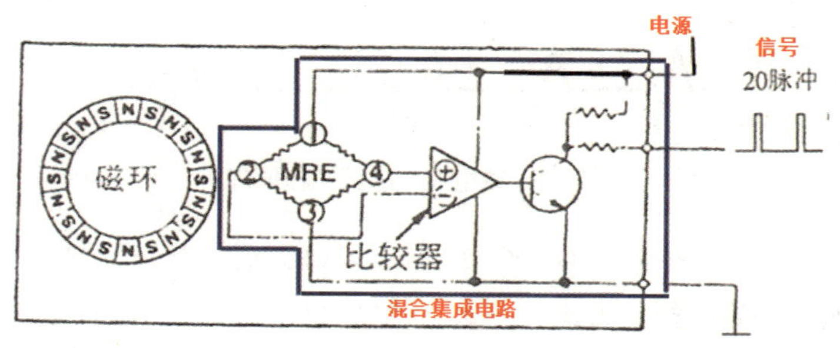

a 磁阻效应原理

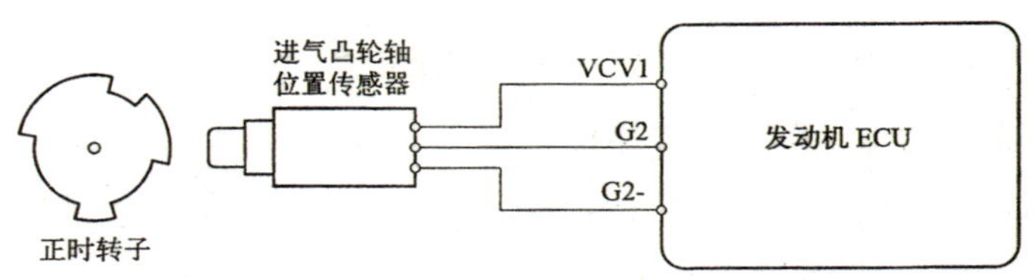

b 凸轮轴位置传感器电路原理图

图 4-3　磁阻式传感器工作原理图

丰田卡罗拉 1ZR-FE 发动机采用的凸轮轴位置传感器（丰田也称 G 信号传感器，如图 4-3 所示）为磁阻式，由磁铁和 MRE 元件组成。凸轮轴上有一个凸轮轴位置传感器的正时转子。凸轮轴旋转时，正时转子和 MRE 元件之间的空气间隙随之变化，从而影响磁铁磁场变化，MRE 材料的电阻也同时发生变化。凸轮轴位置传感器将凸轮轴旋转数据转换为脉冲信号，并据此判断凸轮轴角度，然后发送到 ECM，作为 ECM 控制燃油喷射时间和喷射正时的数据。

MRE 型凸轮轴位置传感器和用于常规车型的耦合线圈型凸轮轴位置传感器的区别如下表，信号对比如图 4-4 所示。

表 4-1　MRE 传感器和耦合线圈传感器对比

项目	传感器类型	
	MRE	耦合线圈
输出信号	自低发动机转速开始的恒定数字输出	模拟输出随发动机转速变化
凸轮轴位置检测	通过比较 NE 信号与正时转子凸起 / 未凸起部分的 Hi/Lo 输出开关正时，或根据 Hi/Lo 输出期间输入 NE 信号数量进行检测。	通过比较 NE 信号与正时转子的突起部分通过时输出的波形变化进行检测。

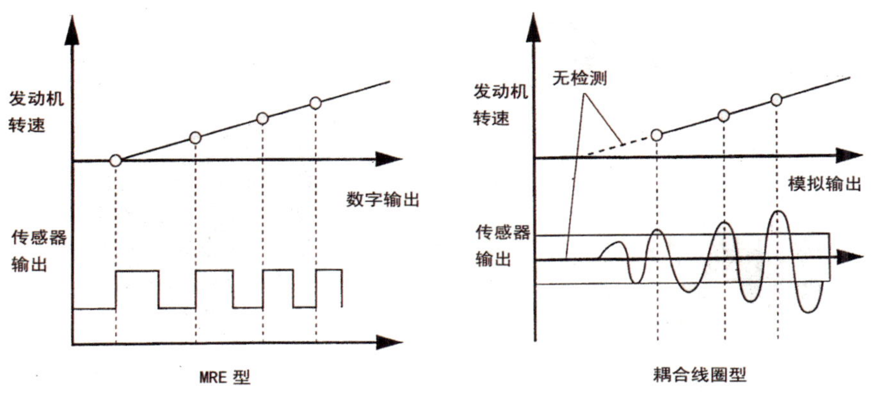

图 4-4　MRE 传感器和耦合线圈传感器信号对比图

3. 霍尔式曲轴位置 / 凸轮轴位置传感器工作原理

霍尔式传感器都是根据霍尔效应制成。利用霍尔元件制成的传感器称为霍尔效应式传感器，简称霍尔传感器。

霍尔效应的原理如图 4-5 所示。在电流通过霍尔元件的同时，如果垂直施加磁场，霍尔元件就会产生垂直于此电流和磁场的电压差，此电压差所产生的电压和磁通量密度成正比地变化（即霍尔电压），这就是霍尔效应。

霍尔式曲轴位置 / 凸轮轴位置传感器就是利用这个原理，将曲轴或凸轮轴转速的变化转变成脉冲式的霍尔电压信号提供给 ECM。

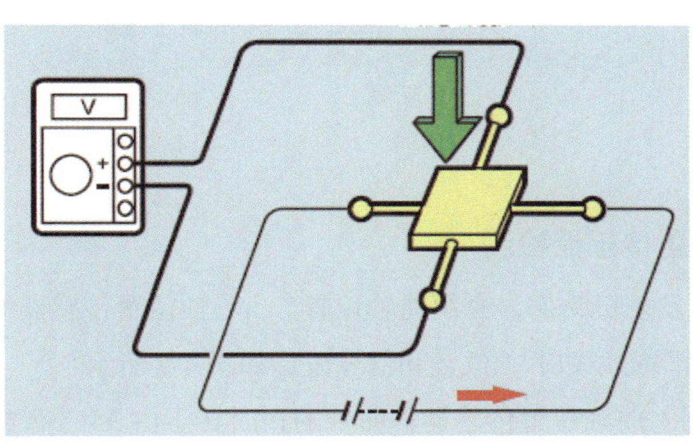

图 4-5　霍尔效应原理图

大众汽车（如桑塔纳 3000、帕萨特等车型）采用的霍尔式凸轮轴位置传感器（如图 4-6（a）所示）安装在发动机配气凸轮轴的一端，主要由霍尔信号发生器（如图 4-6（b）所示）和信号转子组成（如图 4-6（c）所示）。

信号转子又称为触发叶轮，安装在配气凸轮轴的一端，用定位螺栓和座圈定位固定，如图 4-6（c）所示。当隔板（也称叶片或切割片）进入气隙（即在气隙内）时，霍尔元件不产生霍尔电压，传感器输出高电平（5V 或 12V，根据 ECM 的参考信号）信号；当隔板离开气隙（即窗口进入气隙）时，霍尔元件产生霍尔电压，传感器输出低电平信号（0.1V），如图 4-6（d）所示。发动机曲轴每转两转，霍尔传感器信号转子转一圈，对应产生一个低电平信号和一个高电平信号，其中低电平信号对应于 1 缸压缩上止点前一定角度。

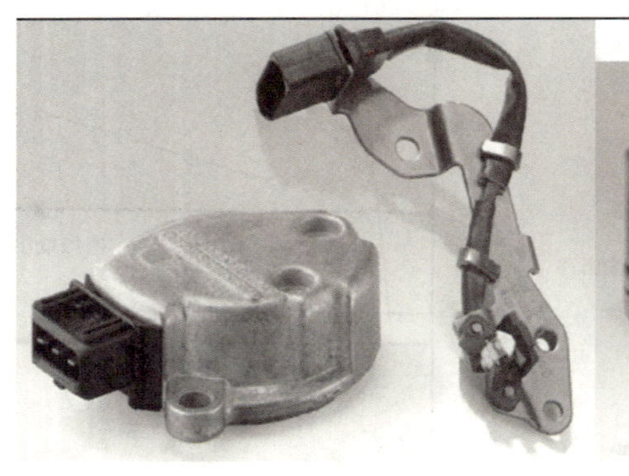
（a）霍尔式凸轮轴位置传感器

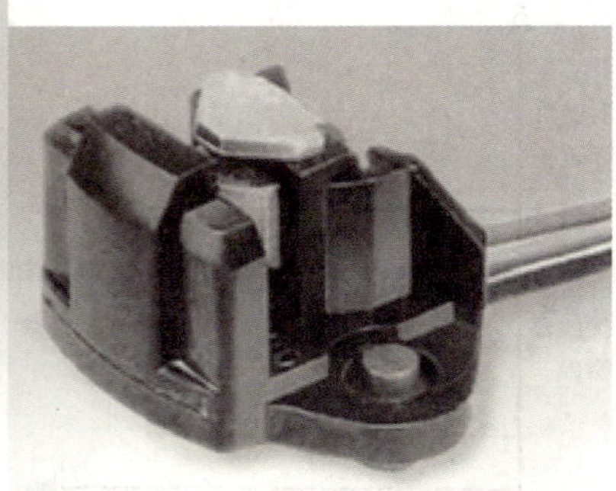
（b）霍尔信号发生器

（c）信号转子盘

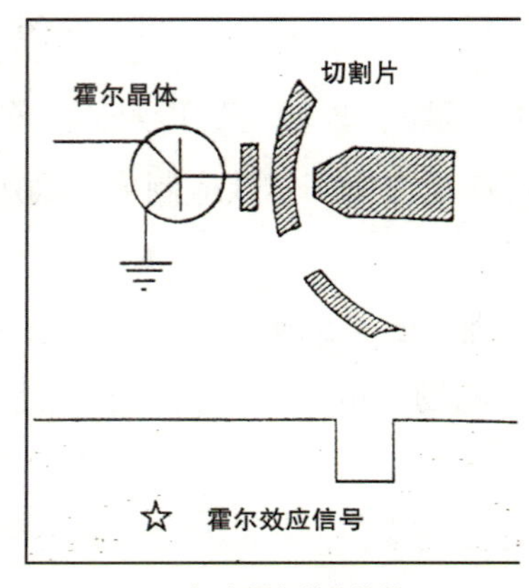

（d）霍尔效应信号

图 4-6　大众汽车霍尔式凸轮轴位置传感器

【技能训练】

一、曲轴位置 / 凸轮轴位置传感器检测

以丰田卡罗拉 1ZR-FE 发动机为例，介绍曲轴位置 / 凸轮轴位置传感器的检测方法。卡罗拉曲轴位置传感器和凸轮轴位置传感器简介如下（位置和信号波形如图 4-7 所示）：

采用磁电式（耦合线圈）曲轴位置传感器：曲轴的正时转子由 34 个齿组成，有 2 个缺齿。曲轴每旋转 10°，曲轴位置传感器输出曲轴位置信号，缺齿用来判定上止点。

采用 MRE 式（磁阻元件）进气与排气凸轮轴位置传感器：曲轴每旋动 2 圈，进气与排气凸轮轴上的各个转子便产生 3 个脉冲（3 个高输出，3 个低输出）以检测凸轮轴位置。

1. 准备工作

（1）防护装备：工作服；工作帽；手套；劳保鞋。

（2）车辆、台架、总成：卡罗拉整车或发动机台架；桑塔纳 3000 整车或发动机台架。

（3）检测设备：KT600 诊断仪，万用表。

（4）手工工具：拆装工具一套。

（5）辅助材料：翼子板布和前格栅布、三件套、抹布、手套、白板笔。

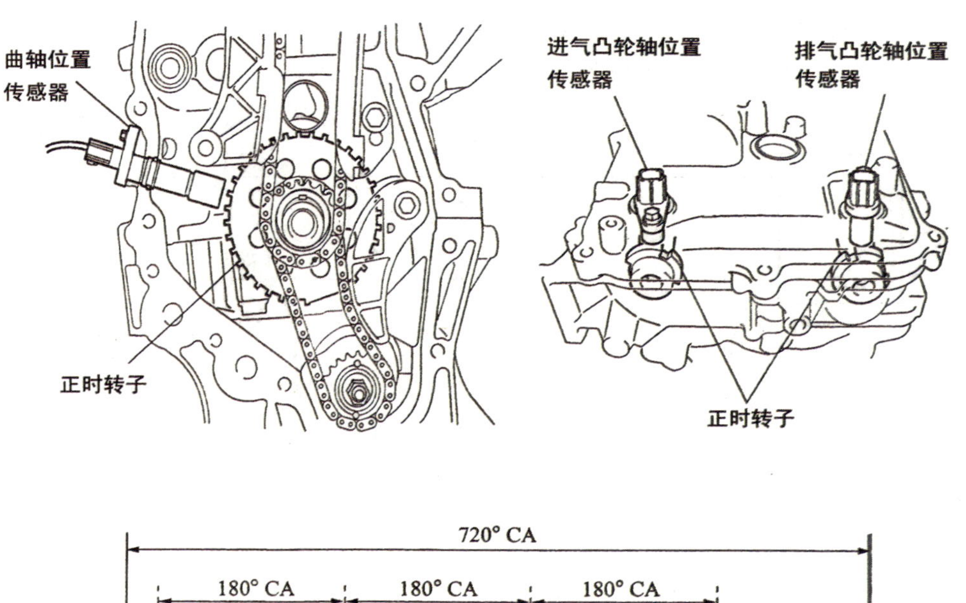

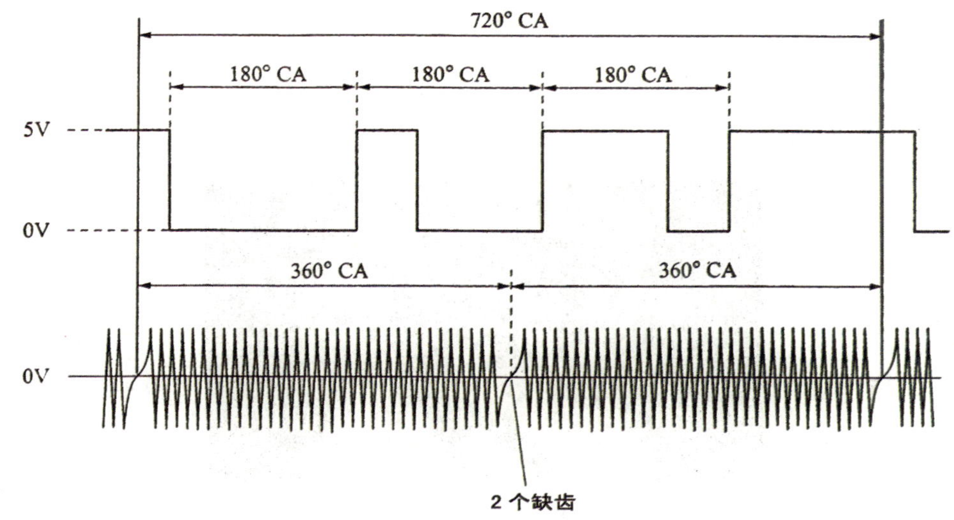

图 4-7　卡罗拉曲轴和凸轮轴位置传感器位置和信号波形图

2. 磁电式曲轴位置 / 凸轮轴传感器的检测

（1）曲轴位置传感器端子

卡罗拉 1ZR-FE 曲轴位置传感器端子如图 4-8 所示。

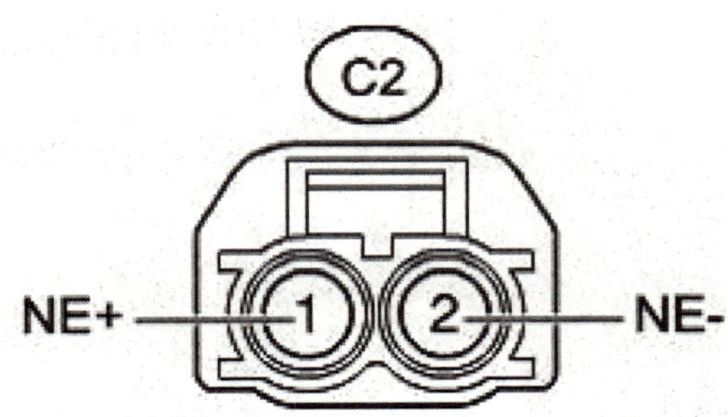

图 4-8　卡罗拉曲轴位置传感器端子图

（2）曲轴位置传感器电路图

卡罗拉曲轴位置传感器电路图如图 4-9 所示。

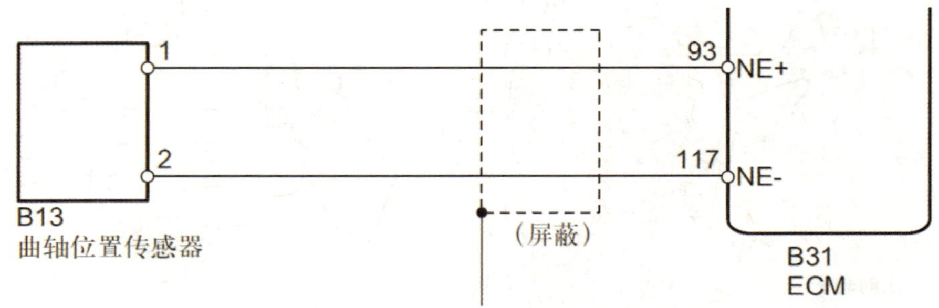

图 4-9　卡罗拉磁电式曲轴位置传感器电路图

（3）万用表检测

① 电阻测量：

如图 4-10 所示，断开曲轴位置传感器的连接器，利用万用表测量传感器的电阻值，在 20℃下，电阻值为 1850-2450Ω 之间（图中显示实测值不符标准，和测试时温度有关）。

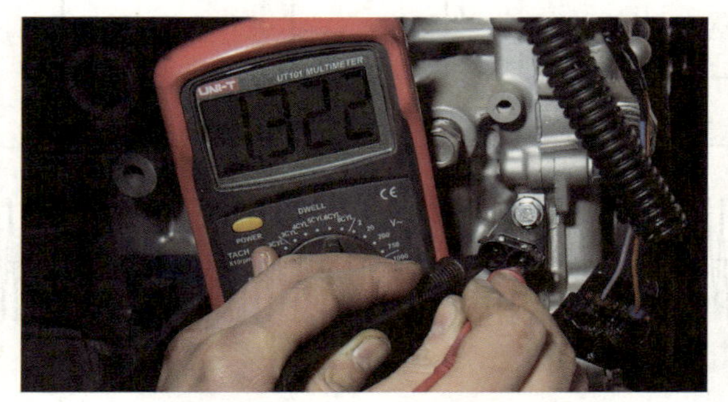

图 4-10　曲轴位置传感器电阻测量

② 交流电压信号测量：

如图 4-11 所示，连接曲轴位置传感器的连接器，采用万用表交流电压挡测量端子 NE+ 和 NE- 之间的信号（因曲轴位置传感器所处空间狭窄，需事先引出连接线，便于测量）发动机运转时，交流信号电压随转速升高而升高。如果测量不到信号，采用万用表测量传感器各端子到 ECM 的线束是否导通（低于 1Ω）；线束与车身接地之间应不导通。

图 4-11　曲轴位置传感器信号测量

（4）诊断仪器读取数据流

如图 4-12 所示，连接诊断仪器，进入数据流，发动机转速的数据流数值应该和发动机当前的转速一致。

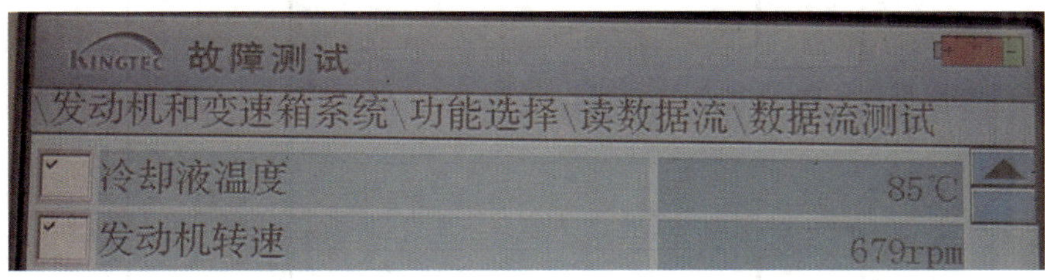

图 4-12　曲轴位置传感器（发动机转速）数据流

（5）示波器检测波形

连接诊断仪器，利用示波器功能，测量曲轴位置传感器的信号波形（NE+ 和 NE- 端子之间）。

良好的波形在 0V 上下的幅值应基本一致，且随发动机转速增加而增大，幅值、频率和形状在确定的条件（等转速）下是一致的、可重复的、有规律的，如图 4-13 所示。

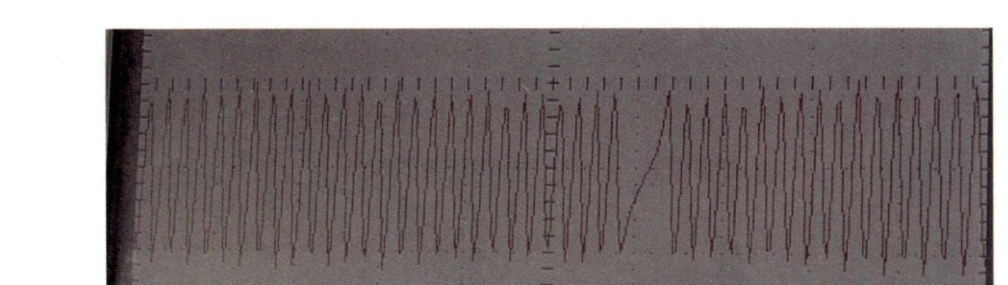

图 4-13　曲轴位置传感器波形

3. 磁阻式曲轴位置 / 凸轮轴位置传感器的检测

以丰田卡罗拉 1ZR-FE 发动机为例，介绍磁阻式凸轮轴位置传感器的检测方法。

（1）凸轮轴位置传感器端子

卡罗拉 1ZR-FE 磁阻式凸轮轴位置传感器端子如图 4-14 所示。

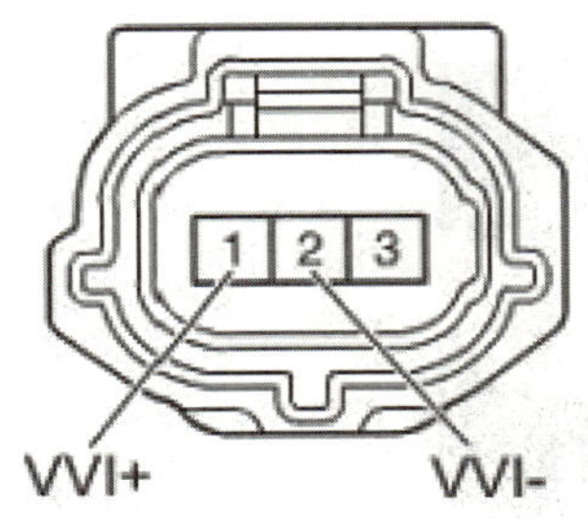

端子	作用
1	传感器信号 VVI+
2	传感器搭铁（接地）VVI-
3	ECM 参考电源 5V

图 4-14　磁阻式凸轮轴位置传感器端子

（2）凸轮轴位置传感器电路图

卡罗拉凸轮轴位置传感器电路图如图 4-15 所示。

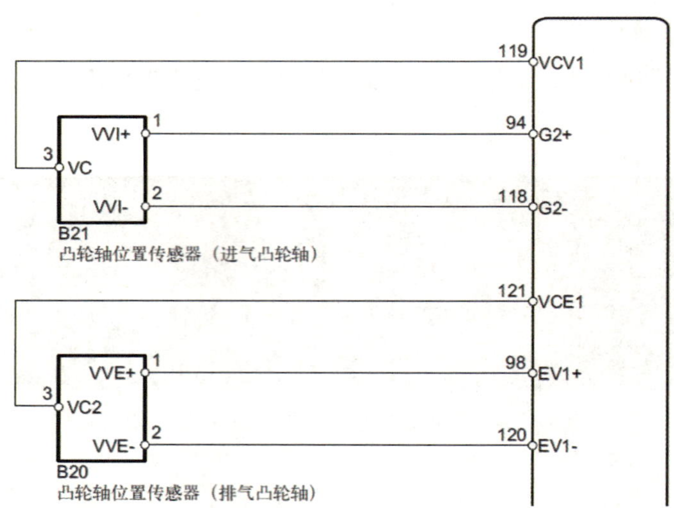

图 4-15　卡罗拉磁阻式凸轮轴位置传感器电路图

（3）万用表检测

① 供电电源检测：

如图 4-16 所示，断开凸轮轴位置传感器的连接器，点火开关 ON，利用万用表直流电压拦测量连接器 ECM 侧端子的电压，端子 3（VC）应该有 4.5V-5.5V 的电压。电压正常，同时证实线路导通。

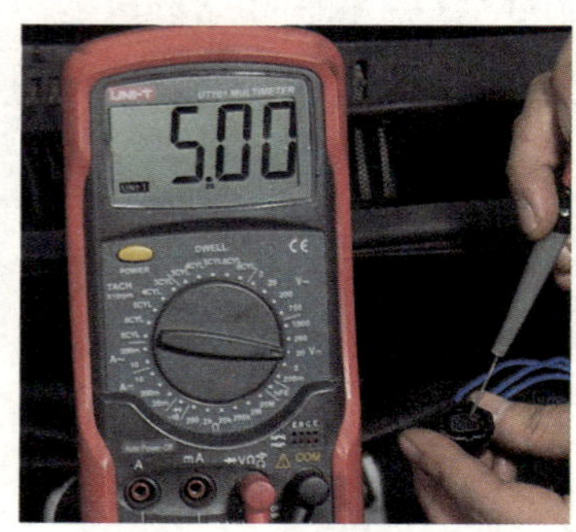

图 4-16　磁阻式凸轮轴位置传感器供电电源检测

② 信号检测：

如图 4-17 所示，连接传感器的连接器，利用万用表电压挡测量传感器输出信号（1 号端子），发动机运转时，应有信号产生。因为磁阻式传感器输出的是脉冲信号，万用表只能测得信号的变化。

图 4-17　磁阻式凸轮轴位置传感器电压信号检测

（4）示波器检测波形

如图 4-18 所示，连接诊断仪器，利用示波器功能，测量凸轮轴位置传感器的信号波形，应为方波信号。

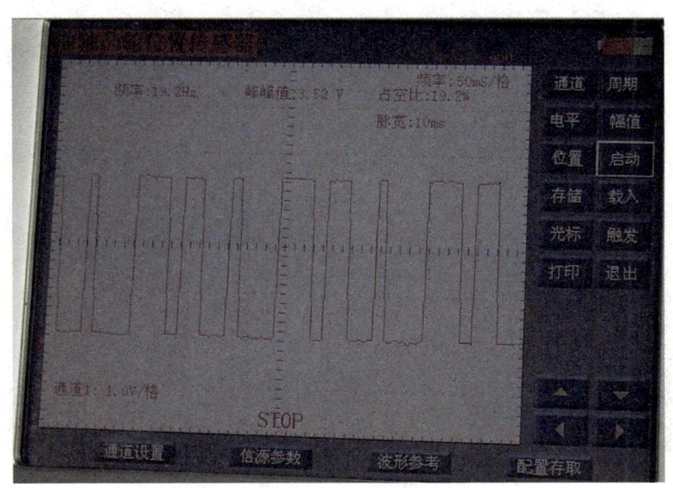

图 4-18　磁阻式凸轮轴位置传感器波形检测

4. 霍尔式曲轴位置 / 凸轮轴位置传感器的检测

霍尔式曲轴 / 凸轮轴位置传感器的检测方法有一个共同的特点，即主要通过测量有无输出脉冲信号（5V 或 12V 方波）来判断其工作性能是否良好。下文以桑塔纳 3000 的霍尔式凸轮轴位置传感器为例来说明其检测方法。

（1）霍尔式凸轮轴位置传感器电路图

桑塔纳 3000 霍尔式凸轮轴位置传感器的控制电路如图 4-19 所示。传感器三个端子分别为：+5V 电源、信号和传感器接地（搭铁）。

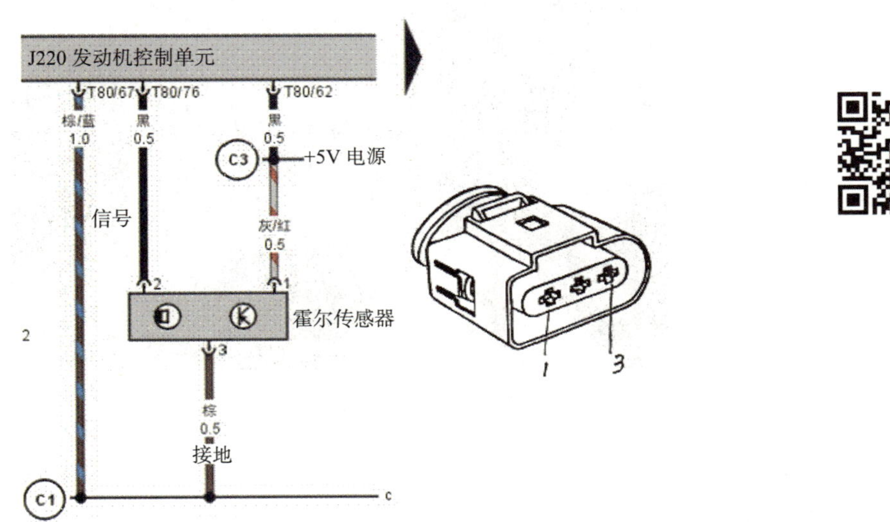

图 4-19　大众汽车霍尔式凸轮轴位置传感器电路图和端子图

（2）万用表检测

① 供电电源：

如图 4-20 所示，断开霍尔传感器的连接器，点火开关 ON，利用万用表电压挡测量控制单元提供传感器的电源电压（1 号端子）和接地端子（3 号端子），正常值应在 4.5V-5.5V。电压正常，同时证实线路导通。

图 4-20　霍尔传感器供电电源检测

② 电压信号测试：

如图 4-21 所示，断开霍尔传感器连接器，打开点火开关，测量连接器端子 2 和 3 的电压，标准应接近蓄电池电压（控制单元提供的参考电压）。电压正常，同时证实线路导通。

接上霍尔传感器的连接器，利用万用表电压挡测量霍尔传感器输出信号（2 号端子），发动机运转时，应有信号产生。因为霍尔传感器输出的是脉冲信号，万用表只能测得信号的变化。

图 4-21　电压信号检测

（3）示波器检测波形

如图 4-22 所示，利用示波器，测量霍尔传感器的信号波形（2 号端子），应有 12V 的方波。良好的波形在 0V 上下的幅值应基本一致，且随发动机转速增加而增大，幅值、频率和形状在确定的条件（等转速）下是一致的、可重复的、有规律的和可预测的。霍尔传感器输出的波形幅值，取决于控制单元传感器信号端的参考电压，如控制单元提供 12V 的电压，则输出 12V 的方波。

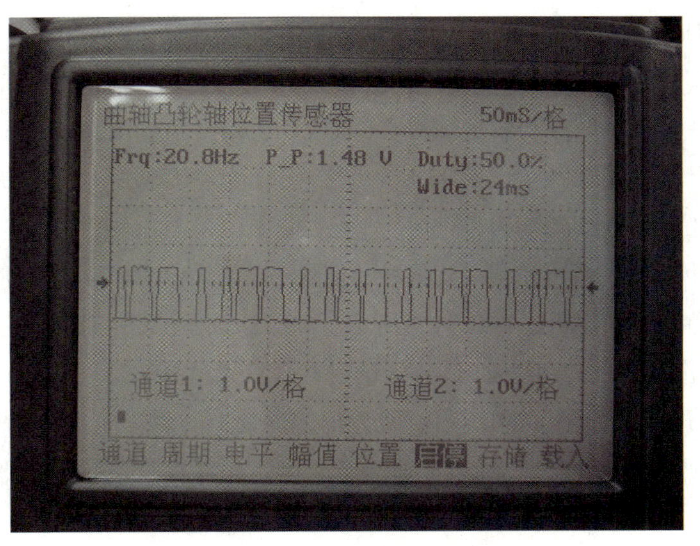

图 4-22 霍尔式凸轮轴位置传感器波形图

【知识拓展】

一、光电式曲轴 / 凸轮轴位置传感器介绍

丰田、日产、三菱汽车公司生产的光电式曲轴位置与凸轮轴位置传感器安装在分电器内，结构如图 4-23 所示，主要由信号发生器、信号盘（即信号转子）、配电器、传感器壳体和线束插头等组成。

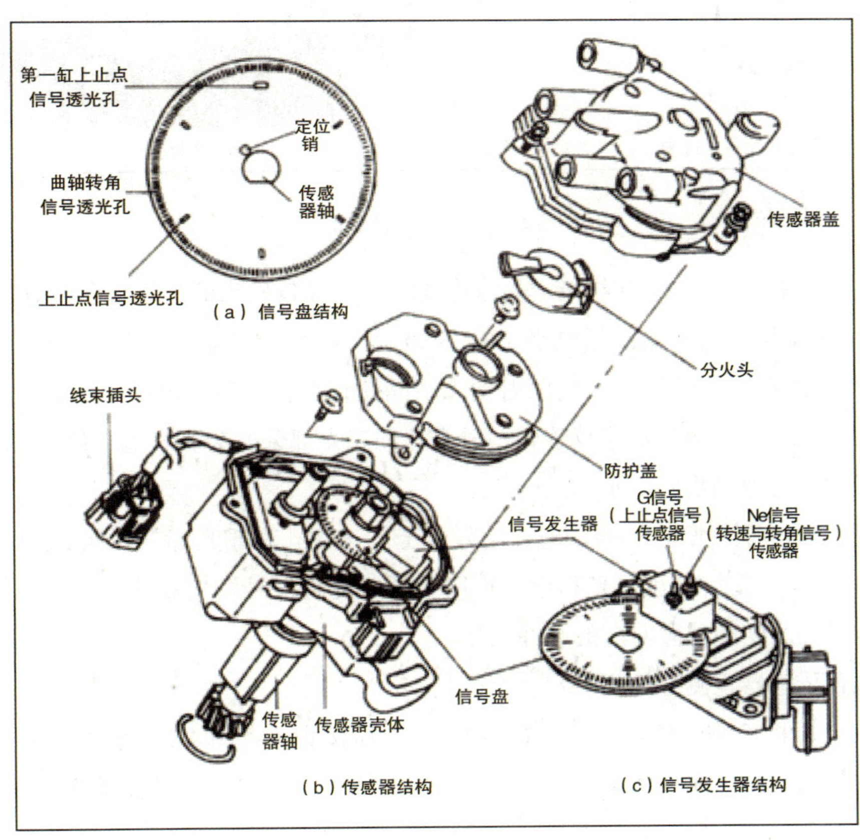

图 4-23 光电式曲轴位置与凸轮轴位置传感器

信号盘是传感器的信号转子，压装在传感器轴上，结构如图 4-23（a）(b）所示。在靠近信号盘的边缘位置制作有间隔弧度均匀的内、外两圈透光孔。其中，外圈制作有 360 个长方形透光孔（缝隙），间隔弧度为 1°，用于产生曲轴转角与转速信号；6 缸发动机信号盘内圈制作有 6 个透光孔（长方形孔），间隔弧度为 60°，用于产生 6 缸各个气缸的上止点位置信号，其中有 1 个长方形宽边稍长的透光孔，用于产生第一缸上止点位置信号。

信号发生器固定在传感器壳体上，由 Ne 信号（曲轴位置信号）发生器、G 信号（凸轮轴位置信号）发生器以及信号处理电路组成，如图 4-23（c）所示。Ne 与 G 信号发生器均由一只发光二极管 LED 和一只光敏晶体管（三极管）组成，两只 LED 分别正对着两只光敏晶体管。

光电式传感器的工作原理如图 4-24 所示。因为传感器轴上的斜齿轮与发动机配气凸轮轴上的斜齿轮啮合，所以当发动机带动传感器轴转动时，信号盘上的透光孔便从信号发生器的发光二极管 LED 与光敏晶体管之间转过。

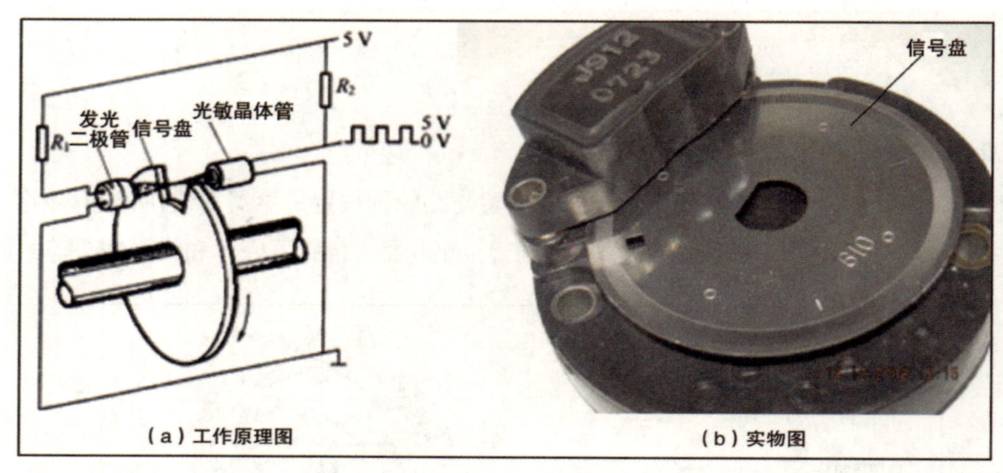

图 4-24　光电式传感器

当信号盘上的透光孔旋转到 LED 与光敏晶体管之间时，LED 发出的光线就会照射到光敏晶体管上，此时光敏晶体管导通，其集电极输出低电平（0.1 ~ 0.3V）；当信号盘上的遮光部分旋转到 LED 与光敏晶体管之间时，LED 发出的光线就不能照射到光敏晶体管上，此时光敏晶体管截止，其集电极输出高电平（4.8 ~ 5.2 V）。如果信号盘连续旋转，透光孔和遮光部分就会交替地转过 LED 而透光或遮光，光敏晶体管集电极便交替地输出高电平和低电平。

当传感器轴随曲轴和配气凸轮轴转动时，信号盘上的透光孔和遮光部分便从 LED 与光敏晶体管之间转过，LED 发出的光线受信号盘透光和遮光作用交替照射到信号发生器的光敏晶体管上，信号传感器中产生与曲轴位置和凸轮轴位置对应的脉冲信号。

光电式曲轴位置传感器检测方法如下：

用万用表直流电压档检测传感器信号（1° 信号）电压接脚（如图 4-25 所示），起动发动机时的电压应为 0.2 ~ 1.2V。起动后怠速运转期间，信号电压应为 1.8 ~ 2.5V。否则应更换曲轴位置传感器。光电式曲轴位置传感器信号波形如图 4-26 所示。

随着分电器的淘汰，这种类型的曲轴位置传感器已经不再采用，但光电原理仍然在其他传感器如方向盘转角传感器中应用。

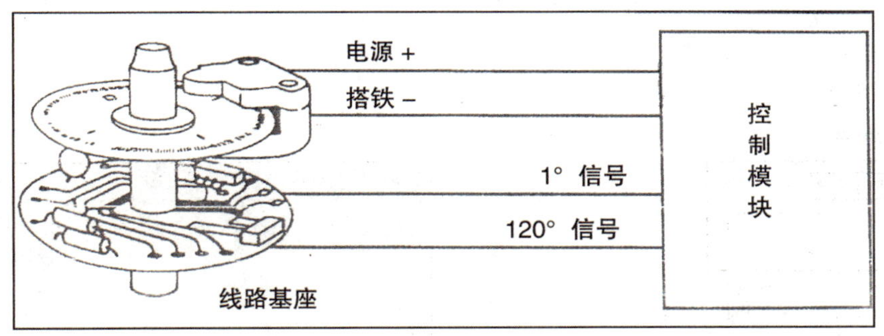

图 4-25　光电式曲轴位置传感器端子图

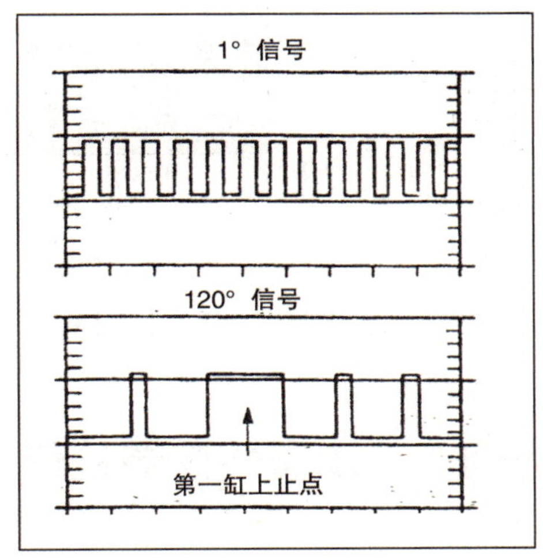

图 4-26　光电式曲轴位置传感器信号波形图

二、上海通用汽车霍尔式曲轴位置传感器介绍

上海通用汽车如别克君威，雪佛兰科鲁兹采用霍尔式曲轴位置传感器，以下以别克君威 3.0L 车的霍尔式曲轴位置传感器（也称 24X 传感器），介绍其检测方式。24X 传感器安装在曲轴前端，采用触发叶片的结构型式，如图 4-27 所示。在发动机的曲轴皮带轮前端固装着信号轮，与曲轴一起旋转。信号轮外缘上均匀分布着 24 个窗口。

图 4-27　别克君威 24X 霍尔式曲轴位置传感器信号轮图

曲轴位置传感器的控制电路如图 4-28 所示。三个接脚分别为：电源、信号和搭铁。当信号轮齿槽通过传感器时，霍尔传感器输出脉冲信号，高电位为 12V，低电位为 0.3V。霍尔式曲轴位置传感器的信号波形如图 4-29 所示。

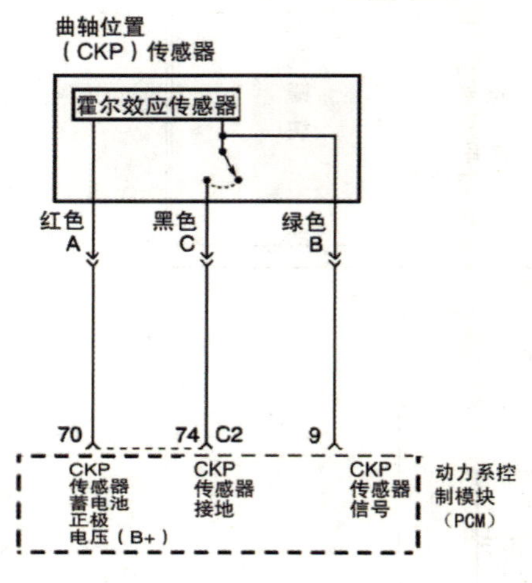

图 4-28　曲轴位置传感器电路图

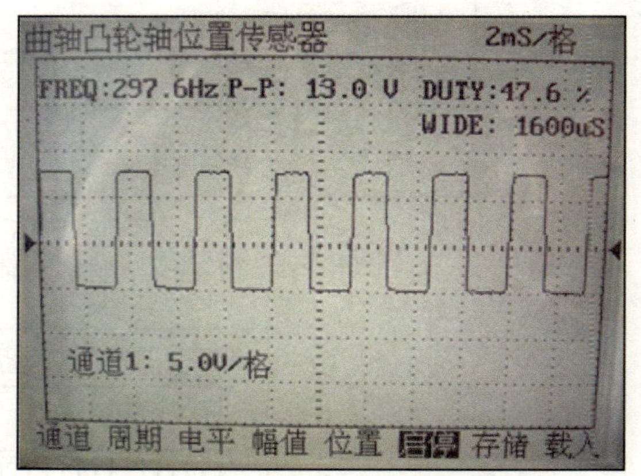

图 4-29　曲轴位置传感器信号波形图

任务 2　爆震传感器检修

【理论知识】

一、爆震传感器作用

点火过早、低标号燃油、发动机负荷过大、燃烧室积碳、废气再循环不良等原因引起的发动机爆震会造成发动机损坏。爆震传感器向电脑 (有的通过点控制模块) 提供爆震信号，使得电脑能重新调整点火正时以阻止进一步爆震。它们实际上是充当点火正时反馈控制循环的“氧传感器”角色。爆震传感器，如图 4-30 所示。

图 4-30　爆震传感器外观图

二、爆震传感器类型

按检测方式不同，可分为共振型与非共振型两种。

按结构不同，可分为压电式和磁致伸缩式两种。

三、爆震传感器安装位置

爆震传感器装在发动机缸体中间受侧力压力小的一面，是用来测定发动机抖动度的，当发动机产生爆震时用来调整点火提前角的。以四缸机为例装在 2 缸和 3 缸之间，或者 1，2 缸中间一个，3，4 缸中间一个。一般都是压电陶瓷式的，当发动机有抖动时里面的陶瓷受到挤压产生一个电信号，因为这个电信号很弱所以一般的爆震传感器的连接线上都用屏蔽线包裹的。

四、爆震传感器结构原理

磁致伸缩式爆震传感器、压电式共振型爆震传感器、压电式非共振型爆震传感器结构原理如下：

1. 磁致伸缩式爆震传感器

磁致伸缩式爆震传感器内部有永久磁铁、靠永久磁铁激磁的强磁性铁心以及铁心周围的线圈。

当发动机的气缸体出现振动时，该传感器在 7kHz 左右处与发动机产生共振，强磁性材料铁心的导磁率发生变化，致使永久磁铁穿心的磁通密度也变化，从而在铁心周围的绕组中产生感应电动势，并将这一电信号输入 ECU，如图 4-31 所示。

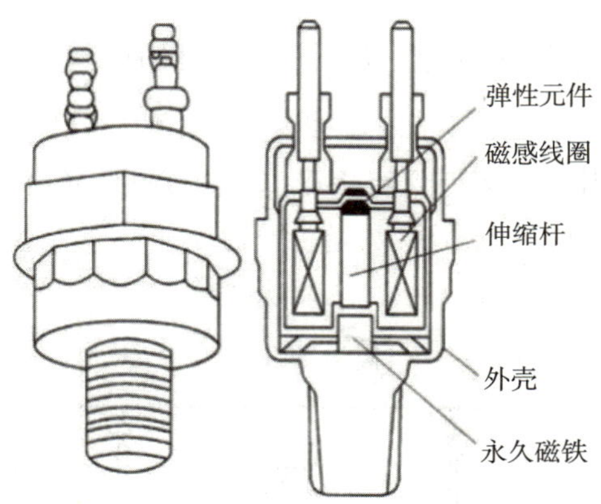

图 4-31　磁致伸缩式爆震传感器

2. 压电式共振型爆震传感器

压电式爆震传感器主要由压电元件、振子、基座、外壳等组成，压电元件紧贴在振子上，振子则固定在基座上。压电元件检测振子的振动压力，并转换成电信号输送给电子控制单元 ECU，如图 4-32 所示。

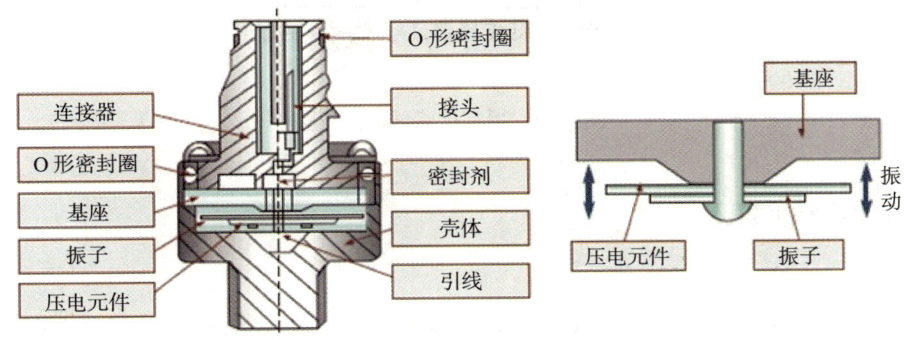

图 4-32　压电式共振型爆震传感器

3. 压电式非共振型爆震传感器

与共振型爆燃传感器相比，非共振型爆燃传感器内部无振荡片，但设置了一个配重块，配重块以一定预应力压紧在压电元件上。当发动机发生爆燃时，配重块因受振动影响而产生加速度，因此，在压电元件上就会受到加速时惯性力的作用，而产生电压信号，如图 4-33 所示。

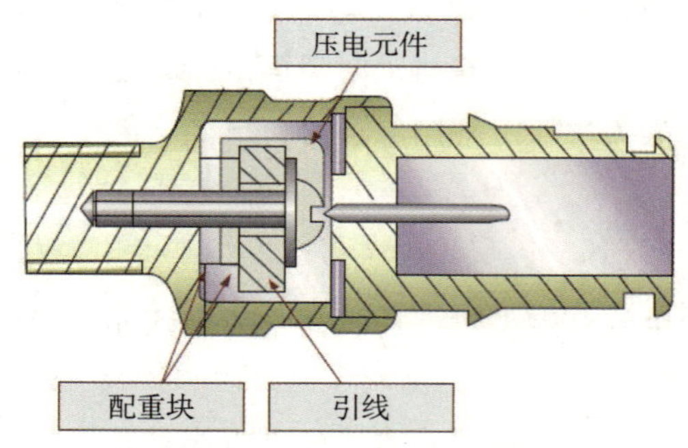

图 4-33　磁致伸缩式爆震传感器

【技能训练】

一、爆震传感器电阻、线路检测

1. 动态测量：拔下连接器，怠速（或敲击缸体），测量插座两接脚电压，应该与规定相符（如图 4-34 所示）。

2. 静态测量：测量传感器电阻，应该与规定相符（大于 1MΩ 或 1、2、3 间不导通）。

3. 线路电阻：测量导线电阻，应该为 0Ω。

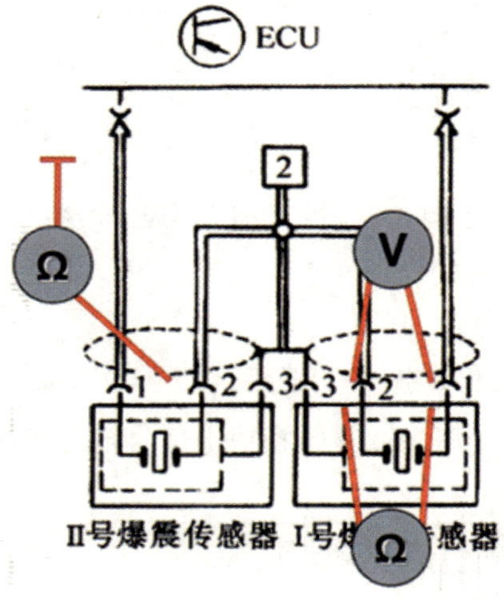

图 4-34　爆震传感器控制线路

二、爆震传感器波形的读取

1. 检测步骤

（1）将示波器通道 A 的测试线与传感器的信号输出端或高电位端相接，示波器的接地线与传感器的输出低电位端或接地端相接。

（2）启动发动机并给发动机一定的负荷，同时观察示波器的波形，波形的峰值电压和频率将随着发动机负荷和转速增加而增加。若发动机由于点火正时提前过大，产生爆燃或轻度爆燃，振幅和频率将增加。

（3）打开点火开关，但不启动发动机。用小榔头把轻击传感器附近的缸体，示波器上将随敲击立即显示振荡的波形。敲击越重，波形中显示的振荡幅值越大。

（4）按 HOLD 键冻结波形，以便仔细检查。实测波形，如图 4-35 所示。

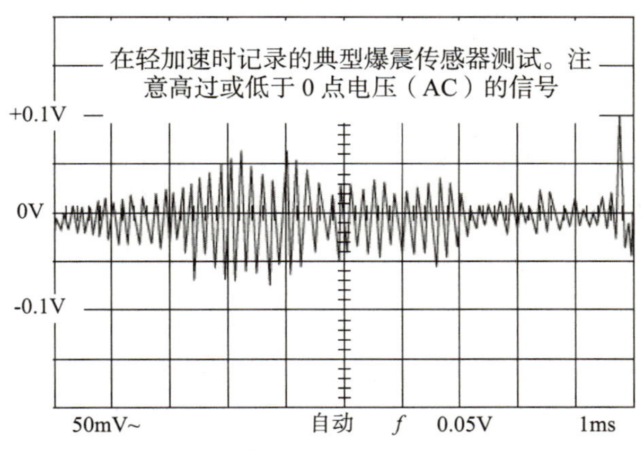

图 4-35　爆燃传感器的实测波形

2. 波形分析

（1）波形的峰值电压和频率，将随发动机的负荷和转速的增加而增加。

（2）如果发动机因点火过早、燃烧温度不正常、废气再循环不正常流动等引起爆燃或敲击声，其幅度和频率也增加。

（3）爆燃传感器非常耐用，通常故障都是由于传感器本身物理损坏所致。因此若在发动机加速运转过程中或轻击传感器附近缸体时，波形始终平坦，说明爆燃传感器存在故障。

（4）检查爆燃传感器时，应先检查传感器和示波器的连接情况，确认电路没有搭铁，才能确定爆燃传感器损坏。

【知识拓展】

一、爆震产生的原因及危害

汽油发动机爆震燃烧是部分混合气自行点火燃烧的现象，其结果是从火花塞端部正常传播的火焰前锋面与燃烧室内其他地方产生的火焰前锋面发生碰撞，火焰前锋面的碰撞将产生高频冲击波（可以听到敲击声），会导致活塞、气门、轴承、火花塞等损坏。汽油发动机爆震燃烧是一种不正常的燃烧现象，不仅影响发动机的使用寿命，影响车辆的动力性和经济性，还会污染环境。

（一）汽油发动机产生爆震的外部特征

汽油发动机产生爆震，不仅加速发动机的早期损坏，还会直接影响经济效益。当汽油发动机发生爆震时，一般有下列外部特征：汽油发动机运转时，机内伴随有不规则的金属敲击声；汽油发动机工作不稳定，运转时有较大的振动；发动机功率下降；冷却系温度偏高；发动机燃料燃烧不完全，排出的废气中有黑烟；发动机燃油消耗率增大。

（二）汽油发动机产生爆震的原因

汽油发动机产生爆震的原因，应从进入气缸可燃混合气燃烧过程去分析理解。可燃混合气，以汽油与空气混合，在一定的温度与压力作用下，其中的碳氢原子与空气中的氧发生激烈的化学反应，并伴随有放热和发光的效应，这一现象被称为发生燃烧。可燃混合气的燃烧过程分三个阶段。

第一个阶段是诱导期。火花放电后，需要经过一定的时间才形成火焰中心，这段时间称诱导期。

第二个阶段是明显燃烧期。火焰中心形成后，发生火焰传播现象，从传播到最后燃烧的那部分混合气为止，其所需要的一段时间为明显燃烧期。

第三个阶段是补燃期。火焰传到最后燃烧的那部分混合气后，由于膨胀过程仍然有燃烧在继续进行，这一放热的阶段为补燃期。

在汽油发动机的气缸里，由火花放电引起火焰传播。在火焰传播过程中，工作混合气在全部燃烧完毕的整个燃烧过程中，具有 10~30m / s 的正常燃烧速率；缸内的压力有很小的波动，基本均匀。如果在火焰前锋到达之前，未燃气温度急剧升高达到燃料的自燃温度而自行着火形成新的火焰中心，则火焰伴随着很高的局部压力以超音速传播，形成强烈的冲击波。这时，燃烧速率达到 1000~4000m / s，迅速而又猛烈地将混合气燃烧完毕。这种燃烧过程属于“不正常的燃烧”，也就是发生爆震的根源。

（三）汽油发动机产生爆震的危害

汽油发动机产生爆震，会使气缸的压力和温度极迅速升高，与周围气压极不平衡，在火焰前方引起高强度的冲击波，往复地撞击缸壁、活塞顶和燃烧室壁，引起强烈震动并产生震音；且未完全燃烧的气体会形成黑烟，给汽油发动机和环境造成危害。它造成的主要危害有以下几方面。

第一，由于汽油发动机产生爆震时产生强烈的冲击波，使活塞、连杆轴承和主轴轴承磨损加剧，造成轴承合金表层破坏。局部高温、高压易使活塞和气门烧坏，严重影响发动机的动力，缩短发动机的使用寿命。

第二，汽油发动机产生爆震时，燃烧室内部温度高达 3000℃左右，压力波和灼热气体对缸壁反复冲击，破坏缸壁等壁面的气体附着层。高温下的燃气向缸壁等壁面传热增加，导致气缸等零件的温度过高，严重时使活塞顶部烧损。

第三，混合气在缸内不正常燃烧，使气缸盖燃烧室积炭过多，排气管冒黑烟。燃烧室内部高温作用，使燃烧产物加速分解，严重时析出炭粒，游离碳黏附在气缸壁、燃烧室、活塞顶、气门头上而形成积炭。由于积炭传热性较差，使缸盖受热不均匀而造成变形或裂纹。高温积炭表面还会促使表面点火的产生，导致新的不正常燃烧，燃烧更加恶化，使发动机的功率及经济性严重下降。同时，因冷却损失增大，游离碳来不及还原为二氧化碳，其中一部分随废气排出，形成排气管冒黑烟，污染环境。

第四，爆震时，会使发动机动力下降，增加油耗。在发动机产生爆震时，局部区域的压力和温度很高，带冲击性的压力波使一部分能量消耗在零件的变形和压力波本身的反复振荡上。燃烧产物的热分解还要消耗一部分热量，这些能量也不能回放利用。同时，由于传给冷却系统的热量增多，做功的热量进一步减少。因此，爆震时动力下降，油耗上升。

任务 3　点火系统低压线路检修

【理论知识】

一、点火系统作用

点火系统的作用是将蓄电池或发电机提供的低压电变为高压电，按照发动机的工作顺序和点火时间的要求，适时、准确地将高压电分配给各缸火花塞，使之跳火，点燃气缸内的可燃混合气。

二、点火系统类型

（一）传统点火系统

传统的机械触点式点火系统由电源（蓄电池）、点火开关、点火线圈、断电器、分电器、点火提前调节机构、电容器、火花塞、高压导线以及附加电阻等组成，如图 4-36 所示。传统点火系统的点火时刻和初级线圈电流的控制，是由机械传动的断电器触点来完成的。由发动机凸轮轴驱动的分电器轴控制着断电器触点张开、闭合的角度和时刻，以及与发动机各缸工作行程的关系。为了使点火提前角能随发动机转速和负荷的变化自动调节，在分电器上装有离心式机械提前装置和真空式提前装置，以感知发动机转速以及负荷的变化并自动加以调节。

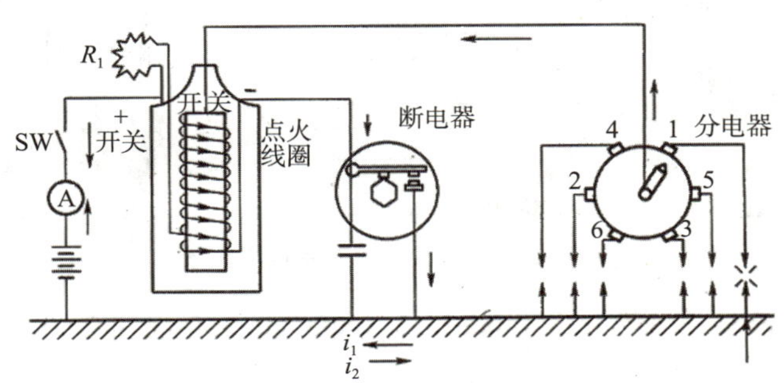

图 4-36　传统点火系统的组成

（二）无触点式电子点火系统

无触点式电子点火系统的基本组成有：点火开关、蓄电池、信号发生器、电子点火器、点火线圈、分电器、点火提前调节机构、高压导线、火花塞等，如图 4-37 所示。

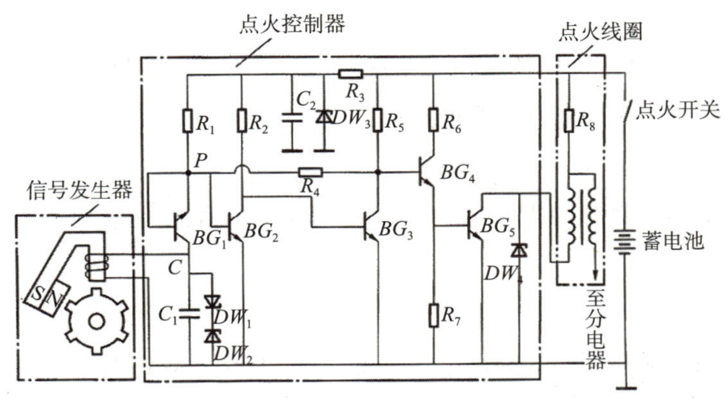

图 4-37 （磁电式）无触点电子点火系统

无触点式电子点火系统的结构特征：是在传统点火系统的基础上，增加了信号发生器和电子点火器，采用各种型式的点火信号发生器来代替断电器触点。信号发生器通常有三种：光电式、磁电式和霍尔式。

无触点式电子点火系统的基本原理是：由信号发生器产生触发信号，经过点火器的放大电路整形、处理，最后控制大功率三极管的导通和截止，达到控制 点火线圈初级电流通断的目的。

（三）微机控制的有分电器电控点火系统

微机控制点火系统一般由电源、传感器、ECU、点火器、点火线圈、分电器（有分电器点火系统）、火花塞等组成，如图 4-38 所示。

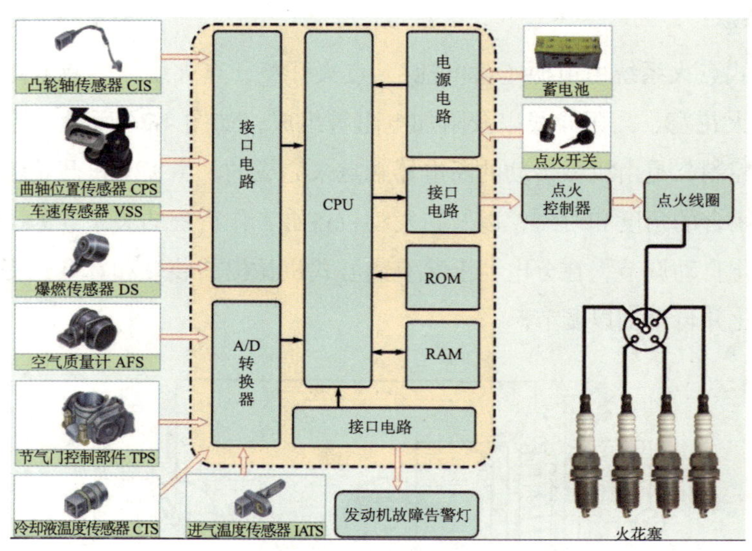

图 4-38　分电器微机控制点火系统

1. 电源

电源一般由蓄电池和发电机共同组成，主要是给点火系统提供所需的电能。

2. 传感器

传感器主要用于检测发动机各种运行参数的变化，为 ECU 提供点火控制所需的信号。主要传感器有凸轮轴位置传感器、曲轴位置传感器、爆燃传感器、进气管绝对压力传感器（或空气温度计）、节气门位置传感器和冷却液温度传感器等。

3. ECU

ECU 是微机控制点火系统的中枢。在发动机工作时，它不断地接收各传感器的信息，按内存的程序计算出最佳点火提前角，并向点火器发出指令。

4. 点火器

点火器是微机控制点火系统的执行元件，它可将系统输出的点火信号进行功率放大后，驱动点火线圈工作。

5. 点火线圈

点火线圈可将火花塞跳火所需的能量存储在线圈的磁场中，并将电源提供的低压电转变为足以在电极间产生击穿点火的 15~20kV 高压电。在有分电器微机控制电子点火系统中，只有一个点火线圈，而无分电器点火系统中则有多个点火线圈。

6. 分电器

在有分电器的微机控制点火系统中，分电器根据发动机的点火顺序，将点火线圈产生的高压电依次输送给各缸火花塞。

7. 火花塞

火花塞主要是利用点火线圈产生的高压电产生电火花，点燃气缸内的混合气。

（四）微机控制的独立点火系统

独立点火方式中，每缸火花塞配用一个点火线圈，单独对本缸进行点火。各缸点火线圈的初级绕组分别由点火器中的一个功率晶体管控制，整个点火系统的工作由 ECU 进行控制。独立点火无分电器式微机控制点火系统的方框图，如图 4-39 所示。

1. 工作原理

独立点火式的实质，就是为每一个气缸的火花塞配备一个点火线圈，单独直接地对每个气缸点火。工作时，电控单元控制系统 ECU 根据各种传感器送来的信号，确定点火时间，并将点火正时信号送至分电电路。由分电电路按预先设定的顺序输出控制信号加至点火线圈初级电流驱动电路，由该电路切断相应点火线圈初级的电流，次级线圈中感应出的高压电，加至相应缸火花塞使其放电产生电火花。

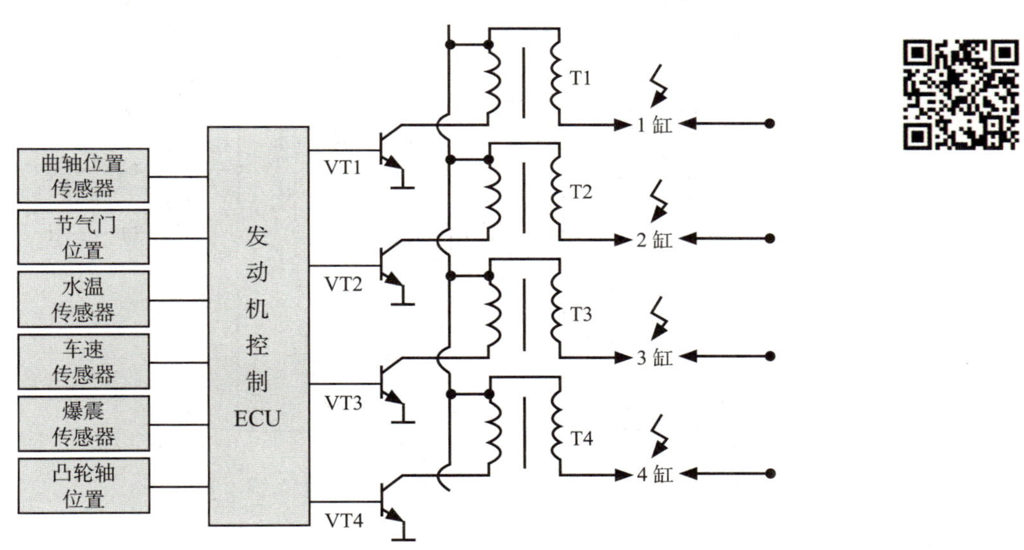

图 4-39　四缸发动机独立点火系统

（五）微机控制的双缸同时点火系统

同时点火方式的无分电器微机控制点火系统中，两个活塞位置同步缸共用一个点火线圈，如图 4-40 所示。初级点火线圈连接在控制电路中由 ECU 控制，次级点火线圈有两个高压输出端，分别接在两个活塞位置同步缸的火花塞上。活塞位置同步缸为发动机工作时活塞位置始终同步的两缸，即两缸活塞同时到达上止点，其中一个缸为压缩上止点，另一个缸为排气上止点。

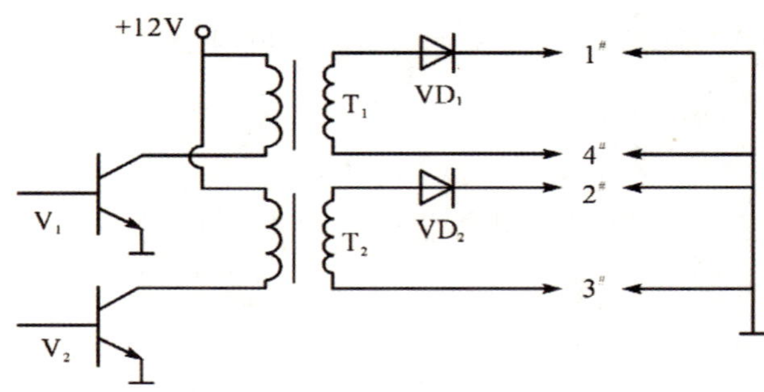

图 4-40　同时点火方式工作原理

同时点火方式工作原理是：点火线圈的初级电路连接在控制电路中由 ECU 进行控制，其次级线圈的两端分别连接在两个火花塞上。当 ECU 控制大功率三极管截止，初级电路断开，将在两个活塞位置同步缸的火花塞上同时产生点火火花。其中运行至压缩上止点的气缸点燃做功。运行至排气上止点的气缸为无效点火（废火），由于缸内压力低，废气中有很多导电离子，该缸火花塞很容易被击穿放电，消耗能量很小，不影响点火缸火花能量。次级电路中串联一只高压二极管，其作用是为了避免功率晶体管导通时，点火线圈诱生的电压（约 1000V）造成火花塞误跳火的现象发生。

在六缸发动机中，采用三个点火线圈即可。当发动机做功顺序为 1—5—3—6—2—4 时，三个点火线圈次级电路的连接方法为：1、6 缸一组，2、5 缸一组，3、4 缸一组，如图 4-41 所示。

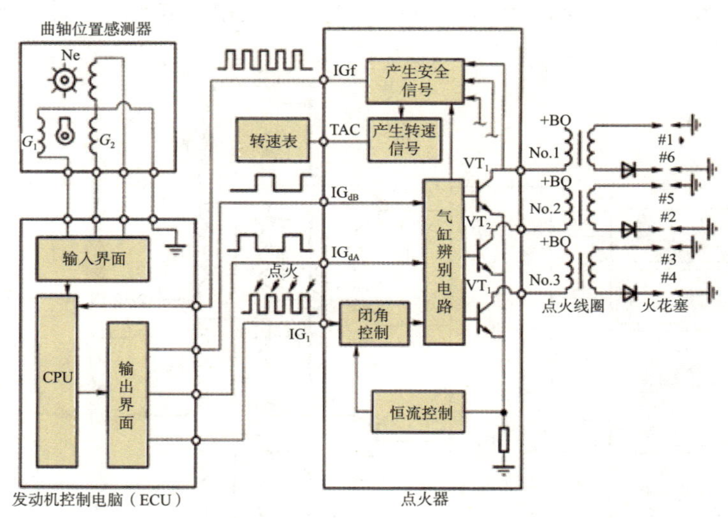

图 4-41　微机控制无分电器点火系统（丰田）

如图 4-41 中所示，在丰田车系无分电器同时点火系统中，曲轴位置传感器采用了电磁感应式传感器，该传感器可以向 ECU 提供的信号有：曲轴转角信号 Ne 和活塞上止点位置信号 G_1、G_2。发动机根据 G_1、G_2 信号判断出下次该进行点火的气缸组，并发出辨缸信号 IGdA、IGdB 。ECU 输出的 IGdA、IGdB 为系统设计时所确定的，与传感器结构和点火器选缸电路相适应的约定波形。

系统中 ECU 的主要功能是：判断点火气缸、计算点火提前角和闭合角，以及将点火信号分配到指定的气缸等。发动机工作时，ECU 根据曲轴位置传感器、空气流量传感器、点火基准信号传感器、水温传感器等及开关输入信号，依据存储器（ROM）存储的数据，经处理计算后适时地输出点火信号和辨缸信号至点火器，由点火器中的功率管分别接通、切断各点火线圈的初级电流，则在其次级绕组中产生高压并点燃两气缸内的混合气。

【技能训练】

一、电控点火系统低压线路检测

1. 双缸同时点火系统电路图，如图 4-42 所示

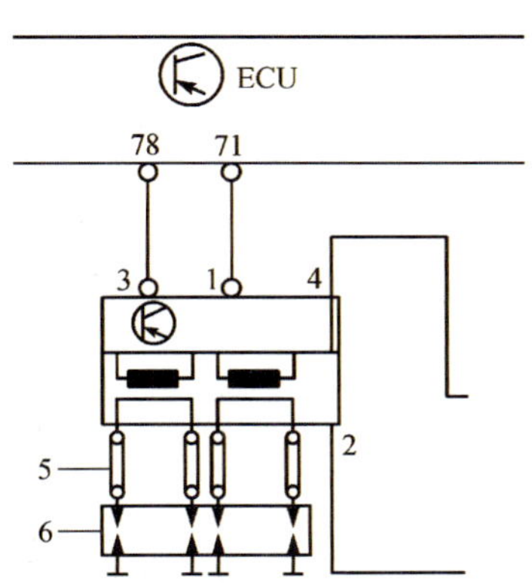

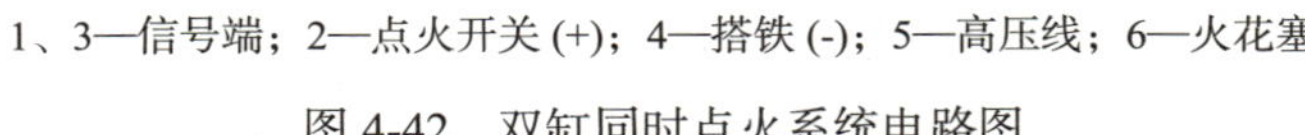
1、3—信号端；2—点火开关 (+)；4—搭铁 (-)；5—高压线；6—火花塞

图 4-42　双缸同时点火系统电路图

2. 双缸同时点火系统低压线路插头，如图 4-43 所示

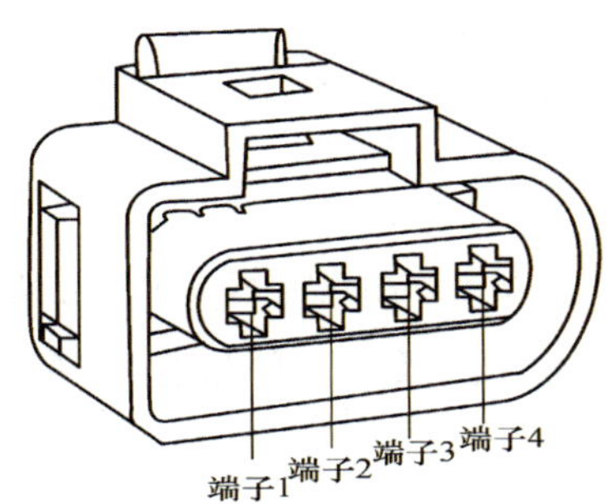

图 4-43　双缸同时点火系统低压线路插头

3. 分别测试点火线圈的供电电压、点火线圈电阻、线束导通性，测试结果如表所示：

<table>
<tr><td rowspan="4">点火线圈
(N152)</td><td>搭铁点</td><td>4</td><td>通</td><td rowspan="4">点火线圈针脚与其不相对应的电控单元针脚之间电阻，应为∞</td><td rowspan="4">电源电压
12V</td></tr>
<tr><td>—</td><td>2 与 D23</td><td>通</td></tr>
<tr><td>78</td><td>3</td><td><0.5</td></tr>
<tr><td>71</td><td>1</td><td><0.5</td></tr>
</table>

【拓展知识】

一、各种点火系统比较

1. 机械触点式点火系统主要存在的特点

（1）闭合角不能变化，闭合时间随转速变化较大。次级电压的最大值随发动机的转速升高和气缸数的增加而下降。

（2）由于触点打开时易产生火花，使触点容易烧蚀。

（3）由于初级电流大小受触点允许电流强度的限制（一般不超过 5A），因此火花能量的提高受到

了限制。

2. 微机控制电子点火系统的有分电器式和无分电器式两大类的特点

（1）有分电器微机控制点火系统。因为系统本身的局限性，无法保证在各种状况下点火提前角均处于最佳。此外，由于分电器中的运动部件的磨损，又会导致驱动部件松旷，影响了点火提前角的稳定性和均匀性。

（2）无分电器微机控制点火系统。该系统是一种全电子化的点火系统。它的突出优点是：由于无机械传动，减少了分火头与旁电极这一中间跳火间隙的能量损耗及由此产生的射频干扰，无机构磨损、不需调整，工作可靠。此外，由于无分电器，也使发动机各部件的布置更容易、更合理。

3. 微机控制独立点火系统的特点

由于 ECU 直接向点火器确定的气缸提供点火控制信号，因此，这种系统中点火器的结构和电路逻辑都比较简单。独立点火方式具有如下显著优点：

（1）无机械分电器和高压导线漏电小，能量损失少，机械磨损或破坏机会少；

（2）无分火头与旁电极间的火花，有效地降低点火系统对无线电的干扰；

（3）无两缸同时点火现象；

（4）点火线圈和火花塞由金属罩包覆，电磁干扰大大减小；

（5）特制的点火线圈充电时间极短，能在高达 9000r/min 的转速范围内提供足够点火能量和高电压，适于高速发动机。

4. 微机控制同时点火系统的特点

同时点火系统消除了分电器，但由于废火的出现导致了火花塞加速腐蚀的趋势，为此汽车上现已开始采用独立点火方式，即每个气缸都有一个点火线圈。这种办法虽然成本较高，但能得到较好的发动机性能。

任务 4　点火系统高压线路检修

【理论知识】

一、电控点火系统各部件结构原理

（一）点火线圈的结构与工作原理

点火线圈是利用电磁感应原理制成的。一般的点火线圈里面有两组线圈，初级绕组和次级绕组。初级绕组用较粗的漆包线，通常用 0.5~1mm 左右的漆包线绕 200~500 匝；次级绕组用较细的漆包线，通常用 0.1mm 左右的漆包线绕 15000~25000 匝。

初级绕组一端与车上低压电源（+）联接，另一端与开关装置（断电器）联接。次级绕组一端与初级绕组联接，另一端与高压线输出端联接输出高压电，如图 4-44 所示为开磁路点火线圈。

点火线圈之所以能将车上的低压电转变成高电压，是由于有与普通变压器相同的形式，初级绕组与次级绕组的匝数比大。但点火线圈工作方式却与普通变压器不一样，普通变压器是连续工作的，而点火线圈则是断续工作的，它根据发动机不同的转速以不同的频率反复进行储能及放能。

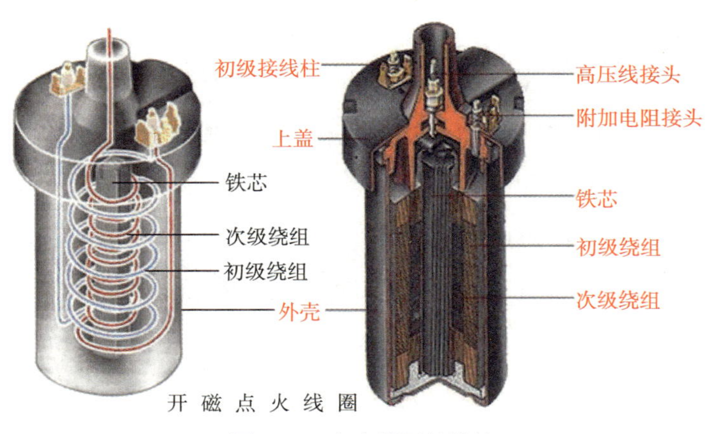

图 4-44　点火线圈的结构

点火线圈采用电磁感应的方式来提供所需的点火能量。当初级绕组接通电源时，随着电流的增长四周产生一个很强的磁场，铁芯储存了磁场能；当开关装置使初级绕组电路断开时，初级绕组的磁场迅速衰减，次级绕组就会感应出很高的电压。初级绕组的磁场消失速度越快，电流断开瞬间的电流越大，两个线圈的匝比越大，则次级绕组感应出来的电压越高。

一旦驱动电路闭合，电流就流过初级绕组的绕阻。当电流流经绕组时，所有的电流都用来在绕组周围建立一个磁场。这个磁场的建立叫作电感，它的强度是和电感系数以及电流成正比的。换句话说，就是电流越大，磁感应就越强。

当磁场建立时，磁力线切割初级绕组和次级绕组，使两个线圈产生感应电压，然而这个电压对两个线圈的影响是不同的。随着磁场的建立，磁力线切割次级绕组，次级绕组中就会产生感应电动势，并释放电子。当驱动电路闭合时，可以从次级电压波形中看到这个感应电动势。线路闭合的初始会产生电压振荡。这是由于磁力线切割次级绕组并在次极线圈不同的绕阻中产生感应电压，如图 4-45 所示。

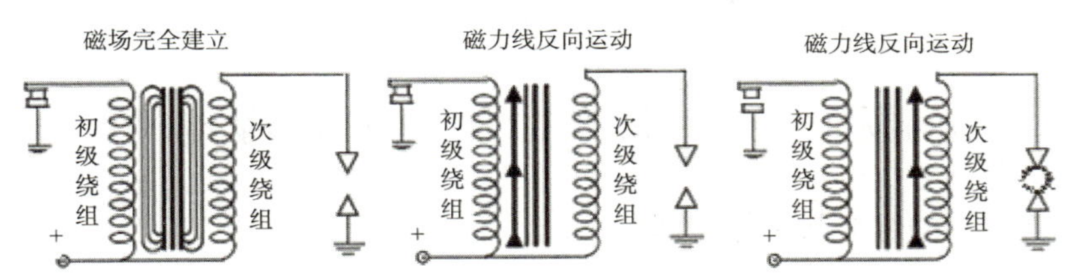

图 4-45　点火线圈的工作原理

点火线圈依照磁路分为开磁式及闭磁式两种，如图 4-46 所示。

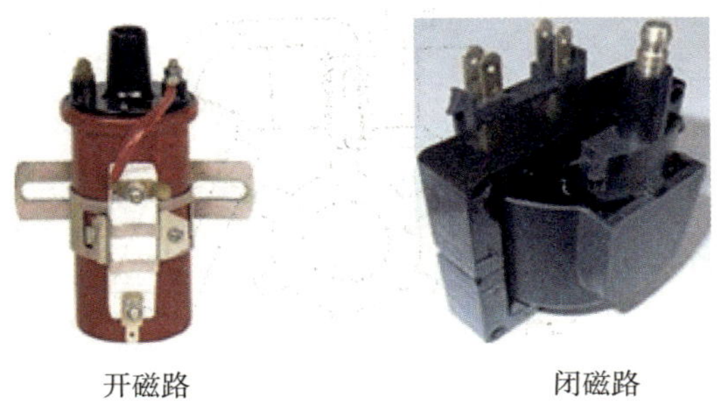

图 4-46　点火线圈的种类

（二）火花塞的结构与工作原理

火花塞是以一根细长的金属电极穿过一个具有绝缘功能的陶瓷材质而制成的，其结构，如图 4-47 所示。

高压电经接线螺母、螺杆引到中心电极，中心电极与接线螺杆之间有导电密封玻璃，防止气体泄漏；侧电极接在火花塞外壳上搭铁，陶瓷绝缘体固定于之间，有紫铜垫圈以及密封垫圈防止气体泄漏；火花塞外壳与气缸盖之间有密封垫圈防止气体泄漏。火花塞绝缘体紫铜垫圈以下的锥形部分称为火花塞的绝缘体裙部，是吸热部分，所吸收的高温热量经与外壳接触的紫铜垫圈传递给气缸盖。

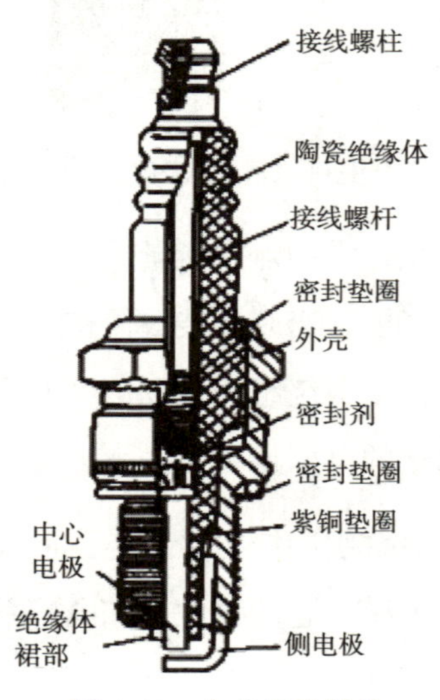

图 4-47　火花塞的结构

火花塞的电极间隙一般为 0.7~0.9mm。为适应发动机排气净化的要求，采用稀混合气燃烧，火花塞电极间隙有增大至 1.0~1.2mm 的趋势。

随火花塞电极间隙（0.6~0.9mm）电压的升高，电极间电场强度不断增大，当达到某一临界值时（约 10000V），电极间的间隙即形成放电通道而被“击穿”。在强电场的作用下，高速运动的电子及高离子使放电通道形成炽热的气体发光体（一般可达 2000~3000℃），即火花放电现象。此时，点火系统的其他部分则产生正时的高压电脉冲，形成火花并爆炸产生发动机动力输出所需的能源。

（三）点火信号传感器的组成与工作原理

1. 磁感应式点火信号传感器组成与工作原理

该点火信号传感器由信号转子、永久磁铁、铁芯、传感线圈等组成，如图 4-48 所示。

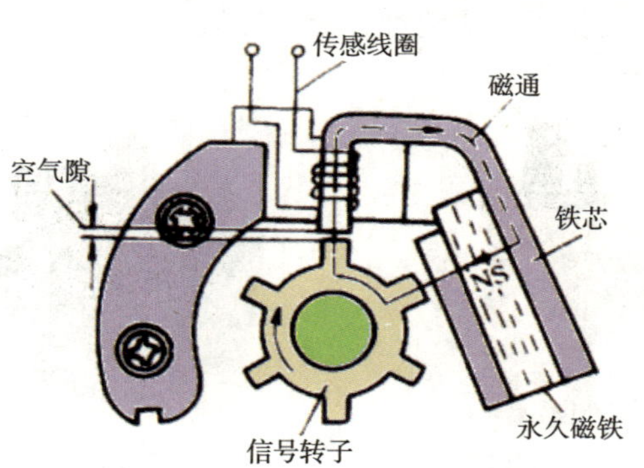

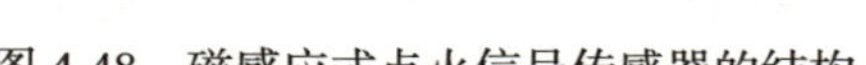
图 4-48　磁感应式点火信号传感器的结构

该信号传感器是利用电磁感应原理制成的。当信号转子转动时，信号转子上的凸齿与铁芯的空气隙发生变化，使通过传感线圈的磁通发生变化，因此传感线圈中便产生感应的交变电动势，该交变电动势作为点火信号电压输入给点火器，以控制点火系统工作。其工作过程（假设信号转子顺时针转动）如图4-49 所示。

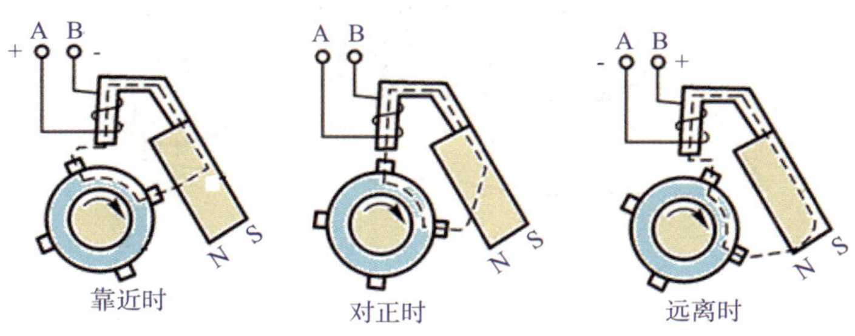

图 4-49 磁感应点火信号传感器的工作原理

通过传感线圈磁通的变化情况及感应电动势变化，如图 4-50 所示。当信号转子顺时针转动，信号转子的凸齿逐渐接近铁芯，凸齿与铁芯之间的空气隙越来越小，通过传感线圈的磁通逐渐增大，磁通变化率也逐渐增大而出现感应电动势；当信号转子凸齿的齿角与铁芯边缘相对时，磁通急剧增加，磁通变化率最大，感应电动势最大；当信号转子凸齿的中心正对铁芯的中心线时，空气隙最小，磁通最大，但磁通变化率最小，感应电动势为 0。转子继续转动时，空气隙又逐渐增大，磁通逐渐减小，当信号转子凸齿的齿角正对铁芯的边缘时，磁通急剧减小，磁通变化率负向最大，感应电动势达负向最大值。

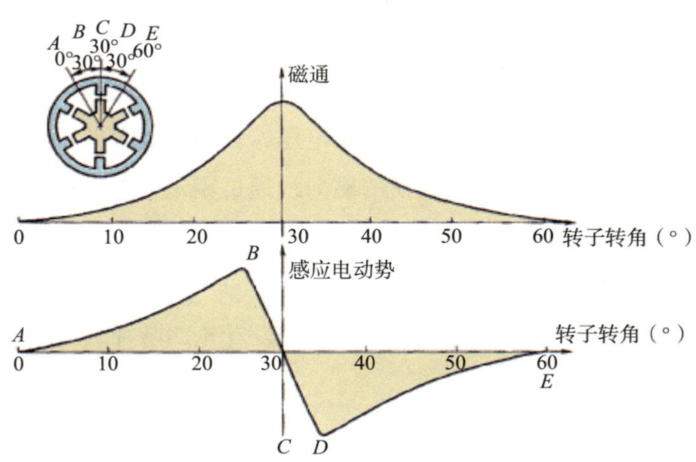

图 4-50 传感线圈磁通的变化情况及感应电动势变化

点火信号电压的大小会随发动机转速的变化而变化。转速升高时，磁路磁阻变化速率升高，磁通量变化升高，信号电压升高，使点火的击穿电压提前到达，点火相应提前，即能实现自动调节点火提前角。

转子凸齿与磁头间的气隙直接影响磁路的磁阻和传感线圈输出电压的高低，因此在使用中，转子凸齿与磁头间的气隙不能随意变动。气隙如有变化，必须按规定进行调整，气隙一般设计在 0.2~0.4mm 范围内。

2. 霍尔信号传感器的结构与工作原理

霍尔信号传感器主要由触发叶轮、永久磁铁、霍尔触发器（霍尔元件）等组成，其结构，如图 4-51 所示。

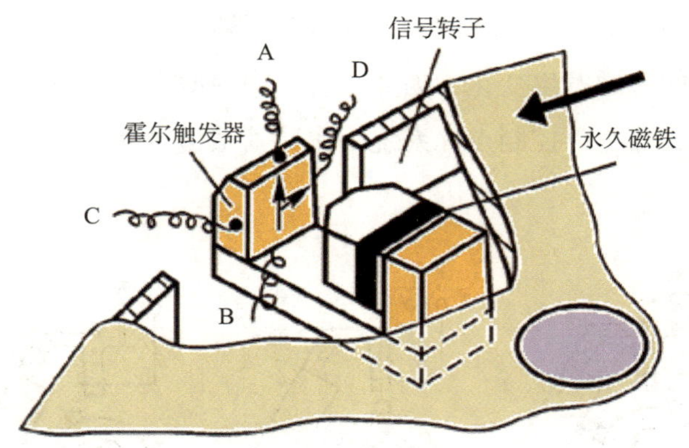

图 4-51　霍尔信号传感器的结构

霍尔元件实际上是一个霍尔集成块电路，内部原理图，如图 4-52 所示。因为在霍尔元件上得到的霍尔电压一般为 20mV，所以必须将其进行放大整形后再输出给点火控制器。

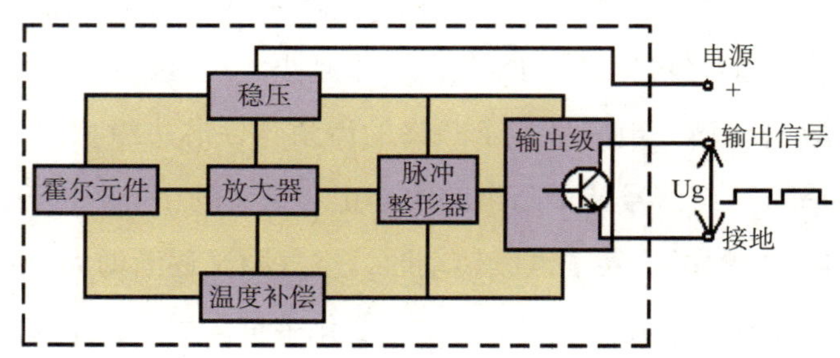

图 4-52　霍尔元件原理

霍尔信号发生器工作原理图，如图 4-53 所示。触发叶轮转动，当触发叶轮叶片进入磁铁与霍尔元件之间的空气隙时，磁场被旁路，霍尔元件不产生霍尔电压，霍尔集成电路末级三极管截止，信号发生器输出高电位；当触发叶轮离开空气隙，永久磁铁的磁力线通过霍尔元件而产生霍尔电压，集成电路末级三极管导通，信号发生器输出低电位。叶片不停的转动，信号发生器输出一个矩形波信号，作为控制信号给点火器，由点火器控制初级电路的通断。

高低电位的时间比由触发叶轮的叶片分配来决定，触发叶轮的叶片数等于发动机的气缸数。

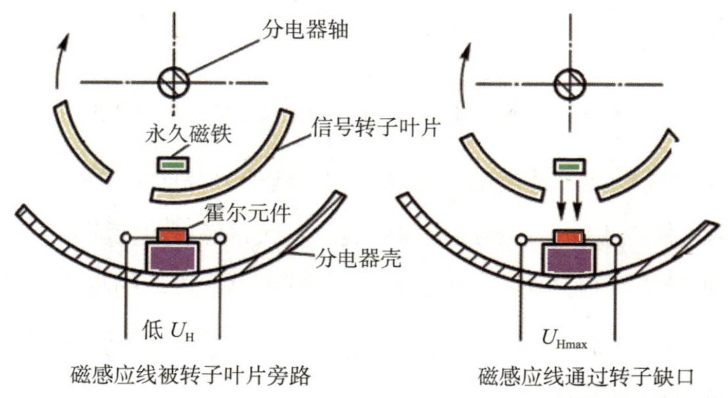

图 4-53　霍尔信号发生器工作原理

霍尔信号发生器完成功能时波形，如图 4-54 所示。

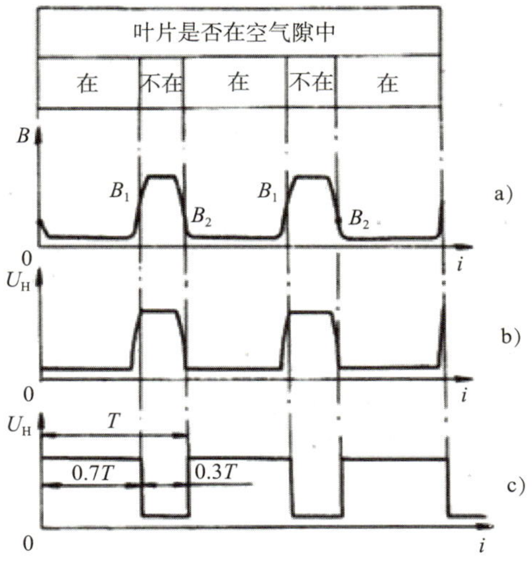

图 4-54　霍尔信号发生器完成功能时波形

【技能训练】

一、电控点火系统各部件检修

（一）双缸同时点火微机控制点火系统的检测

1. 高压线的配对

直接点火系统的高压线与各缸之间有一定的配对，往往由于检修上的疏忽而插错分缸高压线，所以如果对发动机和气缸位置不熟悉，拆装高压线时应单独拆装。

GM 车系直接点火系统分为三类：第 1 类 C3I(Computer Controlled Coil 电脑控制高压线圈)，第 2 类DIS(Direct Ignition System直接点火系统)和第 3 类IDI(Integrated Direct Ignition整体式直接接点火系统)。

发动机气缸位置如图 4-55 所示。点火顺序是四缸：1—3—4—2(1 / 4 / 2 / 3)，适用于 DIS 和 IDI 点火系统；六缸：1—2—3—4—5—6(1 / 4 / 2 / 5 / 3 / 6)，适用于 DIS 点火系统；八缸：1—8—4—3—6—5—7—2 (1 / 6 / 5 / 8 / 4 / 7 / 2 / 3)，适用于 DIS 点火系统。

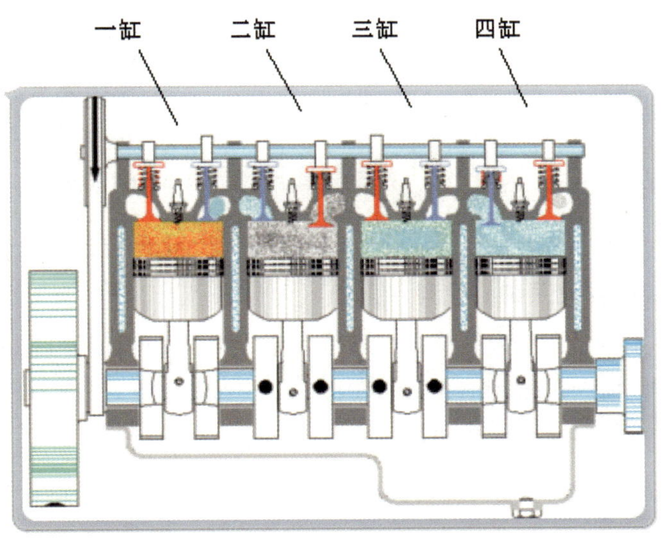

图 4-55　发动机气缸位置

2. 点火线圈检测

拆下某个点火线圈上两个固定螺栓，将万用表表棒从点火线圈底部插入两个低压线插孔，可测得低压线圈阻值；测量点火线圈上部两个高压线柱，可测得高压线圈阻值。

3. 磁感应传感器检测

在 DIS 与 IDI 点火系统所用的磁感应式曲轴位置传感器的线圈电阻规格不同，IDI 点火系统为 600 ~ 900Ω。

4. 霍尔式传感器检测

1X 和 3X 信号可利用 LED 灯、电压表及示波器测试，18X 信号由于输出频率太高，无法由 LED 灯、电压表读取正确值，因此必须用示波器测试。

5. 注意事项

（1）发动机运转或由起动机拖动时，不要触摸或拔下点火线；

（2）连接或拔下点火系统接线、高压线及测试仪接线前应关闭点火开关；

（3）如需要起动机拖动发动机但不启动发动机（如检查缸压）时，应拔下点火线圈功率放大器插头及喷油器插头；

（4）清洗发动机前，必须关闭点火开关。

6. 主要技术要求

（1）通用车系 C3I、DIS 与 IDI 点火系统点火线圈阻值

型式	初级线圈电阻	次级线圈电阻
C3I Ⅰ型	0.35 ~ 1.5Ω	10 ~ 14KΩ
C3I Ⅱ型	0.35 ~ 1.5Ω	5 ~ 7KΩ
C3I Ⅲ型	0.35 ~ 1.5Ω	10 ~ 14KΩ
DIS 与 IDI 型	0.35 ~ 1.5Ω	5 ~ 7KΩ

（2）时代超人点火系统技术数据

发动机代号	AJR
点火系统形式	双缸同时点火系统
火花塞拧紧力矩	30N•m
火花塞电极间隙	0.9 ~ 1.1mm
火花塞插头	电阻约 0.5 KΩ
点火次序	1—3—4—2
由电脑控制切断的最高极限转速	6400r/min
点火提前角不能调整，由发动机控制单元决定	

（二）独立点火微机控制点火系统的检测

为避免人员伤害或损坏喷射和点火系统，在进行点火线圈检测时，应注意以下安全事项：

发动机运转或以起动机拖动运转时不要触摸或拔下点火线。

连接或拔下点火及喷射系统导线和检测仪接线前应关闭点火开关。

如需要用起动机拖动发动机但小起动发动机（如检查缸压）时，应拔下点火线圈的插头及喷油器插头。

清洗发动机前，必须关闭点火开关。

1. 自诊断故障信息的检测

如果某缸点火线圈工作失效，则该缸将发生燃烧中断现象，发动机控制单元就会检测到并存有故障记忆。大众车型使用 V. A. G1551 / 1552 专用检测仪进行检查，具体操作如下。

（1）连接故障检测仪，选择发动机 ECU 检测条件：发动机电控系统保险丝完好；确认燃油泵继电器工作正常；蓄电池电压不低于 12.7 V；发动机与变速器的接地正常。

在断电情况下，正确连接故障检测仪后打开点火开关；按“1”键选择“快速数据传递”后，再按“01”键并按“Q”键确认，即进入“发动机电控系统”测试环境。

（2）查询及清除故障。存储器键入“02”选择“查询故障存储器”，并按“Q”键确认进行故障查询，了解存储的故障数量，存储的故障将被顺序显示；接着再键入“05”，清除故障代码；然后运行车辆，再次键入“02”进行故障查询，以确认故障代码的数量。如果某个故障代码一直存在，则说明该故障代码所代表的故障一直存在；否则，就说明该故障代码所代表的故障为间歇故障。对于燃烧中断故障，利用 V. A. G1551 / 1552 故障阅读仪的 08 功能(读取测量数据块)中的 14、15 和 16 显示组查询具体某一缸的断火次数，根据具体数据来进行故障判断。测量数据块显示组 14 中的第 3 显示区显示的数据表示各缸断火次数总和(规定值：0 ~ 5 次)；显示组 15 中的第 1、2、3 显示区显示的数据分别表示第 1、2、3 缸的断火次数(规定值：0)；测量数据块显示组 16 中的第 1 显示区显示的数据表示第 4 缸断火次数(规定值：0)。检测结束后，按“0”和“6”键选择功能“结束输出”，并按“Q”键确认。

（3）故障代码及排除

如果有燃烧中断现象，会出现的故障代码、故障的排除措施如下表所示。

故障代码	显示屏显示	故障排除
16684	识别出燃烧中断	检查燃油压力
16685	1 缸识别出燃烧中断	检查喷油器
16686	2 缸识别出燃烧中断	检查火花塞和点火线
16687	3 缸识别出燃烧中断	检查点火线圈
16688	4 缸识别出燃烧中断	给车辆加油

2. 主要功能部件的检修

1）检查带输出放大器的点火线圈

（1）确定故障是否由点火线圈引起，通过自诊断故障信息检测或按下述方法确定哪些缸不工作或缺火：发动机运转时逐个拔下喷油器的供电插头，观察发动机运转情况，或比较各缸火花塞并检查电极是否被熏黑。确定某缸有故障后：将有故障气缸的火花塞与另一气缸火花塞互换，如果故障随火花塞转移，则更换火花塞；如同一气缸仍有故障，将有故障气缸的点火线圈与另一气缸点火线圈互换，如果故障随着点火线圈转移，即可确定为点火线圈故障。其具体的检测方法如下所述。

（2）检查接地情况

拔下点火线圈的 4 孔插头，将万用表一端接到插头触点“2”或“4”，另一端接地，导线电阻最大值均应为 1.5 Ω，否则检查供电。

（3）检查供电电压

在发动机电子系统保险丝正常的前提下，拔下点火线圈的 4 孔插头，将万用表一端接到插头触点

"1"，另一端接地，测量电压。打开点火开关，检查规定值是否约为蓄电池电压：如果达到规定值，检查输出放大器的功能；如果未达到规定值，检查多点喷射供电继电器 J271。

（4）检查输出放大器的功能

拔下所有喷油器插头，因为检测时喷油器不可喷油，否则会损坏催化净化器。拔下点火线圈的 4 孔插头，将 V. A. C1527B 接到插头触点"2"和"3"之间，然后短时起动发动机，检查发动机控制单元的点火信号，发光二极管应闪亮。如果二极管不闪亮，将 V. A. G1598 / 31 接到发动机控制单元 J220 线束上 (不接发动机控制单元)，检查下表中导线连接是否断路和对地 / 正极短路。

插头触点	V.A.G1598/31 触点
3（1 缸）	102
3（2 缸）	95
3（3 缸）	103
3（4 缸）	94

如果导线无故障，即可确定为点火线圈故障。

2）检查多点喷射供电继电器 J271

继电器 J271 安装在发动机舱左侧保护壳体内，它通过脚 121 给点火线圈及发动机控制单元供电。

（1）将 J271 继电器插头拔下，用万用表检测插头触点"1"和"3"处的电压是否约为蓄电池电压；

（2）若供电正常，检查接地，即其触点"5"与动机控制单元供电脚"21"间导线的电阻值。若供电和接地均正常，则 J271 损坏。

3）2–3 独立点火线圈的拆装要求

（1）拆卸要点：拔掉电插头；拆卸独立点火线圈时必须使用专用工具 T40039(独立点火线圈取出器)，否则，可能在拔出时损坏线圈。

（2）安装步骤：安装点火线圈时，一定要注意慢慢地将线圈推进到气缸内。为避免在安装过程中的任何损伤，不得敲打点火线圈，或使之承受其它方式的冲击。在安装时不要使用锤子等硬物。

4）注意事项

（1）发动机运转或由起动机拖动时，不要触摸或拔下点火线；

（2）连接或拔下点火系统接线及测试仪接线前应关闭点火开关；

（3）如需要起动机拖动发动机但不启动发动机（如检查缸压）时，应拔下点火线圈功率放大器插头及喷油器插头；

（4）清洗发动机前，必须关闭点火开关。

二、电控点火系统点火波形的读取

点火波形是指由汽车专用示波器显示的点火线圈初级电压、次级电压随时间变化的曲线，与正常工作时的点火波形进行比较，能够确定点火系统的技术状况及故障发生的原因和部位。

（一）点火波形

1. 一次电流波形

电子点火系的一次电流波形，如图 4-56 所示。

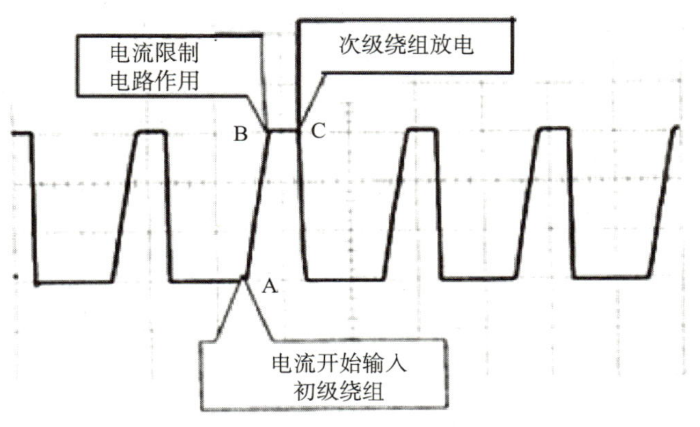

图 4-56　一次电流波形

当电流开始流入点火线圈初级绕组时（A 点），由于绕组特定的电阻和电感特性，引起波形以一定的斜率上升（通常点火线圈初级绕组电流波形在 10ms/ 格时基下，会以 60° 角上升）。一般点火初级电路会先提供 5~6A 电流给点火线圈，当到达允许最大电流时（B 点），点火器中的限流电路（恒流控制）就开始起作用，从而使得波形顶部变平，并且在点火初级绕组的“导通时间”（或闭合角）内电流波形的顶部应一直保持平直。而当点火器切断电流时，电流波形几乎垂直下降，直到 0A 以上，该过程在每一个点火循环中重复出现。

2. 次级电压波形

电子点火系的次级电压（二次电压）波形，如图 4-57 所示。

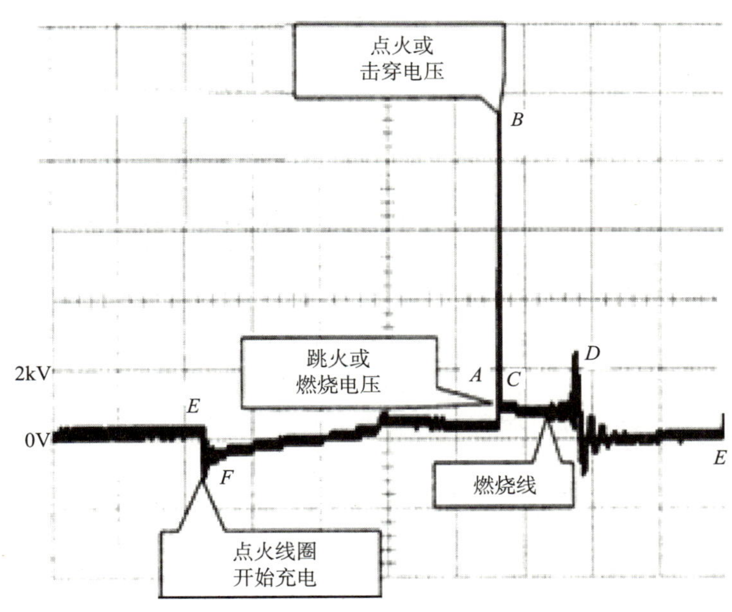

图 4-57　次级电压波形

图中 *AB* 段为点火线。AB 段即火花塞击穿电压建立阶段，*A* 点为初级电路断开点。由于点火线圈突然断电，一次电流迅速下降，点火线圈内初级绕组的磁场迅速消失，在次级绕组中感应出的电压急剧上升。此电压被加在火花塞间隙上，当次级电压还没达到最大值时，就将火花塞间隙处的混合气击穿，该电压称为击穿电压（点火电压为 18~30kV），即图中 *AB* 间的垂线距离。

BC 段为电容放电阶段。火花塞间隙被击穿的同时，储存在点火线圈匝间、火花塞中心电极和侧电极间、高压导线与机体间等处的分布电容中的能量迅速释放，其放电时间极短，放电电流很大，所以，*A*、*C* 两点基本上是在同一垂线上。

CD 段为火花线（燃烧线）。当火花塞电极间隙间的混合气被击穿后，维持火花放电时，火花放电电压比较稳定，一般为几千伏。*CD* 段的宽度表示火花放电的持续时间，高度表示火花放电的电压，它们都能反映点火能量的大小。

DE 段为第一次振荡阶段。当火花消失后（*D* 点），点火线圈中的剩余能量以低频振荡的形式消耗完。

EF 段为点火线圈开始充电。由于点火线圈中的一次电流的突然增加，在次级绕组中会感应出一个负电压。

FA 段为初级电流增长的阶段。由于感应电压的存在，产生衰减振荡（第二次振荡）。随着一次电流变化率的减小，次级电压即成为一条水平线。当到达 *A* 点时，初级电路又断开，次级电路又产生高压。

3. 初级电压波形

电子点火系的初级电压（一次电压）波形，如图 4-58 所示。

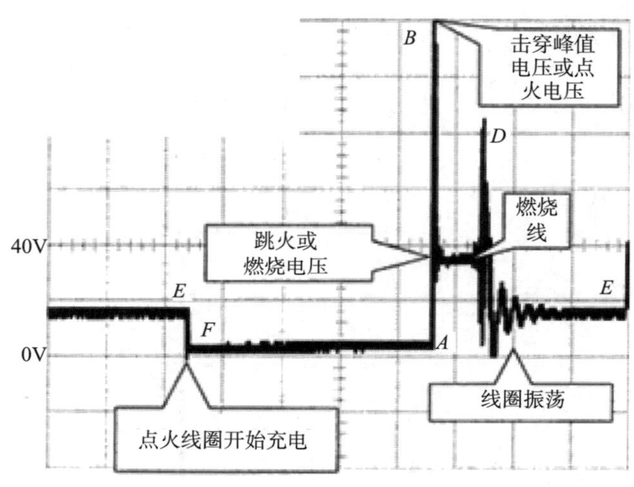

图 4-58　初级电压波形

图中 *A* 点：初级电路断开点。

AB 段：初级电路切断瞬间，初级电压迅速增加。

BD 段：当火花塞电极间出现火花时，随之出现的电压变化，由于初级、次级绕组的互感效应，也出现在初级点火电压波形中。

DE：当次级点火放电结束后，点火线圈中的残余能量要释放，初级电路中互感出低频振荡波形，振荡终了时基本为一直线，且其值高于 0。

E 点：初级电路接通瞬间。

FA 段：初级电路接通后，初级电压几乎降至 0，显示近似一条直线，一直延续到初级电路断开时（*A* 点）。

（二）点火波形的排列方式

当点火波形采集完后，检测仪将捕捉到的点火波形进行不同类别的排列组合，以供检测人员快捷而准确地进行点火波形分析，以判断故障部位，并排除故障。

常见的波形组合有单缸选择波、平列波、并列波和重叠波。

单缸选择波，按点火顺序逐个选出一个缸的波形进行显示，它可把横坐标拉长，以看清点火波形各阶段的变化及火花线的长度等。

平列波，如图 4-59 所示，按点火顺序将各缸点火波形从左到右首尾相连排成一字形，这种波形组合主要用于分析次级电压的故障，如各缸次级电压是否均衡，火花电压是否有差异等。

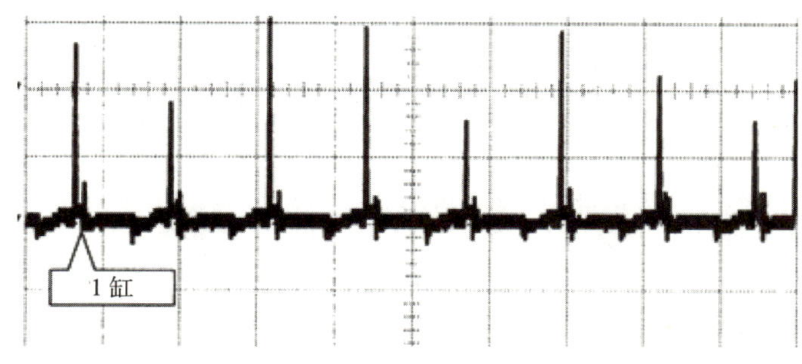

图 4-59 平列波

并列波，如图 4-60 所示，把各缸点火波形的始端对齐，按点火顺序将各缸点火波形从上到下分别排列，可以比较火花线长度和一次电路闭合区间的长度。

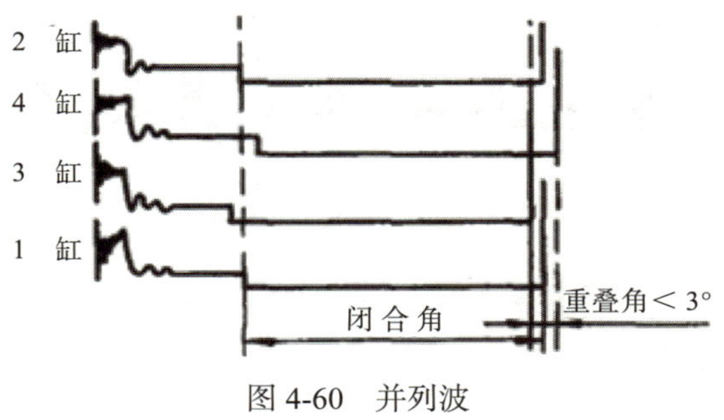

图 4-60 并列波

重叠波，如图 4-61 所示，把各缸点火波形的始端对齐，重叠在一个水平位置上，这有利于比较各缸的点火周期、闭合区间及断开区间等差异。

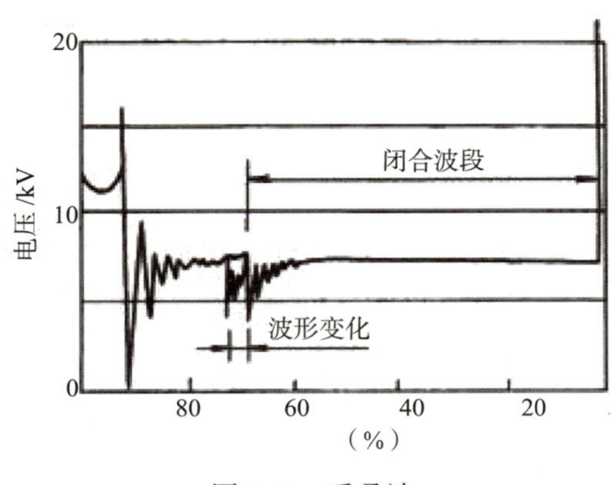

图 4-61 重叠波

（三）点火波形分析

点火波形分析主要包括初级波形分析、次级波形分析和点火正时及参考信号波形分析。

1. 初级点火波形分析

点火系统在波形的故障判断上，较常利用二次波形观察分析，因为初级绕组与次级绕组相互感应，如初级绕组和次级绕组有故障都会同时反应在两者波形上，故只要观察二次波形的变化，就知道点火系统的故障所在。但目前有很多汽车都已采用无分电器式直接点火系统，已没有高压导线可感应诊断，故除采用特殊转接感应夹外，要观察点火二次波形比较困难，通过测量一次波形来诊断就显得容易了许多，故初级点火波形的分析显得必不可少。

（1）一次电流波形分析

如图 4-56 所示。若电流开始流入点火线圈时，其值基本是垂直上升的（即 AB 段为铅垂线），这就说明点火线圈的电阻太小（短路），这可能造成行驶性能故障，并损坏点火模块中开关晶体管。

（2）初级电压波形分析

该波形可用于观察气缸燃烧时间、点火线圈的状况及点火闭合角，如图 4-58 所示。

此外，可通过其并列波，进一步查出火花塞、高压线的短路或断路故障，或是查出污损的火花塞等造成点火不良的主要原因，如图 4-62 所示。

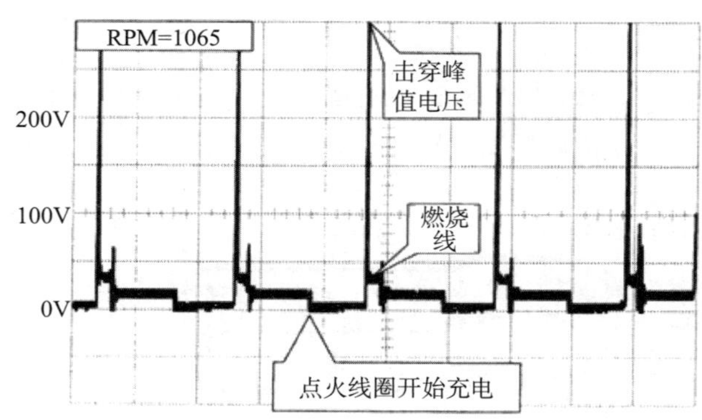

图 4-62　初级电压并列波

观察各缸击穿峰值电压高度是否相对一致，任何与其他缸相比高度发生实际改变的信号都意味着故障。若某个气缸的击穿峰值电压比其他缸低很多，则该缸点火次级电路中可能存在着高电阻，这可能意味着开路或火花塞高压线电阻太高。若某个气缸的击穿峰值电压比其他气缸高很多，则该缸可能存在火花塞高压线短路、火花塞间隙小、火花塞破裂或污浊等故障。

若某个气缸的火花塞跳火波形振荡波减少、振幅减小、波形变宽、波形平直且不上下跳动，则说明该缸火花塞“淹死”。

若某个气缸跳火后的低频振荡波形上下跳动，说明点火线圈次级可能断路。

2. 次级点火波形分析

由于点火次级波形受到发动机、燃油系统和点火条件的影响，所以它对检测发动机机械部分和燃油系统部件及点火系统相关部件的故障非常有用。同时每个点火波形的不同部分还能分别表明其相应气缸点火系统的相应部件和系统的故障。对应于每一部分，可以通过参照波形图的指示点及观看波形特定段相应的变化来判定。

分析次级点火波形时，应注意观察点火或击穿电压的数值是否符合该车的技术参数，点火线的中后段是否有杂波，火花线是否近似水平、火花线的起点是否与燃烧电压一致、稳定、火花线上是否有杂波。

（1）单缸次级点火波形分析

当观察单缸次级点火波形，如图 4-57 所示，应对其分段进行分析。

①点火线圈充电　观察点火线圈在开始充电时，保持相对一致的波形下降沿，这表明各缸闭合角相同以及点火正时精确。

②点火线　观察击穿电压高度的一致性，怠速时，次级击穿电压通常为 10~15kV，如果击穿电压太高（甚至超过了示波器的显示屏），表明在次级线路中存在着高电阻，例如火花塞、高压线开路或损坏，火花塞间隙过大等。若击穿电压太低，表明点火次级电路电阻低于正常值，例如火花塞污蚀或破损，火花塞及高压线漏电等。

如果点火线的中后段特别粗，这表明有杂波，可能是喷油器或进气阀上积炭严重。

若无点火线，说明高压线接触不良。

③燃烧电压　观察燃烧电压的相对一致性，它说明的是火花塞工作和各缸空燃比正常与否，如果燃烧电压就比正常值低，说明混合气太稀。

④燃烧线　观察跳火或燃烧线应十分“干净”，即燃烧线上应没有过多的杂波，否则表明该缸点火不良，点火过早、喷油器损坏或火花塞污蚀等。

燃烧线的持续时间长度与气缸内混合气浓或稀有关。燃烧线太长（通常超过 2ms）表示混合气浓，燃烧线太短（通常少于 0.75ms）表示混合气稀。

如果燃烧线明显倾斜，则可能是火花塞污蚀或积炭所致。

⑤一次振荡段　一次振荡段应有最少 2 个（一般多于 3 个）振荡波。若一次振荡波少，说明初级电路中的电阻过大，如点火线圈断路。若一次振荡波过多，则说明次级电路电阻过大。

⑥二次振荡段　在二次振荡波前出现小的多余的波形，说明初级电路在接通瞬间，导通状况不够好；若二次振荡波出现正值，呈现在基线附近上下振荡的形式，则说明初级电路接触不良；若二次振荡波本身小而且少，则说明点火线圈的阻抗过大。

（2）次级重叠波波形分析

在重叠波，如图 4-61 所示。应注意观察初级电路导通时间所占的比例，四缸发动机为 45% ~50%；六缸发动机为 63% ~70%；八缸发动机为 64% ~71%。此外，要求闭合段波形的变化范围不应超过整个闭合段的 5%。

（3）次级平列波波形分析

观察次级平列波波形时，除应对各缸分别观察之外，还应注意观察各缸的击穿电压是否保持一致（差值一般不低于 4kV），且符合原产规定。

若一个或多个气缸击穿电压低于标准值，则可能是由于火花塞脏污、火花塞间隙太小、火花塞导线搭铁或点火线圈故障引起的。

若一个或多个气缸击穿电压高于标准值，则可能原因是火花塞间隙过大、火花塞导线断路或高压导线失效。若所有气缸的击穿电压都高于标准值，则除了上述原因外，还可能是喷油器和进气阀有积碳。

若有两缸击穿电压差值超过 4kV，则高于平均值的气缸，火花间隙可能过大或电极磨损。而低于平均值的气缸，其火花塞可能有漏电或点火线圈故障。

（4）高压波波形分析

若将多缸发动机各缸的次级点火电压同时显示于屏幕，即为高压波。它一般用于诊断次级电路故障。检查时，先将各缸直列波调出，发动机转速保持在 1500r/min，调整上下、左右旋钮，把各缸波形调整到屏幕的坐标刻度上，高压波形底端与横坐标重合。高压波的标准波形，如图 4-63 所示。

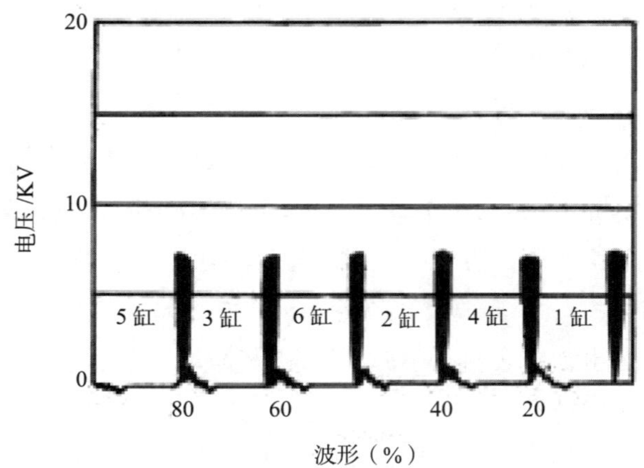

图 4-63　6 缸发动机标准高压波

若各缸点火电压均过高，如图 4-64 ①所示，可能由于火花塞间隙过大或烧蚀、混合气过稀引起。

个别气缸点火电压过高，如图 4-64 ②所示，如图中的 3、4 缸，说明这两个气缸的火花塞可能烧蚀。

全部气缸点火电压过低，如图 4-64 ③所示，原因可能是电源电压过低，火花塞间隙过小，混合气过浓等。

个别气缸点火电压过低，如图 4-64 ④所示，如图中的 3 缸，可能为该缸的火花塞间隙小或绝缘体损坏。

拔下某缸的高压线，如图 4-64 ⑤所示，电压应在 20~30kV，否则说明高压线或点火线圈不良。

拔下某缸的高压线，如图 4-64 ⑥所示，若电压低于 20kV，说明点火线圈性能不好或高压线有漏电故障。

将发动机的转速提高到 2500r/min，各缸点火电压减小，保持在 5kV 以上，说明点火系能在高速正常工作，如图 4-64 ⑦所示。

发动机转速升高后，个别气缸的电压高于其他气缸，说明该缸火花塞的间隙过大（图 4-64 ⑧）。

发动机转速升高后，个别气缸的电压低于其他气缸，说明该缸火花塞的间隙过小、脏污或绝缘体绝缘不良，如图 4-64 ⑨所示。

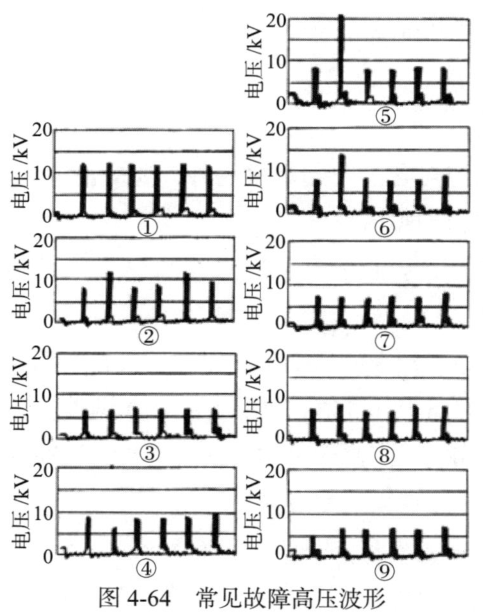

图 4-64　常见故障高压波形

（5）电子点火做功及排气行程点火波形分析

对于同时点火的微机控制点火系统，还应对作功及排气行程点火波形进行测试，将做功点火和排气点火波形及点火电压同时显示在示波器屏幕上，以分析单个气缸的点火闭合角（点火线圈充电时间）；分析点火线圈和次级高压电路性能（从燃烧线或点火击穿电压）；检查单缸的混合气空燃比是否正常（从燃烧线）；查出造成气缸断火的原因（从燃烧线判断污浊或破裂的火花塞），如图 4-65 所示。

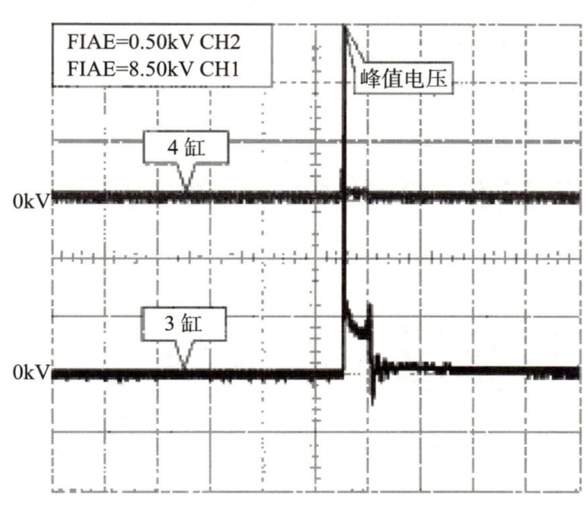

图 4-65　电子点火作功及排气行程点火波形

（四）点火正时及参考信号波形分析

发动机的点火正时是非常重要的，它直接影响到汽车的动力性、燃料经济性和排气净化。检测点火正时的方法有人工法、正时灯法和缸压法等，这里主要是对用缸压法测出的波形进行点火正时及参考信号的分析。

1. 电子点火正时信号（EST）波形分析

现在电喷发动机所配备的电子点火系，其点火正时（EST）信号是发动机电脑根据点火器的点火参考信号和其他输入信号（如 MAP、TPS、ECT 等信号）产生的。该正时信号返送给点火器中另一个开关晶体管，用于控制点火线圈初级电路。电子点火正时信号的脉宽，提供了点火闭合角和点火提前角的信息。

当确定发动机失速或点火不良的原因是在点火器、点火传感器和控制模块时，可进行该项测试。电子点火正时信号波形，如图 4-66 所示。

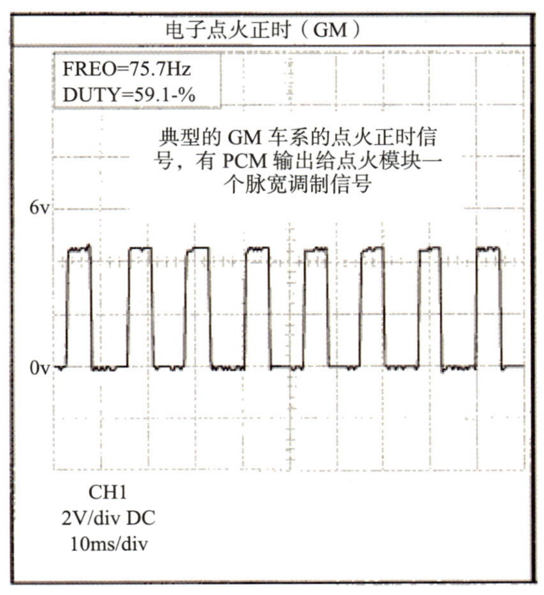

图 4-66　电子点火正时信号波形

电子点火正时信号的幅值通常略小于 5V。点火正时波形的频率与发动机转速同步，只有当点火正时需要改变时，电子点火正时信号（EST）的占空比才发生改变。

2. 点火参考信号（DIST）波形分析

点火器根据曲轴位置传感器信号产生的数字信号就是点火参考信号。点火器向发动机控制单元发出该信号，发动机控制单元用这个信号正确地控制喷油时间和电子点火正时输出信号。

当怀疑点火器、曲轴位置传感器或发动机控制单元是造成发动机失速或点火不良的根本原因时，可进行该项测试。

点火器的形式或点火信号传感器传送给点火器的信号类型不同，点火参考信号波形，如图 4-67 所示的幅值可能有略小于 5V 或 8V 左右电压这两种情况。

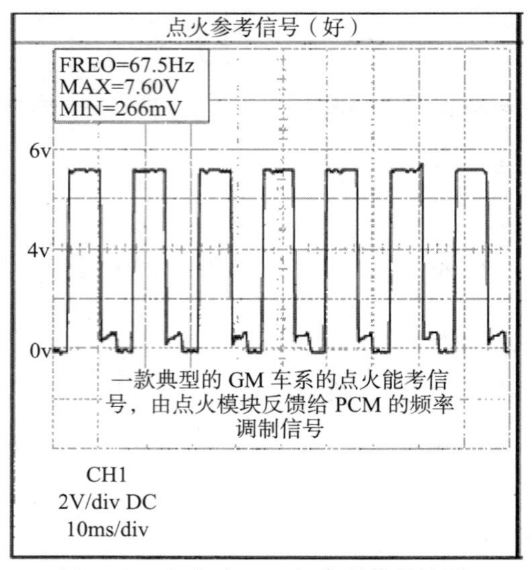

图 4-67　点火（DTSI）参考信号波形

点火（DIST）参考信号波形的频率不仅与发动机转速同步，而且在任何情况下占空比都保持不变。

3. 点火参考信号（DIST）和电子点火正时（EST）双踪波形分析

该波形是采用双通道测试，把有着重要联系的点火参考信号和点火正时两个波形同时显示在示波器屏幕上，如图 4-68 所示。

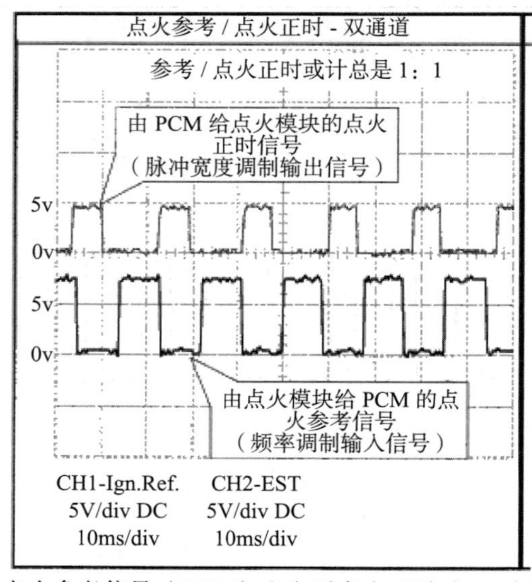

图 4-68　点火参考信号（DIST）和电子点火正时（EST）双踪波形

它可以同时诊断点火参考电路和电子点火正时电路或检查它们两者之间的关系进而诊断发动机控制模块（PCM）的可能故障。

【知识拓展】

一、电控点火系统点火提前角的确定

微机控制点火系的最佳点火提前角（即实际点火提前角）由三部分组成：初始点火提前角、基本点火提前角和修正点火提前角。

初始点火提前角：发动机启动或转速低于 400r/min 时的点火提前角为初始点火提前角。它由发动机的结构和曲轴位置传感器安装位置决定，是未经 ECU 修正的点火提前角，通常为固定值，其大小随发动机形式而异。

基本点火提前角：由电子控制单元根据发动机的转速和负荷所确定的点火提前角。它是发动机运行过程中最为主要的点火提前角。发动机在正常运行期间，ECU 根据试验的发动机转速和负荷信号，在储存器数据表中选出相应的数据作为基本点火提前角。

修正点火提前角：是指由电子控制单元根据发动机的冷却水温、进气温度、电源电压等信号，对点火提前角进行修正的角度。它主要包括暖机修正、过热修正、空燃比反馈修正、怠速稳定性修正和爆震修正等方面。

二、影响点火提前角的因素

1. 发动机转速

发动机转速越高，最佳点火提前角也就越大。发动机转速增高时，扰流强度、压缩温度和压力均增加，但对燃烧诱导期所需时间影响不大，诱导期所占的曲轴转角就要加大。为保持最大功率，点火提前角要加大。

2. 发动机负荷

发动机负荷低时，节气门开度小，充气量减小，气缸内残余废气相对新鲜混合气的比例增加，使混合气燃烧速度降低。因此，当负荷低时，最佳点火提前角要增大；反之，最佳点火提前角要减小。

3. 燃油品质

汽油的辛烷值越高，抗爆性能越好，点火提前角可增大；反之，点火提前角应减小。

除了上述因素外，点火提前角还和发动机燃烧室形状、燃烧室温度、气流的运动、空燃比、排气再循环（EGR）等因素有关。

项目五

进气控制系统检修

任务 1　进气增压控制系统检修

云板书

【理论知识】

一、进气增压系统的作用

发动机增压系统是将空气进行预压缩，然后再供入气缸，以提高空气密度，增加进气量。增压后的发动机进气量增加，可相应地增加循环供油量，从而可以增加发动机功率。同时，增压还可以提高燃油经济性，改善发动机排放。

二、进气增压系统的类型

发动机按其增压的方式，内燃机增压系统可分为：机械式增压、气波增压、废气涡轮增压及复合增压。

1. 废气涡轮增压系统

废气涡轮增压利用发动机排出的废气达到增压目的。增压器与发动机无任何机械联系，压气机由内燃机废气驱动的涡轮来带动，如图 5-1 所示。

导学视频

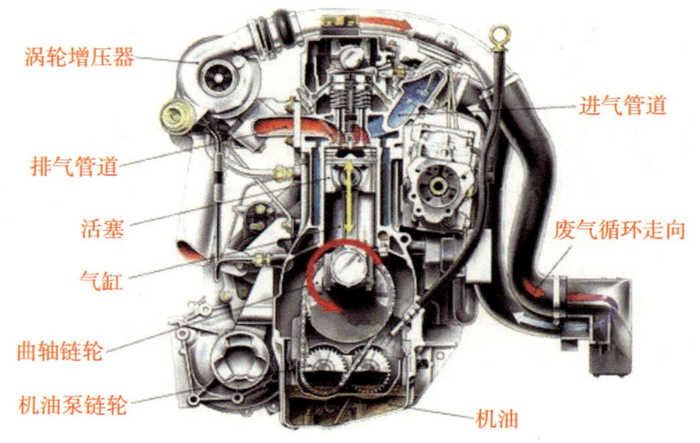

图 5-1　废气涡轮增压系统

2. 机械增压系统

机械增压装置在发动机上并由皮带与发动机曲轴相连接，从发动机输出轴获得动力来驱动增压器的转子旋转，从而将空气增压吹到进气歧道里，如图 5-2 所示。

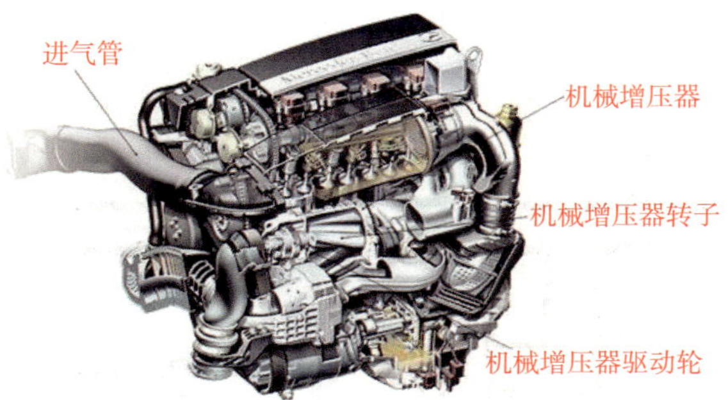

图 5-2　机械增压系统

3. 气波增压系统

是使用发动机做功后尾气的动力，借助一系列由发动机带动的转子和定子的调节箱，直接将进气压缩输入气缸（气波增压利用高压废气的脉冲气波迫使空气压缩），如图 5-3 所示。

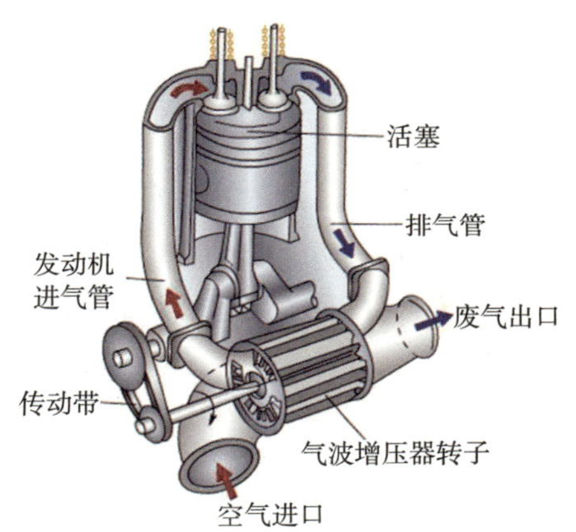

图 5-3　气波增压系统

4. 复合增压系统

复合增压系统是将废气涡轮增压和机械增压并用，这种装置在大功率柴油机上采用比较多，其发动机输出功率大、燃油消耗率低、噪声小、技术含量高，但是结构太复杂，维修保养不容易，如图 5-4 所示。

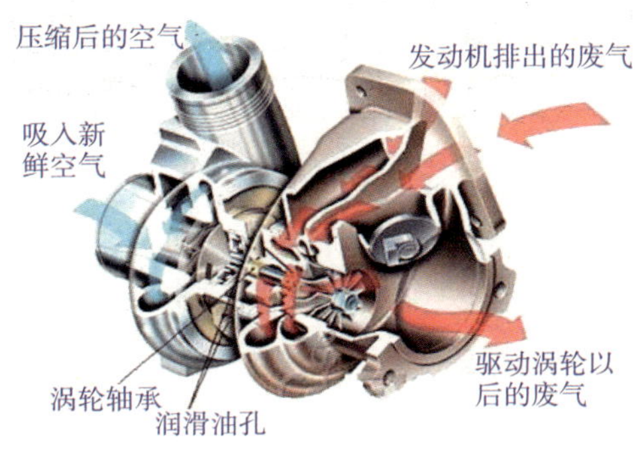

图 5-4　复合增压系统

三、废气涡轮增压系统的工作原理

废气涡轮增压系统工作原理，如图 5-5 所示，当排气管中的废气在流动的同时，会推动废气涡轮发生旋转，废气涡轮的旋转，同时会带动进气道中的进气涡轮。因此，在发动机着车排气的同时，进气涡轮把进入发动机的空气进行压缩提供给燃烧室，提高了进气效率。

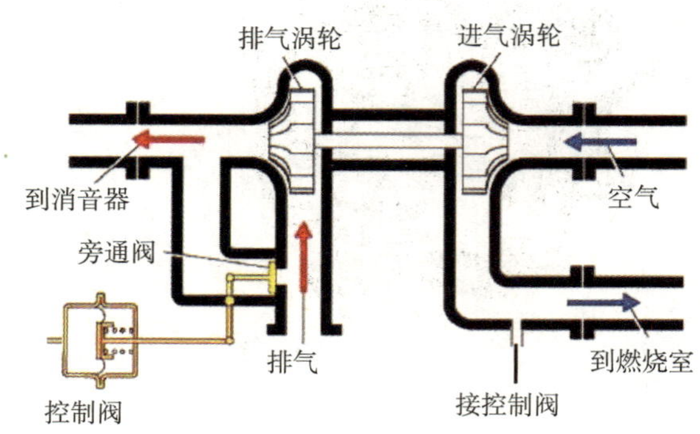

图 5-5　废气涡轮增压工作原理

四、废气涡轮增压系统的工作过程

如图 5-6 所示，ECU 根据发动机转速传感器信号、水温传感器信号以及大气压力信号决定涡轮增压系统是否工作。当达到涡轮增压系统工作的要求时，即 ECU 检测到的进气压力在 0.098MPa 以下时，受 ECU 控制的电磁阀的搭铁回路断开，电磁阀关闭。此时由涡轮增压器出口引入的压力空气，进入驱动气室，克服气室弹簧的压力推动切换阀将废气进入涡轮室的通道打开，同时将排气旁通口关闭，此时废气流经涡轮室使增压器工作。当 ECU 检测到的进气压力高于 0.098MPa 时，ECU 将电磁阀搭铁回路接通，电磁阀打开，通往驱动气室的压力空气被切断，在气室弹簧弹力作用下，驱动切换阀，关闭进入涡轮室的通道，同时将排气旁通口打开，废气不经涡轮室而直接排出，增压器停止工作，进气压力将下降，直至进气压力降到规定的压力时，ECU 将阀关闭，切换阀将进入涡轮室的通道口打开，废气涡轮增压器又开始工作。

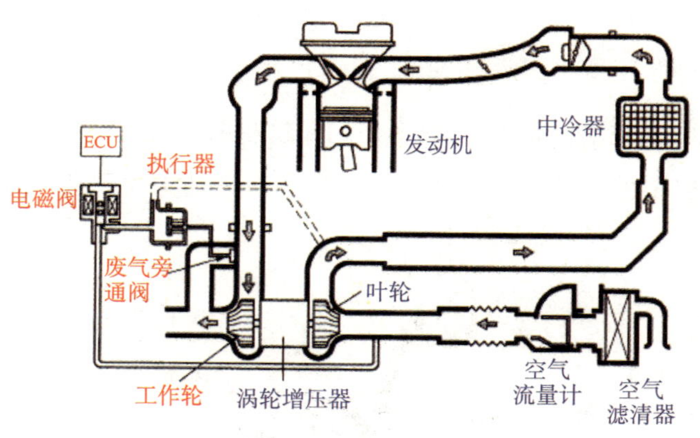

图 5-6　废气涡轮增压系统工作过程

五、废气涡轮增压系统主要部件结构原理

（一）废气涡轮增压系统分类

废气涡轮增压系统按增压的结构形式不同，可以分为旁通阀式废气涡轮增压系统、带中冷器的废气

涡轮增压系统和可调叶片式废气涡轮增压系统三种。

1. 旁通阀式废气涡轮增压系统

在排气管中装有排气涡轮，利用发动机的排气能量驱动旋转。在进气管中装有压气机，涡轮与泵轮同轴。在排气管泵轮的排气旁通通道上设置有切换阀，可以打开或关闭排气的旁通通道，从而使废气不流经或流经泵轮。切换阀受驱动气室的气室弹簧和气体压力的控制，当有气体压力时，克服弹簧力，切换阀关闭排气的旁通通道，如图 5-7 所示。

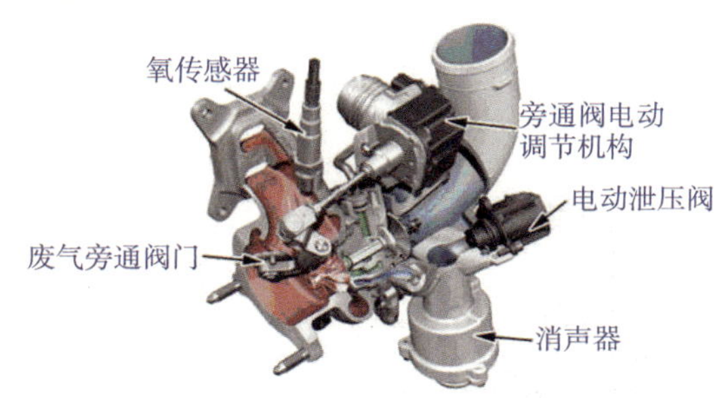

图 5-7　旁通阀式废气涡轮增压

2. 带中冷器的废气涡轮增压

在普通废气涡轮增压系统的基础上增加了中冷器（中冷器就是一个热交换器，它交换空气间的热量）。中冷器通常安装在涡轮增压器出口与进气歧管之间，其作用是冷却增压后的空气，增大空气密度，提高充气效率，节油，从而达到提高动力性和经济性的目的，如图 5-8 所示。

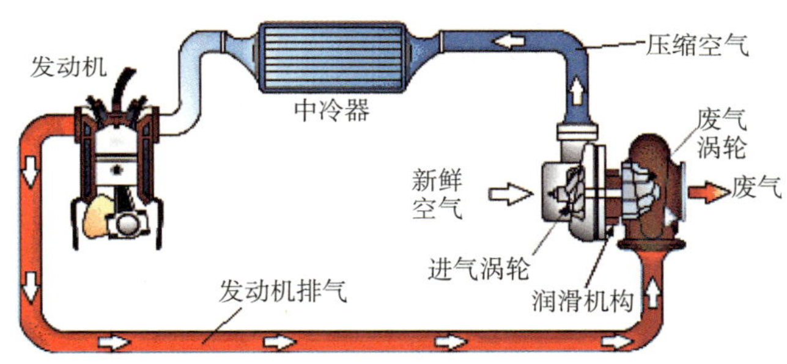

图 5-8　旁通阀式废气涡轮增压

3. 可调叶片式废气涡轮增压系统

可调叶片式废气涡轮增压系统配有旋转电子执行器（REA），改变可调叶片的几何尺寸，以满足发动机不同负荷与转速下的增压要求。涡轮增压器安装在发动机的排气歧管上，使用支架固定在气缸体上。隔热板安装在涡轮增压器和排气歧管上部以保护其他部件，并防止与热排气部件意外接触，如图 5-9 所示。

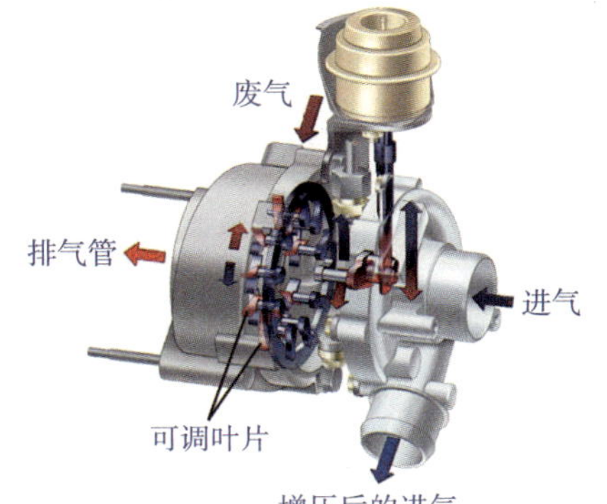

图 5-9　可调叶片式废气涡轮增压系统

（二）涡轮增压系统组成

废气涡轮增压系统主要由涡轮室和增压室组成。

涡轮室进气口与排气歧管相连，以发动机废气为动力来驱动涡轮；增压器进气口与空滤器相连，由涡轮带动泵轮将新鲜空气压入进气歧管。

AWL 1.8T 发动机采用的是单涡轮增压系统，其组成如图 5-10 所示。该系统的主要装置有涡轮增压器、膜片执行器、中间冷却器、排气旁通阀和机械式换气阀等。系统的电控元件有发动机控制模块 J220、增压压力调节电磁阀 N75、增压空气再循环电磁阀 N249、空气流量计 G70、发动机转速传感器 G28 和增压压力传感器 G31 等。

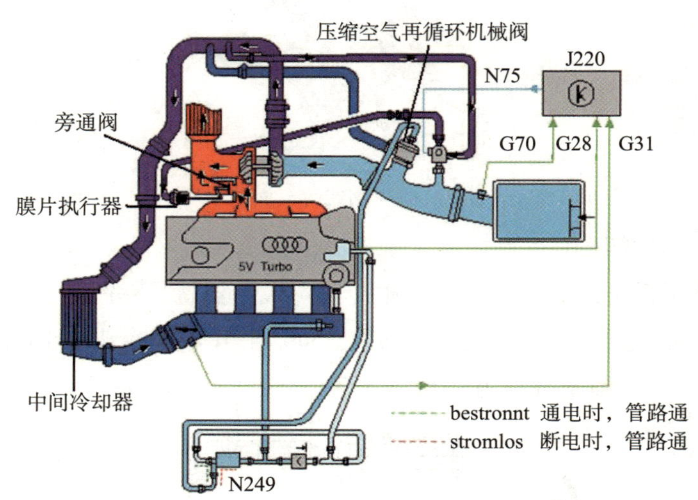

图 5-10 单涡轮增压系统

1. 涡轮增压器

涡轮增压器由涡轮机、压气机及中间体三部分组成，如图 5-11 所示。

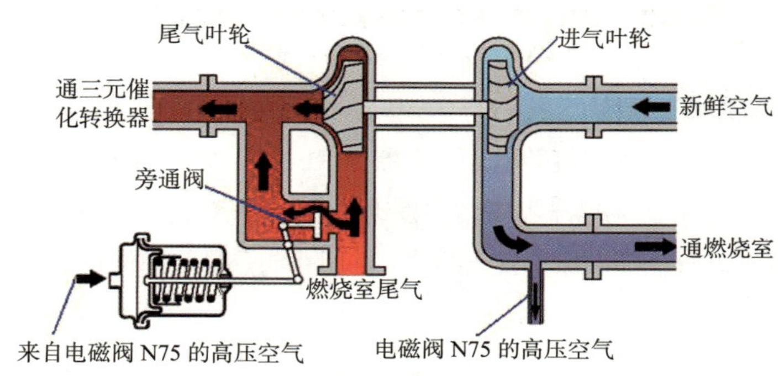

图 5-11 涡轮增压器及膜片执行器

燃烧室尾气经过特定形状的喷管进入径流式涡轮机，然后经三元催化转化器排出。排气流过涡轮机的喷管时降压、降温、增速、膨胀，其势能和内能转变为动能，推动涡轮机旋转，并带动增压器轴和压气机泵轮一起旋转。

新鲜空气经进气道进入压气机。离心式压气机旋转时，空气在离心力的作用下，沿着压气机叶片流向泵轮周边。其流速、压力和温度均有较大的增高，然后进入扩压管（管径由细变粗，图中未示出）。

空气流经扩压管时速度下降，压力升高，大部分动能转变为势能，温度也有所升高。

增压器工作时的最高转速可达 2×10^5r/min，因此，它的平衡和润滑非常重要。涡轮增压器一般都采用浮动轴承，它与轴以及轴承座之间都有间隙，形成双层油膜。增压器工作时，轴承在轴与轴承座中转动。来自发动机润滑系统主油道的润滑油，润滑和冷却增压器轴和轴承。在增压器轴上装有油封，用来防止润滑油窜入压气机或涡轮机蜗壳内。如果油封损坏，将导致润滑油消耗量增加和排气冒蓝烟。

2. 膜片执行器

膜片式控制阀的右室通大气，内有弹簧作用在膜片上。左室则连到增压压力控制电磁阀 N75。

与膜片连接的联动杆用来控制排气旁通阀的开启与关闭。当左室压力低时，弹簧推动膜片左移，并带动联动杆将排气旁通阀关闭。当左室压力高时，膜片右移，并通过联动杆将排气旁通阀打开，使部分排气不经过废气叶轮直接进入排气管，从而降低涡轮机转速和增压压力。

3. 增压压力控制电磁阀

增压压力控制电磁阀 N75 是一种两位三通式电磁阀，如图 5-12 所示。其三个管口分别通高压空气端（增压器下游）、低压空气端（增压器上游）和增压器膜片执行器。增压压力控制电磁阀 N75 的通断由发动机控制模块 J220 控制。当电磁阀断电时，膜片执行器的左室与低压空气端连通。当电磁阀通电时，膜片执行器的左室与高压空气端连通。

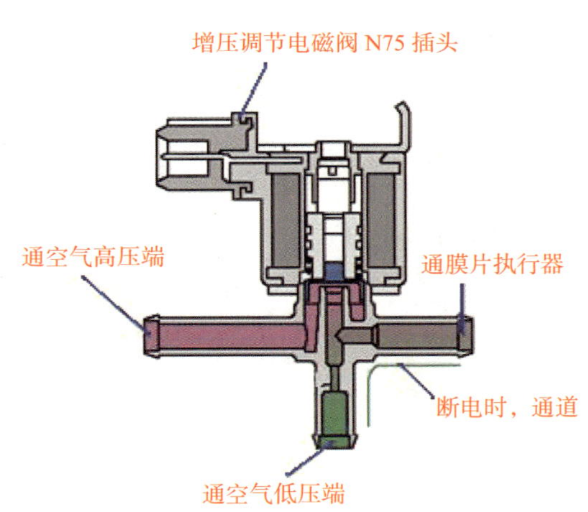

图 5-12　增压压力控制电磁阀 N75

4. 增压空气再循环电磁阀和机械阀

大负荷行驶时，突然松开加速踏板，节气门开度迅速减小，而涡轮转速仍然较高，若不加以控制，增压空气继续流向节气门，可能造成节气门的损坏。

此时，ECM 将增压空气再循环电磁阀（N249）打开，接通空气再循环机械阀的真空回路，如图 5-13 所示。这样，增压气体在管路中形成局部循环，避免了增压空气冲击节气门。

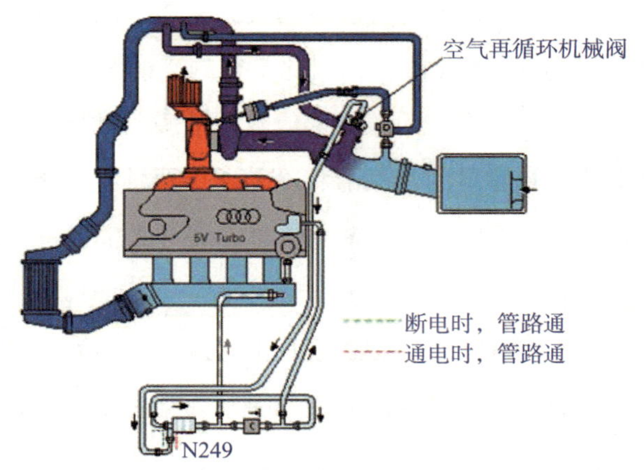

图 5-13　废气涡轮增压系统的怠速、超速切断控制

5. 涡轮增压冷却系统

由于汽油机增压器的热负荷大，因此在增压器中间体的涡轮机侧设置水套，并用水管与发动机的冷却系统相连。

中冷器是增压系统的一部分。当空气被高比例压缩后会产生很高的热量，从而使空气膨胀密度降低，而同时也会使发动机温度过高造成损坏。为了得到更高的容积效率，需要在注入气缸之前对高温空气进行冷却。这就需要加装一个散热器，原理类似于水箱散热器，将高温高压空气分散到许多细小的管道里，而管道外有常温空气高速流过，从而达到降温目的（可以将气体温度从 150℃降到 50℃左右）。由于这个散热器位于发动机和涡轮增压器之间，所以又称作中央冷却器，简称中冷器。

（三）增压压力的调节

增压压力与增压器转速有关，而增压器转速又取决于废气能量。发动机在高速大负荷时的废气能量多，增压压力高；在低速小负荷时的废气能量少，增压压力低。因此，涡轮增压发动机的低速转矩小，加速性差。为了获得低速大转矩和良好的加速性，轿车用涡轮增压器的设计转速常为标定转速的 40%。这样，在高速时的增压压力将会过高，增压器可能超速。同时，还会使汽油机的热负荷过大并发生爆燃，为此必须对增压压力进行调节。增压过程，如图 5-14 所示。

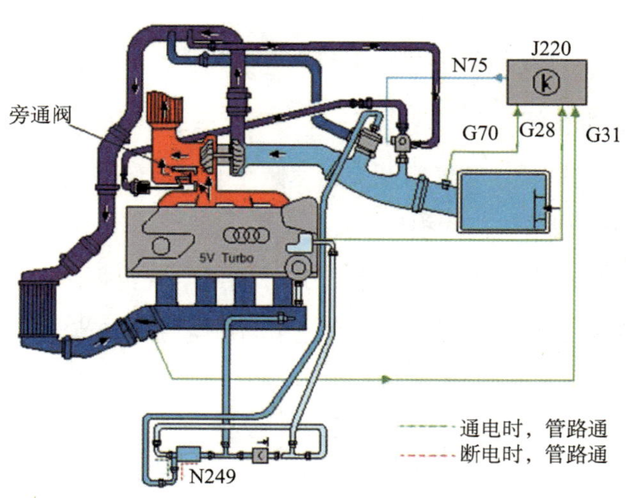

图 5-14　增压压力调整过程

发动机运转时，控制模块 J220 根据空气流量、发动机转速、增压压力等传感器的信号，对增压压力控制电磁阀 N75 的通断进行控制，改变膜片室中的压力，使排气旁通阀动作。当实际进气压力低于理论值时，旁通阀门关小；当实际进气压力高于理论值时，旁通阀门开大。

有的系统还能按照预先编制好的程序，在急加速时，允许增压压力在短时间内超出限定值，以提高发动机的加速性。

另外还有一种设计，就是调节涡轮叶片的角度，通过阻力的改变来调节涡轮的转速，从而改变增压量。

汽油机采用增压技术后，爆燃的倾向增大。为了获得较好的效果，很多系统将点火正时调节与增压压力调节相结合来进行控制。因为如果只是单一地降低增压压力，则会引起发动机运行性能降低；另外由于涡轮增压发动机的排气温度较高，也不宜单独采用调节点火正时的方法来控制爆燃，否则高温废气对涡轮有不利影响。通常，对于爆燃的第一反应是减小点火提前角，一旦达到点火延迟极限（该极限随废气的温度而改变），为进一步减少爆燃倾向，采取降低增压压力的方式。当爆燃消失时，又将点火提前角调节至最佳值，以使发动机输出更大可能的转矩。当点火提前角达到最佳时，再慢慢地增加增压压力。

电控技术的应用，成功地摆脱了涡轮增压器与发动机匹配困难的问题。可以很方便地对汽油机增压系统进行爆燃控制、增压压力控制等。由于涡轮增压器与发动机没有机械联系，因此装有废气涡轮增压系统的发动机具有良好的燃油经济性，其排放和噪声水平也大幅度降低。汽车工业研究表明：带有增压压力电子控制的涡轮增压汽油机，能够达到预燃室柴油机一样的燃油经济性。

【技能训练】

一、大众 1.4T 发动机废气涡轮增压系统认知

大众 1.4T 发动机废气涡轮增压系统，如图 5-15 所示。

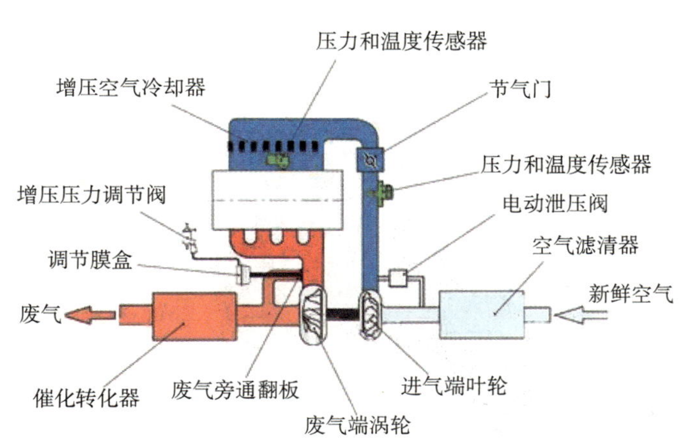

图 5-15　大众 1.4T 发动机废气涡轮增压系统

1.4TSI 这款发动机的涡轮增压器和排气管采用了集成式的设计，这样可以一定程度上减少多余零件的体积和重量，使得这套系统相对稳定可靠，剖视图如图 5-16 所示。

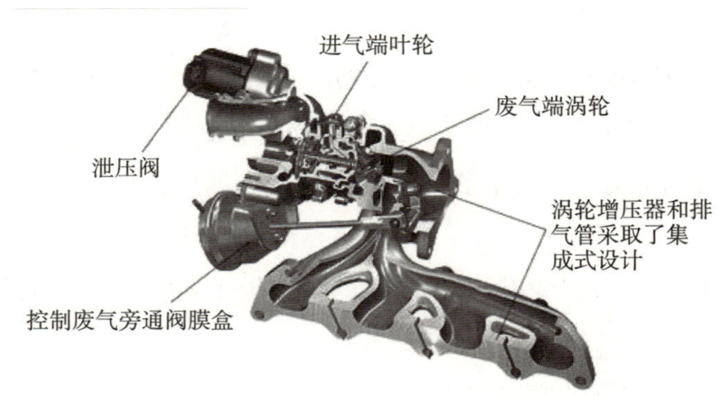

图 5-16　涡轮增压器剖视图

增压系统上的涡轮叶片和叶轮叶片均采用了小尺寸设计（分别为 37mm 和 41mm），这样涡轮的转动惯量会减小，废气就更容易带动涡轮做高速旋转，可以有效地缓解涡轮增压系统低速迟滞的现象。涡轮增压的最大压力达到 1.8bar，而 GTDi（240PS 版本）的增压压力只是 1.2bar，如图 5-17 所示。

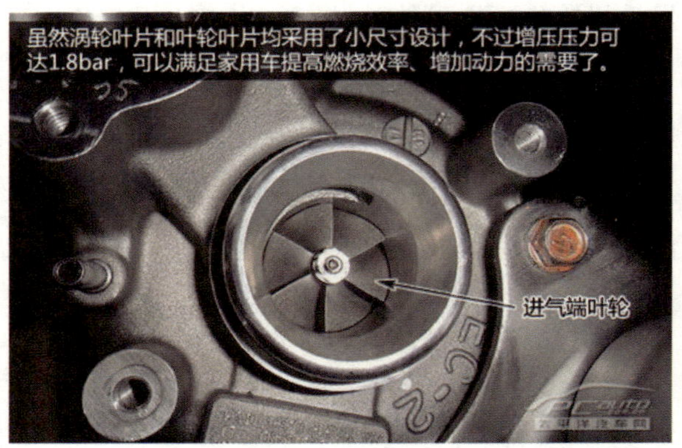

图 5-17　涡轮叶片

在涡轮增压系统的中冷器前后分别安装两套传感器（进气压力传感器和进气温度传感器），用于精准监测增压空气在冷却前后的状态，再通过 ECU 计算分析来调节涡轮增压器上的阀体开度，从而精确地控制所需要的进气量，如图 5-18 所示。

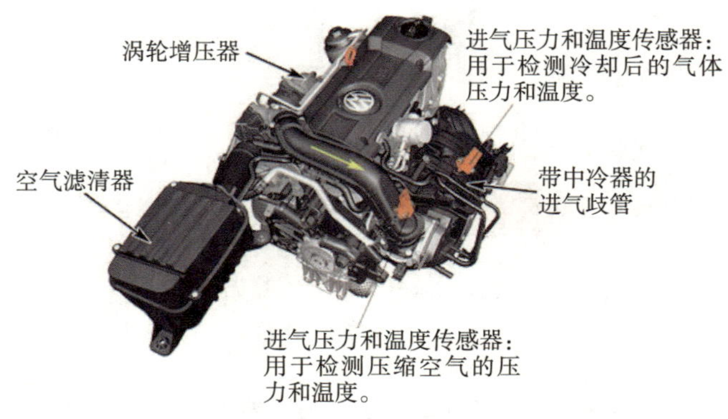

图 5-18　进气压力和进气温度传感器位置图

另外，涡轮增压器上设计了两个执行压力控制的阀体，分别是涡轮增压端的排气旁通阀和空气叶轮一段的进气泄压阀，由 ECU 控制，如图 5-19 所示。

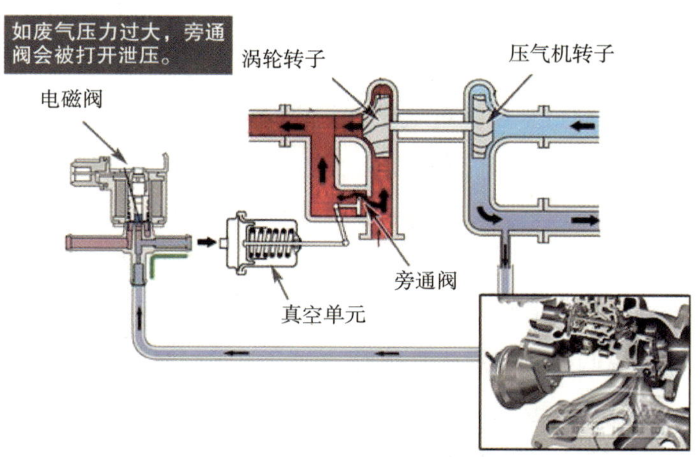

图 5-19　执行压力控制阀体

主要是防止发动机转速过高时，保证涡轮在一个较为固定的转速下工作，同时防止压力过大损害涡轮和节气门等部件。所以如果废气压力超过压力单元设定的值后，阀会被打开，过多的废气就会绕过涡轮叶片被排出。

二、废气涡轮增压系统的正确使用与维护

涡轮增压器工作转速很高（最高可达 180000r/min），所以对润滑和自身清洁度的要求很高。多年的经验告诉我们，造成涡轮增压器故障的主要原因是润滑问题，例如润滑油供油滞后、节流、缺少、变质或油里有杂质等；其次是外来杂物进入压气机叶轮或废气涡轮，因此既要有良好的维护保养习惯，特别是对空气滤清器和机油滤清器的维护保养，同时也要有良好的驾驶习惯：

（1）发动机启动后不可立即急踩油门踏板起步运行，应先怠速运转 3~5min，之后才能起步行驶。这是为了使机油温度升高，流动性变好，让增压器能得到充分润滑，特别是当环境温度过低或车辆较长时间停放不用时更需这样做。

（2）长距离高速运行的车辆停车后发动机不可立即熄火，应怠速运行 3~5min，待机体温度降下来后再熄火，否则机油润滑中断，涡轮增压器内部的热量无法被机油带走，而此时涡轮仍在高速旋转，容易造成涡轮增压器转轴与轴套之间“咬死”。

【知识拓展】

一、进气惯性增压控制系统

谐波增压控制系统是利用进气流惯性产生的压力波提高进气效率。

1. 压力波的产生

当气体高速流向进气门时，如进气门突然关闭，进气门附近气流流动突然停止，但由于惯性，进气管仍在进气，于是将进气门附近气体被压缩，压力上升。当气体的惯性过后，被压缩的气体开始膨胀，向进气气流相反方向流动，压力下降。膨胀气体的波传到进气管口时又被反射回来，形成压力波。

2. 压力波的利用方法

一般而言，进气管长度长时，压力波长，可使发动机中低转速区功率增大；进气管长度短时，压力

波波长短，可使发动机高速区功率增大。

3. 波长可变的谐波进气增压控制系统

丰田皇冠车型 2JZ—GE 发动机采用在进气管增设一个大容量的空气室和电控真空阀，以实现压力波传播路线长度的改变，从而兼顾低速和高速的进气增压效果。

4. 系统工作原理

ECU 根据转速信号控制电磁真空通道阀的开闭。低速时，电磁真空孔道阀电路不通，真空通道关闭，真空罐的真空度不能进入真空气室，受真空气室控制的进气增压控制阀处于关闭状态。此时进气管长度长，压力波长大，以适应低速区域形成气体动力增压效果。高速时，ECU 接通电磁真空道阀的电路，真空通道打开，真空罐的真空度进入真空气室，吸动膜片，从而将进气增压控制阀打开，由于大容量空气室的参与，缩短了压力波的传播距离，使发动机在高速区域也得到较好的气体动力增压效果。谐波增压装置根据进气系统的改变方法的不同分为可变进气管式和可变进气管容积式两种。

可变进气管长度式谐波增压装置是由谐波增压电磁阀、风门、进气歧管等组成的。

可变进气管容积式谐波增压装置是由进气控制阀（ACIS）、真空执行器、真空电磁阀（VSV）、真空罐等组成的。

任务 2　可变气门正时控制系统检修

【理论知识】

一、可变气门控制系统作用

自然吸气式普通进气机构的发动机，其配气相位和气门升程都是固定的，这就使进气量相对是固定的。发动机在中低速时，主要考虑省油和改善排放，供给的汽油少，这时进气量实际会偏大；在高速时，发动机动力性是主要的，需要多供给汽油，但供给的汽油又受进气量的限制而不能太多，这时进气量实际又偏少。因此，传统的自然吸气式发动机由于受进气量的限制，动力性、经济性及排放性的潜力均未完全发挥。随着轿车汽油机的高速化和对排放限制的日趋严格，配气机构固定不变的缺点变得越来越突出，为此，可变气门机构迅速发展起来。

可变气门控制系统使发动机在高速时改变气门正时和升程，在 ECU 的控制下，还可以改变高速时进、排气门开启的“重叠时间”，使发动机在高速范围由于 VTEC 或 VVT 作用而输出更大的功率。

二、可变气门控制系统的类型

可变气门控制系统按照控制方式可分为电控液压式和离心机械式两大类。目前广泛采用的是电控液压式。

就具体的控制方法而言，可变气门控制系统有凸轮轴控制式和摇臂控制式两种，其中凸轮轴控制式又分为可变凸轮轴角度式和凸轮轴轴向可移式。可变凸轮轴角度式可以使凸轮轴旋转一定的角度来适应发动机的转速，它要求至少装一根进气凸轮轴和一根排气凸轮轴。

1. 凸轮轴控制式

可变凸轮轴角度式：在凸轮轴上加装一套液力机构，通过 ECU 的控制，在一定角度范围内对气门的开启、关闭的时间进行调节，或提前、或延迟、或保持不变，如图 5-20 所示。

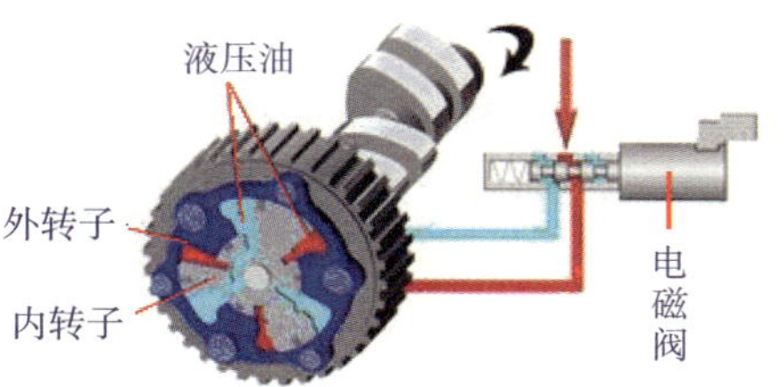

图 5-20　可变凸轮轴角度式

凸轮轴轴向可移动式：

每个进气门设计了两组不同角度的凸轮，同时在凸轮轴上安装有螺旋沟槽套筒。螺旋沟槽套筒由电磁驱动器加以控制，用以切换两组不同的凸轮，如图 5-21 所示。

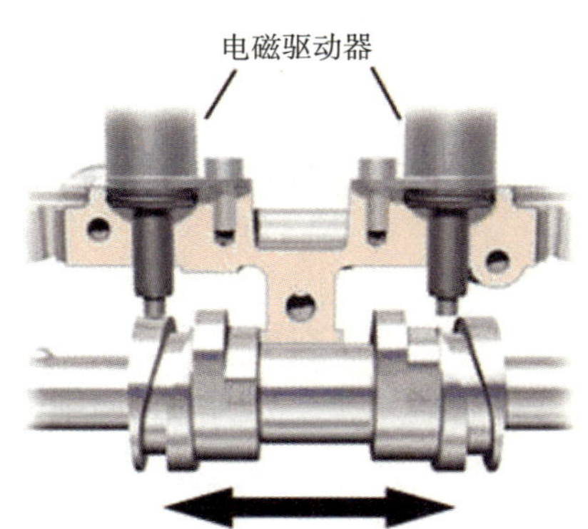

图 5-21　凸轮轴轴向可移动式

2. 摇臂控制式

VTEC 机构的凸轮轴除了原有控制两个进气门的一对凸轮外，在其中间增设一个高度较大的凸轮。对应的三个进气摇臂（主摇臂、中间摇臂和辅助摇臂）可以独立运动或连成一体运动，由其内部同步活塞进行控制，发动机控制模块控制同步活塞移动的油压，如图 5-22 所示。

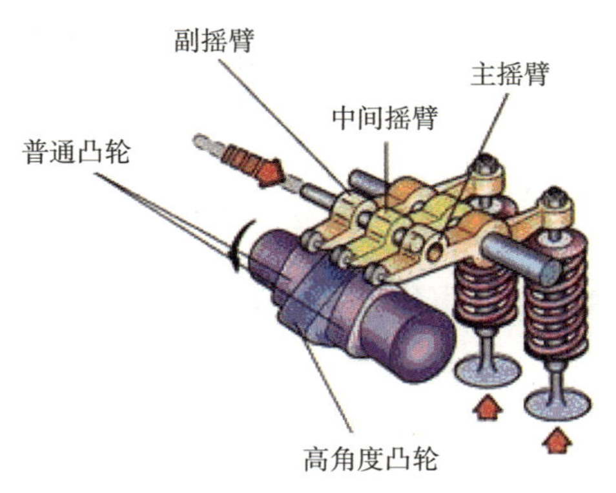

图 5-22　摇臂控制式

三、VVT 可变气门控制系统组成及工作原理

丰田可变进气门正时（VVT-i）系统利用油压来调整进气凸轮轴转角气门正时进行优化，从而提高功率输出、改善燃料消耗率和减少废气排放。

1. 系统组成

ECU 根据转速和负荷的要求控制进气凸轮轴正时控制阀，控制器根据指令使进气凸轮轴相对于齿形带旋转一个角度，达到进气门延迟开闭的目的，用以增大高速时的进气迟后角，从而提高充气效率。如图 5-23 所示。

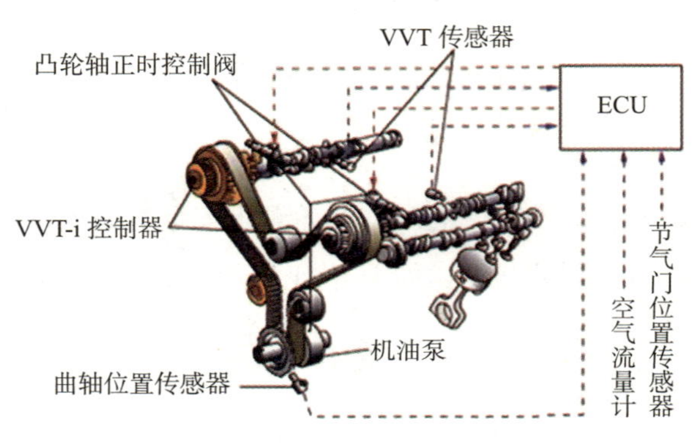

图 5-23　VVT-i 系统组成

（1）VVT-i 控制器

VVT-i 控制器由一个由正时链条驱动的齿轮和固定在进气凸轮轴上叶片组成，来自进气凸轮轴提前或者延迟侧的通道转送的油压使 VVT-i 控制器的叶片沿圆周方向旋转，从而连续不断地改变进气气门正时。当发动机停止时，进气凸轮轴被移动到最大延迟状态以维持起动性能。在发动机起动后，油压并未立即传到 VVT-i 控制器时，锁销锁定 VVT-i 控制器的动作，以防机械部分撞击产生噪声。

（2）凸轮轴正时控制阀（OCV）

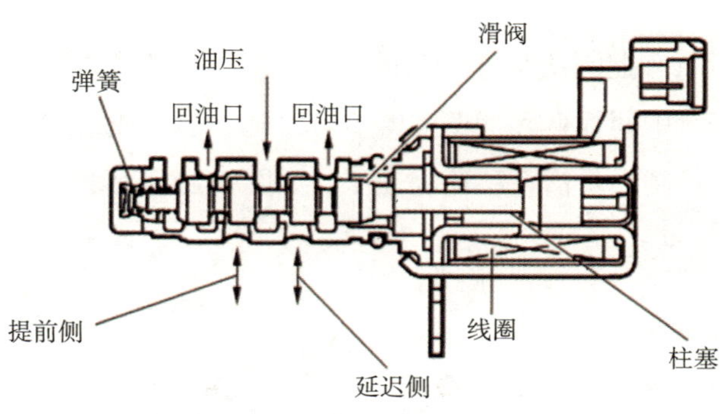

图 5-24　凸轮轴正时机油控制阀

凸轮轴正时控制阀如图 5-24 所示，根据发动机 ECU 的占空比控制，改变滑阀位置，控制流到 VVT-i 控制器提前侧或延迟侧的油压。发动机停止时，进气气门正时是在最大延迟角度上。

2. 工作原理

凸轮轴正时机油控制阀是根据发动机 ECU 输出的电流量，来选择流向 VVT-i 控制器的通道。

VVT-i 控制器应用油压使进气凸轮轴旋转到提前、延迟或保持气门正时所在位置。发动机 ECU 根

据发动机转速、进气量、节气门位置和冷却液温度来计算出各种运行条件下的最佳气门正时，以便控制凸轮轴正时机油控制阀。此外，发动机 ECU 使用凸轮轴位置传感器和曲轴位置传感器传出的信号来计算实际气门正时，并进行反馈控制以达到目标气门正时。系统工作原理，如图 5-25 所示。

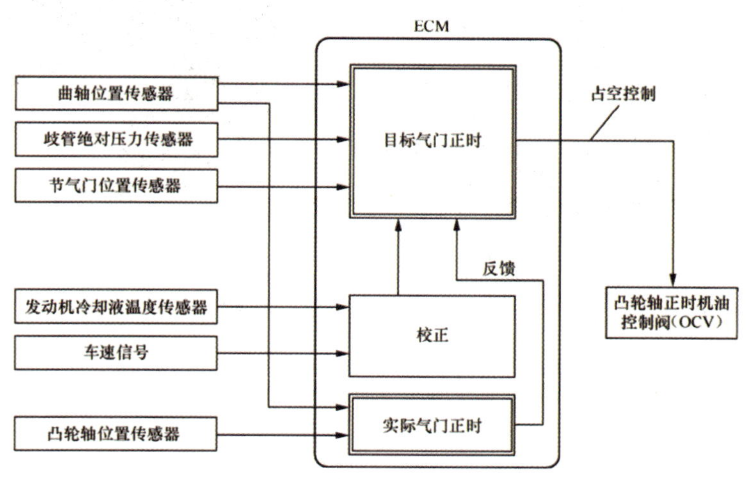

图 5-25　VVT-i 系统工作原理图

四、VTEC 可变气门控制组成及工作原理

本田汽车公司 VTEC，它可以使发动机在高速时改变气门正时和升程，在 ECU 的控制下，还可以改变高速时进、排气门开启的“重叠时间”，使发动机在高速范围由于 VTEC 作用而输出更大的功率。

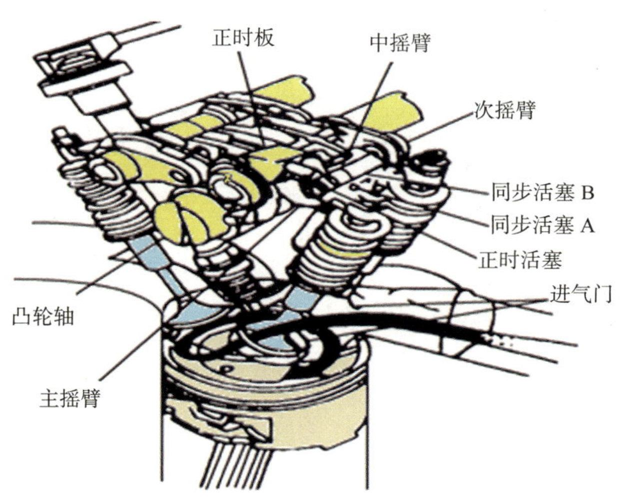

图 5-26　本田 ACCORDF22B1 发动机 VTEC 机构

如图 5-26 为本田 ACCORD F22B1 发动机 VTEC 机构，主要由气门（每缸 2 进、2 排）、凸轮、摇臂、同步活塞 A、B，正时活塞等组成。VTEC 机构中有三个凸轮，它们的线型不相同。位于中央的高速凸轮作做中间凸轮，它的升程最大；另两个低速凸轮中，较高的一个称为主凸轮，较低的称为次凸轮。与这三个凸轮相对应的是中间摇臂、主摇臂和次摇臂。两个气门分别装在主、次摇臂上。在三个摇臂内有一孔道，内装有同步活塞 A、B，正时活塞，定位活塞。每个汽缸的两个进气门上都安装有这样一套 VTEC 机构，如图 5-27 所示。

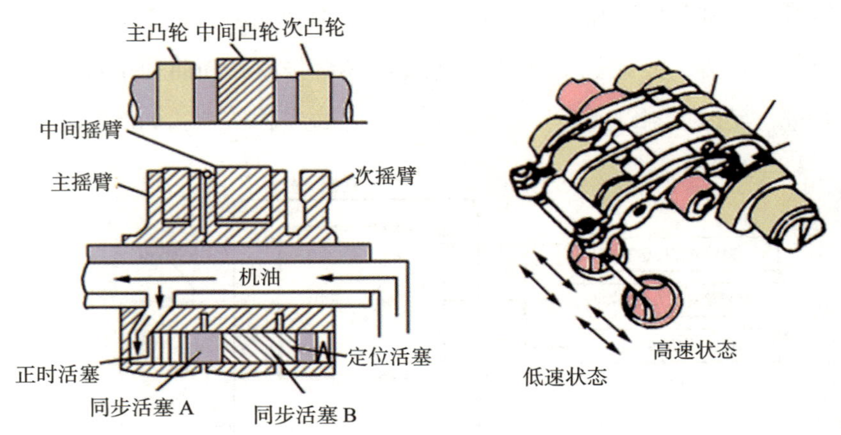

图 5-27　VTEC 的机构原理

VTEC 由传感器、控制部分和执行部分组成。如图 5-28 所示。执行部分由 VTEC 机构中的凸轮、摇臂和同步活塞等组成；控制部分由 ECU、VTEC 电磁阀、VTEC 压力开关等组成。在发动机运转过程中，各传感器不断地向 ECU 输入转速、负荷、车速以及水温信号，由 ECU 判断何时能改变气门正时和升程。当发动机转速为 2300 ~ 3200r/min、车速超过 10km/h、冷却水的温度超过 10℃和根据进气歧管压力判断发动机负荷较大时，ECU 操纵 VTEC 电磁阀打开油路，使从机油泵输出的压力油推动同步活塞把三个摇臂连锁起来，实行 VTEC 气门正时和升程变动，以改变进气量，增加发动机功率。如果不符合以上条件，ECU 将 VTEC 电磁阀断电，切断油路，不实行 VTEC 控制。

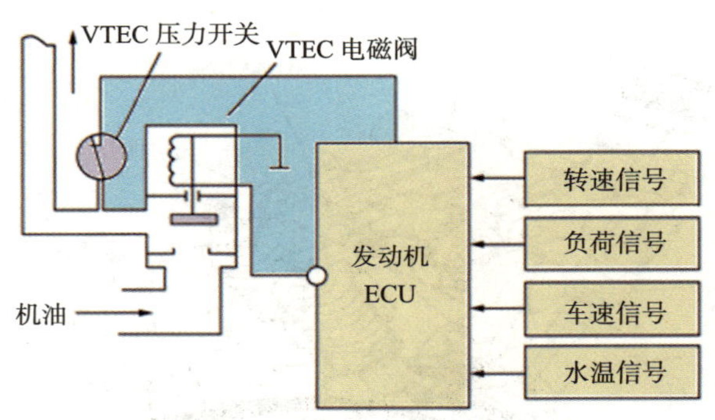

图 5-28　VTEC 控制系统

【技能训练】

一、奥迪 AVS 可变气门升程系统认知

奥迪 AVS 可变气门升程系统为每个进气门设计了两组不同角度的凸轮，同时在凸轮轴上安装有螺旋沟槽套筒。螺旋沟槽套筒由电磁驱动器加以控制，来实现凸轮轴的左右移动，进而切换凸轮轴上的高低凸轮，从而改变进气门的升程。

发动机处于高负荷时，电磁驱动器使凸轮轴向右移动，切换到高角度凸轮，从而增大气门的升程；当发动机处于低负荷时，电磁驱动器使凸轮轴向左移动，切换到低角度凸轮，以减少气门的升程。如图 5-29 所示。

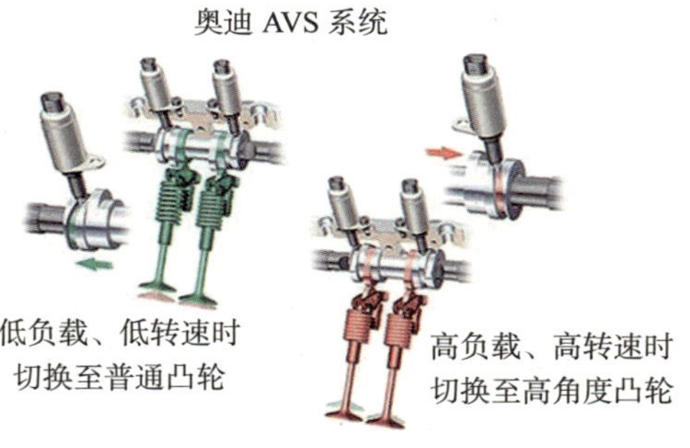

图 5-29　奥迪可变气门升程系统

二、宝马可变气门升程系统认知

宝马可变气门升程系统，主要是通过在其配气机构上增加偏心轴、伺服电机和中间推杆等部件来改变气门升程。

当电动机工作时，蜗轮蜗杆机构会驱动偏心轴发生旋转，再通过中间推杆和摇臂推动气门。从而实现对气门升程的控制。（图中红色为高速区域），如图 5-30 所示。

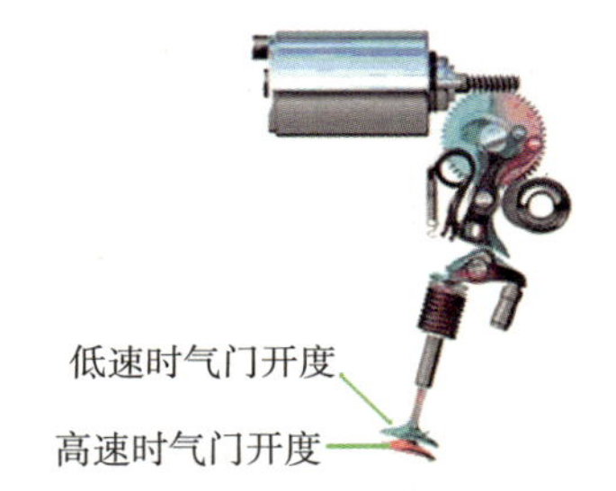

图 5-30　宝马可变气门升程系统

三、大众可变气门升程系统认知

1. 大众 VVT 可变气门控制系统的组成

目前发动机上采用了双顶置凸轮轴相位可变（气门正时可变）的配气机构（VVT 系统），其结构如图 5-31 所示。发动机每列气缸的汽缸盖上，排气凸轮轴安装在外侧，进气凸轮轴安装在内侧。曲轴通过齿形皮带驱动排气凸轮轴，排气凸轮轴通过链条驱动进气凸轮轴。其中的排气凸轮轴由发动机曲轴通过传动皮带直接驱动，其相位不可改变。排气凸轮轴通过凸轮轴调整器（包括链条和链条张紧器）驱动进气凸轮轴，当链条张紧器的高度变化时，进气凸轮轴的相位随之变化，也就改变了进气门的气门正时。

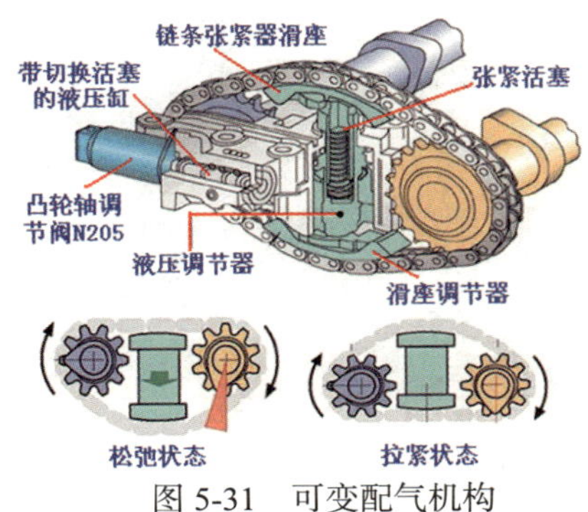

图 5-31　可变配气机构

2. 大众 VVT 可变气门控制系统工作原理

（1）凸轮轴正时调节过程

链条张紧器的高度由液压缸内的油压决定。液压缸内的液压油是来自发动机润滑系统的润滑油，通过缸盖上的一个孔提供。凸轮轴调节阀受 ECM 操纵，同时它又控制调整活塞的位置。根据调整活塞的位置，润滑油压力被传至控制管 A 或 B，如图 5-32 所示。凸轮轴正时调节如下所述。

发动机关闭 : 没有机油压力时，弹簧加载的锁止螺栓就被压入到调节活塞的凹口内并将活塞锁住。如图 5-32 所示。

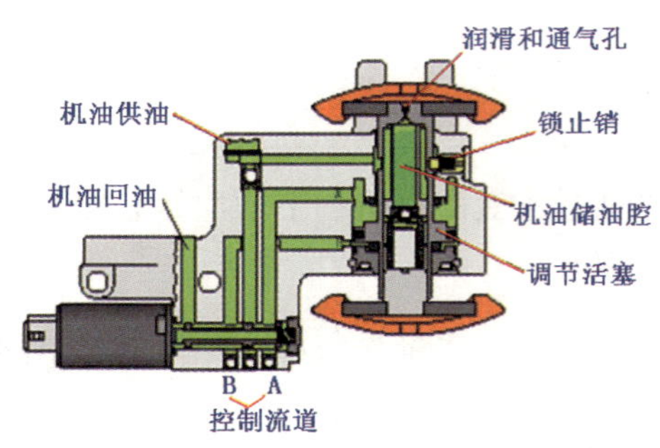

图 5-32　凸轮轴正时调节方法

发动机起动 :（基本位置或功率位置）在建立起足够的机油压力之前，调节活塞一直处于被锁止状态，这样可防止链条机构振动，从而可减小噪音。如图 5-33 所示。

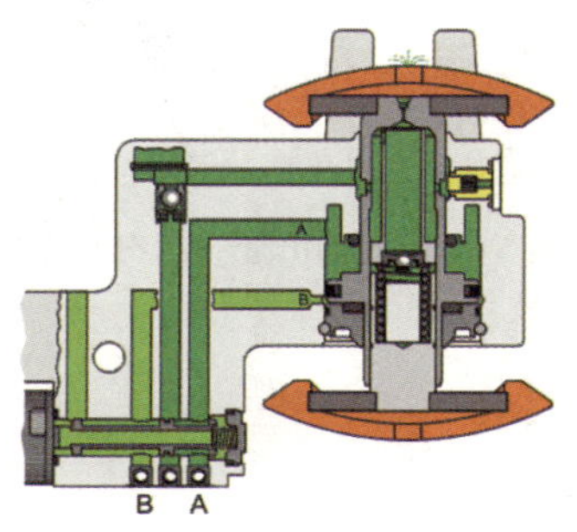

图 5-33　可变配气机构的功率位置（基本位置）

发动机在运行 :（提前位置）当机油压力达到一定值时，机油压力就作用到锁止螺栓面上，机油压力作用方向与弹簧力作用方向相反。于是锁止螺栓松开调节活塞，这样就可按发动机控制单元的控制指令向“提前”方向进行调节了。如图 5-34 所示

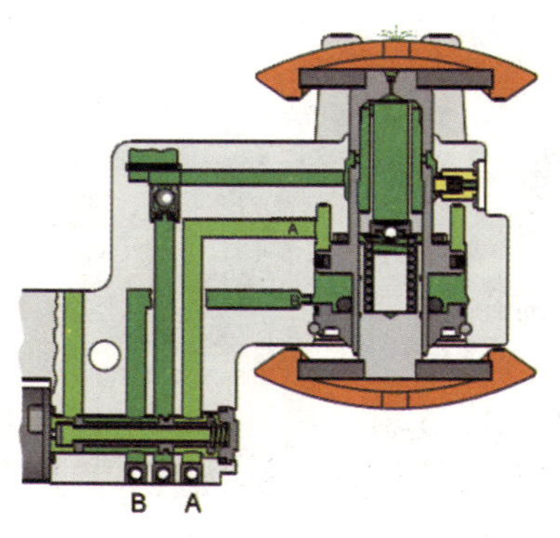

图 5-34　可变配气机构的转矩位置

机油储存腔用于在起始相位无压力的情况下给张紧器活塞压力腔注油。这在发动机起动时还可降低噪音。机油储存腔上端有一个孔，该孔用于通气及给链条供应机油。

3. 可变进气相位控制系统的控制过程：如图 5-35 所示。

（1）怠速时，进气门延迟关闭。

（2）扭矩调整

转速在 1000rpm 以上时，进气门提前关闭。左侧凸轮轴调整器向下，右侧调整器向上运动。

（3）功率调整

转速在 3700rpm 以上时，左侧凸轮轴调整器向上，右侧调整器向下运动，进气门延迟关闭。

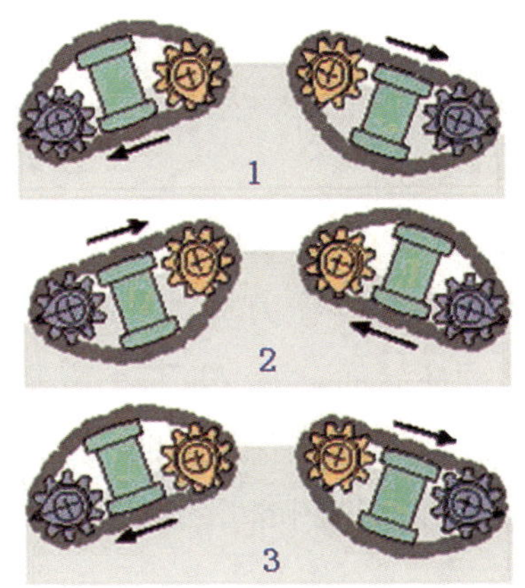

图 5-35　可变进气相位控制过程

功率调整：调整功率时，链条下部短，上部长，进气门延迟关闭。进气管内气流速高，气缸充气量足。因此高转速时，功率较大。如图 5-36 所示。

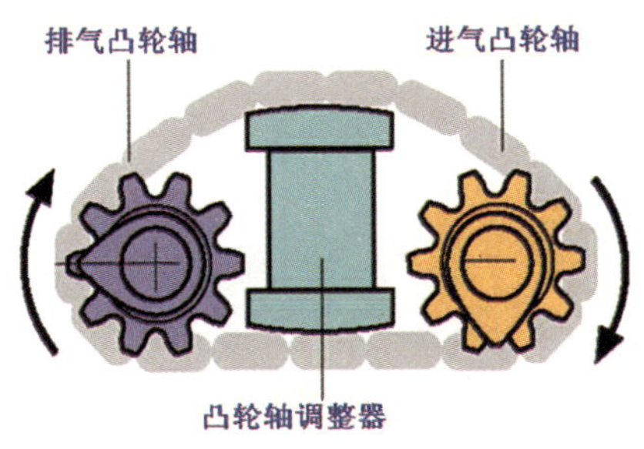

图 5-36　可变进气相位功率调整

扭矩调整：凸轮轴调整器向下拉长，于是链条上部变短，下部变长。因为排气凸轮轴被齿形带固定了，此时排气凸轮轴不能被转动，进气凸轮轴被转一个角度，进气门提前关闭。在这个位置时，在中、低转速，可获得大扭矩输出。如图 5-37 所示。

图 5-37　可变进气相位扭矩调整

【知识拓展】

可变气门控制系统的使用与维护

如果 VTEC 出现故障，则会出现以下情况：若气门机构一直按低速状态工作，那么发动机就会因进气量不够而高速无力；若气门机构一直处于高速工作状态，那么发动机的燃油消耗量就会增加；若仪表板上发动机的故障灯亮且自诊断故障码是 21 或 22，表明 VTEC 出现故障，这时气门机构会一直处于低速状态工作，出现发动机功率不足的故障现象。

1. VTEC 电磁阀的检查

测量电磁阀的电阻，正常值为 14~30Ω，将电磁阀总成从缸盖上拆下，检查电磁阀滤网有无堵塞，若堵塞则应清洗滤网并更换发动机机油。用手推动电磁阀柱塞，其应能自由运动，检查电磁阀线插与 ECU A4 插脚之间应导通，且线路无搭铁短路。

2. VTEC 压力开关的检查

在发动机不运转时，压力开关应该接通。把 VTEC 电磁阀线插的两接脚分别接蓄电池的正负极，启动发动机，当发动机转速超过 3000r/min 时，压力开关应断开，检查压力开关线插的蓝 / 黑线与 ECU D6 接脚之间应导通，棕 / 黑与搭铁之间应导通。因 VTEC 的液压控制是利用发动机机油泵产生的机油压力来进行的，故要使 VTEC 工作正常，首先必须保证机油压力足够。当发动机转速超过 3 000r/min 时，机油压力至少达到 250kPa；否则，须检查机油泵和润滑油路。

3. 摇臂检查

拆下气门室盖，各缸在压缩上止点位置时，各个气门摇臂都应独立自由动作，也即主摇臂、中间摇臂之间不应联锁在一起，用 400kPa 压缩空气从检查油孔上注入，并堵住泄油孔，然后将正时板推高 2~3mm，这时活塞应该压缩弹簧而将主摇臂、中间摇臂和次摇臂连锁在一起，也即三根摇臂一启动作，拿开压缩空气后，活塞回位，三根摇臂又分开。

项目六

排放控制系统检修

任务 1　燃油蒸发排放控制系统检修

云板书

【理论知识】

一、燃油蒸发排放控制系统的作用

燃油箱中的汽油受热蒸发后会形成大量的汽油蒸气，它的主要成分是对环境有害的碳氢化合物。因此，必须进行有效的控制来防止因汽油蒸气泄漏而造成的污染。燃油蒸发排放控制系统（Evaporative Control，简称 EVAP）用来收集燃油蒸气，并将它们适时送入进气歧管与空气混合，然后进入燃烧室燃烧。这不仅减少了污染，还能提高燃油经济性。

二、燃油蒸发排放控制系统的类型

早期的 EVAP 系统是利用节气门后方的真空度，直接驱动活性炭罐中的膜片式通气阀，来控制炭罐通气量，其控制的精度较低，现在已经被电控 EVAP 装置所取代。

电控 EVAP 系统主要由燃油箱、活性炭罐、炭罐清污电磁阀以及连接管路等部件组成，如图 6-1 所示。

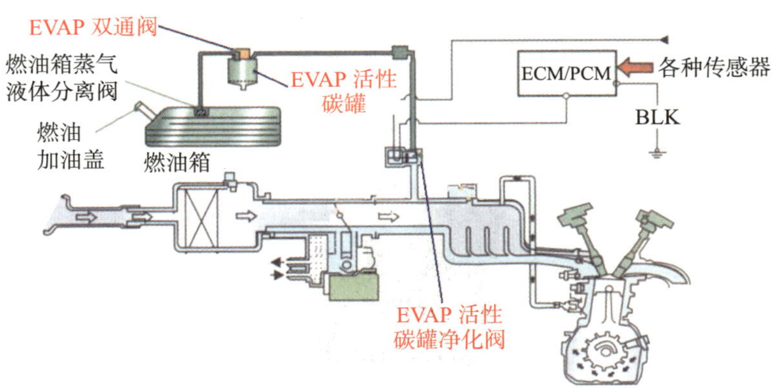

图 6-1　电控 EVAP 系统的组成

导学视频

三、燃油蒸发排放控制系统的组成

1. 活性炭罐

活性炭罐，如图 6-2 所示。

活性炭罐位于燃油箱通风管的末端。炭罐中的活性炭可以吸附燃油蒸气，只让空气流入到大气中。因此，活性炭罐不仅能阻止燃油蒸气向大气中排放，还可以作为油箱减压装置。为了保证活性炭粒具有再生功能，用一根管子将炭罐与进气管连接起来。当发动机工作时，进气管中形成一定的真空度，将活性炭罐中的汽油蒸气连同外界的清洁空气吸入进气管以供燃烧。

有些 EVAP 系统的活性炭罐内还装有通气阀。这是一种膜片阀，它的上部为真空室，其真空度由 ECM 通过炭罐清污电磁阀进行控制。当真空度增大时，膜片向上拱曲，通过主通气口的清洁气体流量增加。

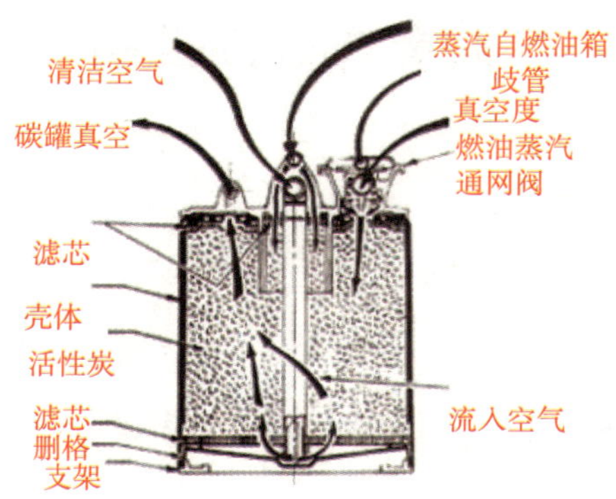

图 6-2　活性碳管组成图

2. 炭罐电磁阀

炭罐电磁阀，如图 6-3 所示。

在炭罐通往进气管的通路中装有炭罐电磁阀，它的作用是控制进入进气管的清洁气体流量。常见的炭罐电磁阀有两种结构型式：三通气口式和两通气口式。三通气口式炭罐清污电磁阀的结构与工作原理与 EGR 电磁阀相似，它根据 ECM 输出的占空比控制脉冲工作，调整炭罐通气阀的开度。

两通气口式炭罐清污电磁阀的结构与工作原理与开关电磁式怠速控制阀相似。使用这种炭罐清污电磁阀的 EVAP 系统中，一般无炭罐通气阀，直接通过炭罐清污电磁阀的开关占空比来控制通气量。

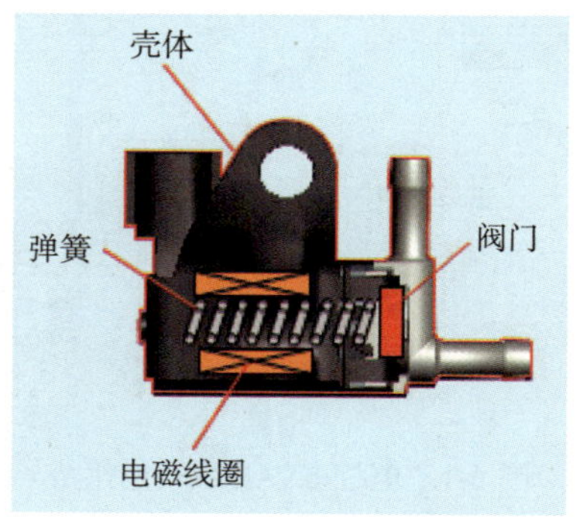

图 6-3　活性碳罐电磁阀

四、燃油蒸发排放控制系统的控制原理

发动机工作时，ECM 根据有关传感器的信号判断发动机工况与状态，并输出相应的控制脉冲，通过控制炭罐清污电磁阀的开关占空比，使清洁气体流量适应发动机运行状况的需要。

通常，当发动机处于停机、启动、暖机以及怠速等工况时，ECM 使炭罐清污电磁阀的阀门处于关闭状态。由于没有空气流通，燃油蒸气暂时储存在活性炭罐内。

当发动机在正常温度下中、高速运转时，ECM 使炭罐清污电磁阀的阀门开启，储存在炭罐内的燃油蒸气被外界空气吹入发动机燃烧。这股清洁气流是成分难以确定的燃油蒸气与空气的混合物，若仅仅由新鲜空气构成则会使混合气稀释 1%，而含有大量汽油蒸气的清洁气流有时可将混合气加浓 30%。为了使空燃比控制不受干扰，ECM 必须能根据发动机工况的不同，对 EVAP 系统的清洁气体流量进行控制。ECM 所参考的传感器信号一般有以下几种：

（1）曲轴传感器的曲轴转速信号。

（2）进气管压力（或空气流量）传感器的发动机负荷信号。

（3）冷却液温度传感器的发动机温度信号。

（4）怠速识别信号（怠速开关接通）。

（5）氧传感器的空燃比反馈信号。

【技能训练】

一、燃油蒸发控制系统性能测试

在燃油蒸汽回收系统（EVAP）装置中，燃油蒸汽回收罐（活性碳罐）用于吸收从燃油箱内蒸发的燃油蒸汽（HC），以防止这些蒸汽进入大气，造成污染。图所示为燃油蒸发回收系统，由活性碳罐电磁阀、单向阀及相应管路组成。

1. 炭罐电磁阀阻值的检测

工作电压，继电器供给 12V 左右，如图 6-4 所示。

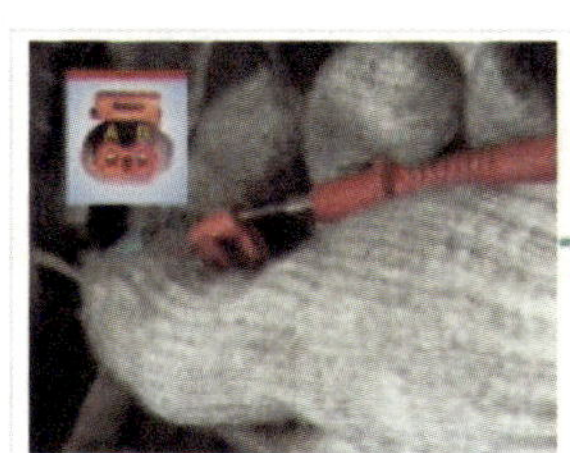
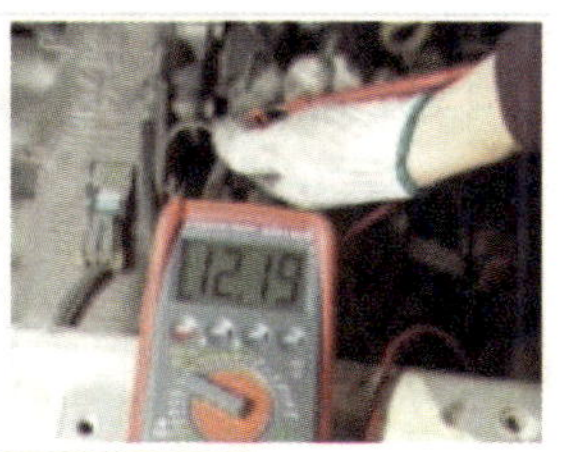

图 6-4　工作电压检测

电磁阀的阻值：20~40Ω，如图 6-5 所示。

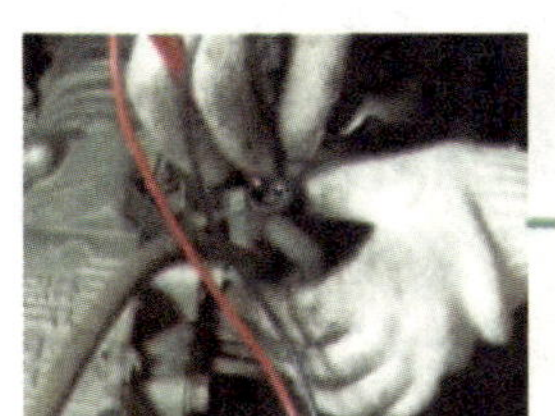

图 6-5　工作电阻检测

2. 炭罐电磁阀控制信号的检测

如图 6-6 所示。可使用示波器；用发光二极管检测，发光二极管在该系统工作条件下闪烁；用解码器的“测试执行元件”功能。

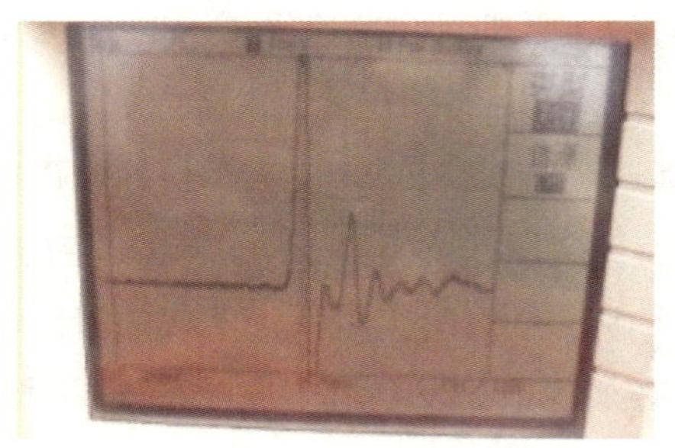

图 6-6　控制信号的检测

3. 检查电磁阀有无泄露

用手动真空抢在电磁阀上施加一真空度，不通电时应保持住先前的真空度，通电后应立即释放真空度。

任务 2　三元催化转换器（TWC）检修

【理论知识】

汽油发动机的排放污染物主要是碳氢化合物（HC）、一氧化碳（CO）和氮氧化合物（NOx）。发动机尾气中的 HC 主要是未燃的燃油蒸气，另外，油箱蒸气和曲轴箱窜气也含有大量的 HC。CO 是混合气不完全燃烧的产物。NOx 是氮气和氧气在高温高压下生成的产物。

一、三元催化转换器作用

三元催化转换器是将汽车尾气中的有害气体 HC、CO、NOx 等通过氧化和还原转换成无害物 H_2O、CO_2 和 N_2，有效地减少排放污染。

三元催化器的作用很大，其价格也非常的昂贵，如果使用不当会造成三元催化器堵塞或损坏。

二、三元催化转换器结构

三元催化转换器安装在排气道中，位于消音器与排气歧管之间，由壳体、减振层和涂有催化剂的载体组成，如图 6-7 所示。

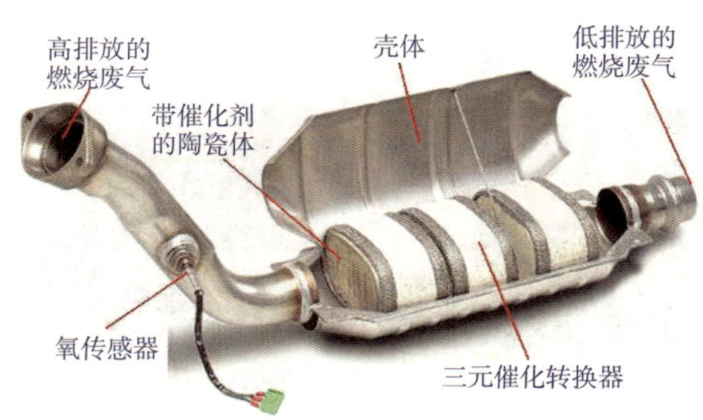

图 6-7　三元催化转换器结构

三、三元催化转换器工作原理

目前车用催化剂载体绝大多数采用蜂窝状陶瓷载体，陶瓷载体每平方英寸有 400~1 200 个孔，这些孔贯通于整个载体。在每个孔的内表面涂有一层非常疏松的 γ-AL_2O_3 涂层，其粗糙多孔的表面可使壁面实际催化反应表面积扩大 7 000 倍左右。在涂层表面散布着贵金属催化剂（铂、铑和钯等）。尾气中的 HC、CO、NOx 以及燃烧剩余的 O_2 在催化剂的作用下，在一定温度条件下（一般为 300~500℃以上）发生氧化 - 还原反应，生成 H_2O 和 N_2。当空燃比为标准的理论空燃比（A/F = 14.7 ：1）时，三元催化转换器转换效率可达 90% 以上，因此装备三元催化转换器的发动机必须采用氧传感器对空燃比进行反馈控制，将空燃比精确控制在 14.7：1 附近。

为了把污染减少到最小程度（CO、HC 和 NOx），“λ 传感器”被装安装到系统中，用于检测尾气排放中的含氧量。当氧传感器输出的信号送给 ECU，ECU 通过计算和对比，用来调整空燃混合比，从而保证催化转换器处于最佳工作状态。

【技能训练】

一、三元催化转换器性能测试

伴随世界各国对排放法规实施日益严格，各种机外净化技术也纷纷产生。其中，三元催化转换器（简称 TWC：three way catalyst converter）的研制成功对于与汽车排放控制技术有了突破性的进展，它可使汽车排放中的 CO、HC 和 NOx 同时降低 90% 以上。目前三元催化转换器技术已经在汽油车上广泛使用。不过，由于三元催化转换器受本身的工作环境十分恶劣以及其转化性能特点的影响，在使用过程中也会有各种不同故障产生。例如，由于三元催化转换器堵塞造成的发动机动力下降、熄火或启动困难及尾气超标等现象，很可能干扰我们的故障判断。除此之外，还会造成严重的后果，例如三元催化转换器中颗粒催化物的熔化，催化转换装装置内部的蜂窝陶瓷状基底因过热而破裂等带来的损失。

1. 三元催化转换器检测前的准备工作

三元催化转换器（TWC）的任务是降低排放中的 CO、HC 和 NOx，但如果车辆的状况很差，例如排出的 CO 值高于 1%，再有效的 TWC 也无能为力。所以在检查 TWC 性能之前，必须首先用尾气分析仪测量汽车尾气中的 CO、HC 和 O_2 的含量，以判断混合气的浓度是否合适，只有合适才能进行 TWC 的性能检测。在测量尾气时，先脱开 TWC 进气口，使发动机运转至正常温度，将测量管插入排气管中至少 400mm，按照怠速法进行测量。（注意：该项测试应该在 3min 内完成）。若测量值不正常应该先检修发动机工作性能，直至数值在规定范围之内。待数值正常后，装复 TWC 进气口，在发动机温度正常时检测 TWC 的工作性能。

2. 三元催化转换器性能的检测方法

（1）简单人工检查

通过人工检查可以从一开始判断 TWC 是否有损坏。用橡皮槌轻轻敲打 TWC，听有无“咔啦”声，并伴随有散碎物体落下。如果有此异响，则说明 TWC 内部催化物质剥落或蜂窝陶瓷载体破碎，必须更换整个转换器。如果没有上述异响，应该检查 TWC 是否堵塞。TWC 芯子堵塞是比较常见的故障，可以用下面两种方法进行。

第一种方法是检测进气歧管真空度法。将废气再循环（EGR）阀上的真空管取下，将管口塞住，避免产生虚假真空泄漏现象。将真空管接到进气歧管上，让发动机缓慢加速到2500r/min。若真空表读数瞬间又回到原有水平（47.5~74.5kPa）并能维持15s，则说明TWC没有堵塞。否则应该怀疑是TWC或排气管堵塞。

第二种方法是检测排气背压法。从二次空气喷射管路上脱开空气泵止回阀的接头，再在二次空气喷射管路中接一个压力表。在发动机转速为2500r/min时观察压力表的读数，此时读数应该小于17.24kPa，如果排气背压大于或等于20.70kPa，则表明排气系统堵塞。若观察TWC、消声器及排气管没有外伤，则可将TWC出口和消声器脱开后观察压力表读数是否有变化。若压力表显示排气背压仍然较高，则为TWC损坏：若压力表显示排气背压陡然下降，则说明堵塞发生在TWC出气口后面的部件。

（2）怠速试验法检查

让发动机怠速运转，使用尾气分析仪测量此时的CO值。当发动机正常工作时候（空燃比为14.7 ：1），这时的CO典型值为0.5%~1%，当使用二次空气喷射和TWC技术可以使怠速时的CO值接近于0，最大不应超过0.3%，否则说明TWC损坏。另外，据经验分析，怠速时候的NOx的排放量也能给我们一些帮助。通常在怠速时候的NOx数值应不高于100ppm，而在稳定的工况下，NOx数值应该不高于1000ppm，在发动机一切正常的情况下，而NOx过高就可以怀疑是TWC故障了。

（3）快怠速试验法测量

让发动机处于快怠速运转状态，并用转速表测量快怠速是否符合规定值。用尾气分析仪测量发动机处于快怠速状态下尾气中的CO和HC含量。如果发动机性能良好，则CO值应该在1.0%以下，HC应该在10ppm以下。若两种数值都超标，则可临时拔下空气泵的出气软管，此时若CO和HC值不变，则可以判定TWC已损坏，若读数上升，而重新接上软管后又下降，则说明燃油喷射系统故障或是点火系统故障。

（4）稳定工况试验法

在完成基本怠速试验后进行该项试验。按照厂家规定接好汽车专用数字式转速表，使发动机缓慢加速，同时应观察尾气分析仪上的CO和HC值，当转速加到2500r/min并稳定后，CO和HC数值应有缓慢下降，并且稳定在低于或接近于怠速时的排放水平，否则怀疑是TWC损坏。这种方法不但能够对TWC是否有故障做出判断，还能有效地综合分析TWC在车辆行驶中的实际效能。这时因为TWC性能评价指标中有一项“空速特性检验”，它表示了受反应气体在催化剂中的停留时间。性能差TWC尽管在低速（如怠速）时表现出较高的转化效率，但是在高空速（如实际行驶）时的转化效率是很低的，因而不能仅凭借怠速工况评价催化剂的活性是否正常。此外，在具体检测中，还需要注意TWC的空燃比特性。TWC在过量空气系数为1的附近时，转换效率最高，实际使用中就需要闭环电子控制燃油供给系统和氧传感器的配合。开环时候由于无法给予精确的空燃比，转换效率仅仅有60%左右，而闭环时平均转换效率可达95%，因此，在对TWC进行怀疑的时候，也应该对电控系统和氧传感器进行相应检测。

（5）红外温度计测量法

这是一种比较简单的测量方法。TWC在实际使用过程中，其出口管道温度比进口管道温度至少高出38℃，在怠速时，其温度也相差10%。但是若出口与入口处的温度没有差别或出口温度低于入口温度，则说明 TWC 没有氧化反应，此时应该检查二次空气喷射泵是否有故障，若没有故障，就说明 TWC 已经损坏。

（6）利用双氧传感器信号电压波形分析

目前，许多发动机燃油反馈控制系统中，都安装两个氧传感器。分别装载 TWC 的反应前、后两端。这种结构在装有 OBD-Ⅱ代系统的汽车上，可以有效地检测 TWC 的性能。OBD-Ⅱ诊断系统改进了 TWC 的随车监视系统，安装在 TWC 后端的氧传感器电压波动要比安装在 TWC 前端的氧传感器电压波动少得多。这是因为运行正常的 TWC 转化 CO 和 HC 时消耗氧气。当 TWC 损坏时，其转换效率基本丧失，使前、后端的氧气值接近，此时氧传感器信号的电压波形和波动范围均趋于一致，因此，需要更换 TWC。

3. TWC 常见故障及原因

三元催化转化器的常见故障有：三元催化转化器性能恶化；三元催化转化器芯子堵塞后排气不畅，产生过高的排气背压，使废气倒流到发动机内。包括如下现象。

（1）炭灰积聚、污染。含铅汽油燃烧后会使三元催化转化器很快受到损害；机油窜入气缸燃烧后机油中的磷和锌等物质也会污染三元催化转化器。

（2）陶瓷芯子破损。热循环的长期作用、外部碰撞和挤压，都有可能使陶瓷芯子破损。

（3）陶瓷芯子熔化。三元催化转化器正常工作时，三元催化转化器内的温度一般可达 500~800℃，出口处温度比进口处温度约高 30~100℃。但是，混合气浓或燃烧不完全时会使排气中的 CO、HC 浓度过高，这将加重三元催化转化器的负担，使温度升高过多，时间长后，会使三元催化转化器的性能恶化，甚至熔化载体。

（4）三元催化转化器上一般还装有排气温度传感器，当温度不定期高时，电控单元会切断二次空气供给，中断催化转化反应。

任务 3　氧传感器检修

【理论知识】

一、氧传感器作用

氧传感器是测定发动机燃烧后的排气中氧是否过剩的信息，即氧气含量，并把氧气含量转换成电压信号传递到发动机计算机，使发动机能够实现以过量空气系数为目标的闭环控制；确保三元催化转化器对排气中的 CO、HC 和 NOx 三种污染物都有最大的转化效率，最大程度地进行排放污染物的转化和净化。

二、氧传感器类型

目前使用的氧传感器有氧化锆式和氧化钛式两种，其中应用最多的是氧化锆式氧传感器。

1. 氧化锆式氧传感器

氧化锆式氧传感器的基本元件是氧化锆陶瓷管（固体电解质），亦称锆管，如图 6-8 所示。锆管固定在带有安装螺纹的固定套中，内外表面均覆盖着一层多孔性的铅膜，其内表面与大气接触，外表面与废气接触。氧传感器的接线端有一个金属护套，其上开有一个用于锆管内腔与大气相通的孔；电线将锆管内表面铂极经绝缘套从此接线端引出。

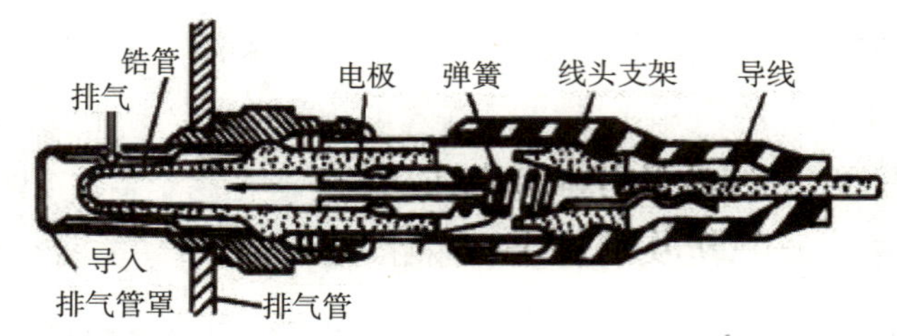

图 6-8 氧化锆式氧传感器

氧化锆在温度超过 300℃后，才能进行正常工作。早期使用的氧传感器靠排气加热，这种传感器必须在发动机启动运转数分钟后才能开始工作，它只有一根接线与 ECU 相连。现在，大部分汽车使用带加热器的氧传感器，这种传感器内有一个电加热元件，可在发动机启动后的 20~30s 内迅速将氧传感器加热至工作温度。它有三根接线，一根接 ECU，另外两根分别接地和电源。也有的是四根线，两根接 ECU，另外两根分别接地和电源。

锆管的陶瓷体是多孔的，渗入其中的氧气，在温度较高时发生电离。由于锆管内外侧氧含量不一致，存在浓差，因而氧离子从大气侧向排气一侧扩散，从而使锆管成为一个微电池，在两铂极间产生电压，如图 6-9 所示。当混合气的实际空燃比小于理论空燃比，即发动机以较浓的混合气运转时，排气中氧含量少，但 CO、HC 等较多。这些气体在锆管外表面的铂催化作用下与氧发生反应，将耗尽排气中残余的氧，使锆管外表面氧气浓度变为零，这就使得锆管内、外侧氧浓差加大，两铂极间电压陡增。因此，锆管氧传感器产生的电压将在理论空燃比时发生突变：稀混合气时，输出电压几乎为零；浓混合气时，输出电压接近 1V。

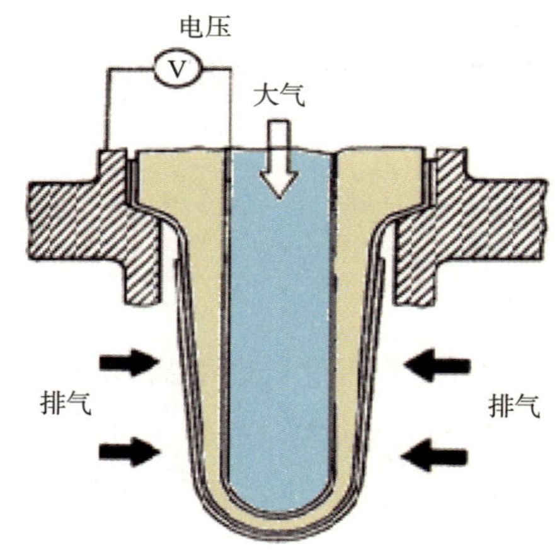

图 6-9 氧传感器工作原理

要准确地保持混合气浓度为理论空燃比是不可能的。实际上的反馈控制只能使混合气在理论空燃比附近一个狭小的范围内波动，故氧传感器的输出电压在 0.1~0.8V 之间不断变化（通常每 10s 内变化 8 次以上）。如果氧传感器输出电压变化过缓（每 10s 少于 8 次）或电压保持不变（不论保持在高电位或低电位），则表明氧传感器有故障，须检修。

2. 氧化钛式氧传感器

氧化钛式氧传感器是利用二氧化钛材料的电阻值随排气中氧含量的变化而变化的特性制成的，故又称电阻型氧传感器。二氧化钛式氧传感器的外形和氧化锆式氧传感器相似，在传感器前端的护罩内是一个二氧化钛厚膜元件，如图 6-10 所示。纯二氧化钛在常温下是一种高电阻的半导体，但表面一旦缺氧，其晶格便出现缺陷，电阻随之减小。由于二氧化钛的电阻也随温度不同而变化，因此，在二氧化钛式氧传感器内部也有一个电加热器，以保持氧化钛式氧传感器在发动机工作过程中的温度恒定不变。

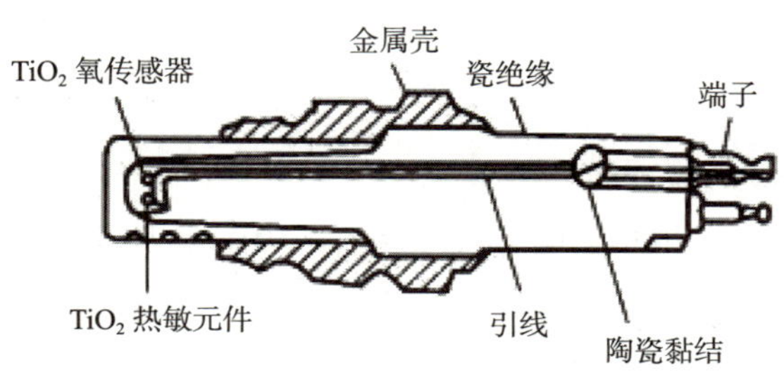

图 6-10　二氧化钛式氧气传感器

如图 6-11 所示，ECU 2# 端子将一个恒定的 1V 电压加在氧化钛式氧传感器的一端上，传感器的另一端与 ECU4# 端子相接。当排出的废气中氧浓度随发动机混合气浓度变化而变化时，氧传感器的电阻随之改变，ECU4# 端子上的电压降也随着变化。当 4# 端子上的电压高于参考电压时，ECU 判定混合气过浓；当 4# 端子上的电压低于参考电压时，ECU 判定混合气过稀。通过 ECU 的反馈控制，可保持混合气的浓度在理论空燃比附近。在实际的反馈控制过程中，二氧化钛式氧传感器与 ECU 连接的 4# 端子上的电压也是在 0.1~0.9V 之间不断变化，这一点与氧化锆式氧传感器是相似的。

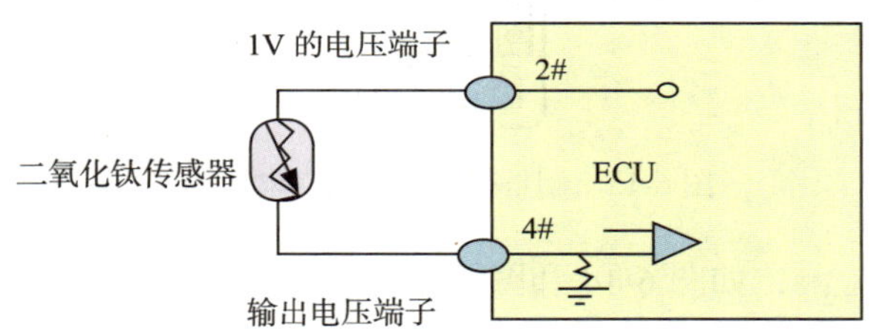

图 6-11　二氧化钛式氧传感器工作原理

三、氧传感器结构原理

三元催化转化器安装在排气管的中段，它能净化排气中 CO、HC 和 NOx 三种主要的有害成分，但只在混合气的空燃比处于接近理论空燃比的一个窄小范围内，三效催化转化器才能有效地起到净化作用。故在排气管中插入氧传感器，借检测废气中的氧浓度测定空燃比。并将其转换成电压信号或电阻信号，反馈给 ECU。ECU 控制空燃比收敛于理论值。

【技能训练】

一、氧传感器的检测

氧传感器的基本电路，如图 6-12 所示。

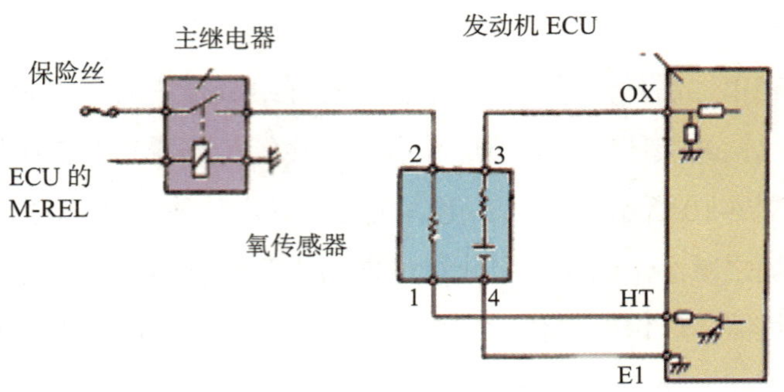

图 6-12　氧传感器的基本电路

1. 氧传感器加热器电阻的检测

点火开关置于“OFF”，拔下氧传感器的导线连接器，用万用表 Ω 挡测量氧传感器接线端中加热器端子与自搭铁端子 1 和 2 间的电阻（图 6-13），其电阻值应符合标准值（一般为 4-40Ω；具体数值参见具体车型说明书）。如不符合标准，应更换氧传感器。测量后，接好氧传感器线束连接器，以便做进一步的检测。

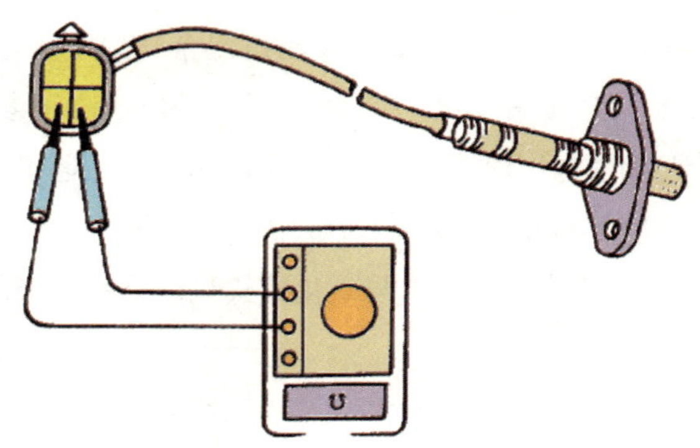

图 6-13　测量氧传感器加热器电阻

2. 氧传感器反馈电压的检测，如图 6-14 和图 6-15 所示。

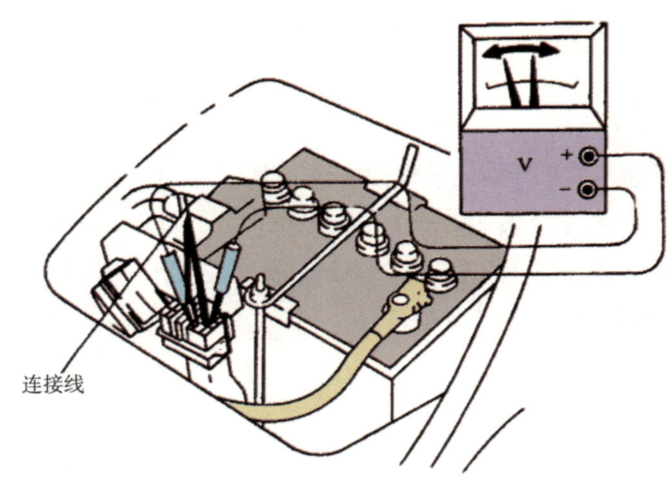

图 6-14　测量反馈电压

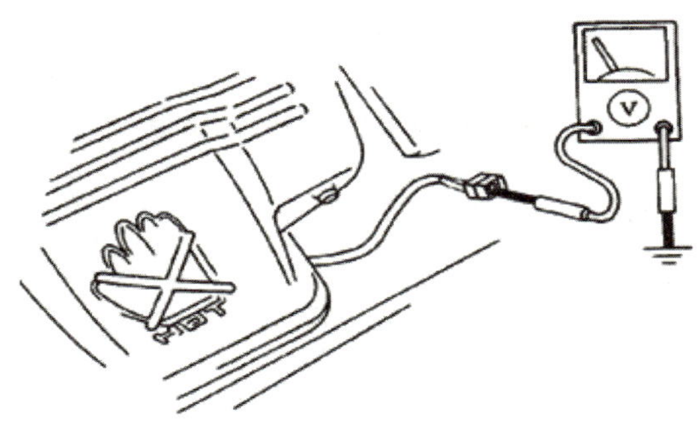

图 6-15 拔掉线束插头后测量反馈电压

测量氧传感器反馈电压时，应先拔下氧传感器线束连接器插头，对照被测车型的电路图，从氧传感器反馈电压输出端引出一条细导线，然后插好连接器，在发动机运转时从引出线上测量反馈电压。有些车型也可以从故障诊断插座内测得氧传感器的反馈电压，如丰田汽车公司生产的小轿车，可从故障诊断插座内的 OX1 或 OX2 插孔内直接测得氧传感器反馈电压（丰田 V 型六缸发动机两侧排气管上各有一个氧传感器，分别和故障检测插座内的 OX1 和 OX2 插孔连接）。

在对氧传感器的反馈电压进行检测时，最好使用指针型的电压表，以便直观地反映出反馈电压的变化情况。此外，电压表应是低量程（通常为 2V）和高阻抗（阻抗太低会损坏氧传感器）。

二、丰田 V 型六缸发动机氧传感器反馈电压的检测

（1）将发动机热车至正常工作温度（或启动后以 2500r/min 的转速连续运转 2min）。

（2）把电压表的负极测笔接故障诊断插座内的 E1 插孔或蓄电池负极，正极测笔接故障检测插座内的 OX1 或 OX2 插孔或接氧传感器线束插头上的引出线，见图 6-16。

（3）让发动机以 2500r/min 左右的转速保持运转，同时检查电压表指针能否在 0~1V 之间来回摆动，记下 10s 内电压表指针摆动次数。在正常情况下，随着反馈控制的进行，氧传感器的反馈电压将在 0.4V 上下不断变化，10s 内反馈电压的变化次数应不少于 8 次。

（4）若电压表指针在 10s内的摆动次数等于或多于 8 次，则说明氧传感器及反馈控制系统工作正常；电压表指针若在 10s 内的摆动次数少于 8 次，则说明氧传感器或反馈控制系统工作不正常，可能是氧传感器表面有积炭而使灵敏度降低，此时应让发动机以 2500r/min 的转速运转约 2min，以清除氧传感器表面的积炭；若电压表指针变化依旧缓慢，则为氧传感器损坏或 ECU 反馈控制电路有故障。

氧传感器是否损坏，可按下述方法检查：拔下氧传感器的线束插头，使氧传感器不再与 ECU 连接，将电压表的正极测笔直接与氧传感器反馈电压输出端连接（图 6-12）然后，发动机正常运转时脱开接在进气管上的曲轴箱强制通风管或其他真空软管，人为地形成稀混合气，此时电压表读数应下降到 0.1~0.3V；接上脱开的曲轴箱通风管或真空软管，再拔下水温传感器接头，且用一个 4~8kΩ 的电阻代替水温传感器（或堵住空气滤清器的进气口），人为地形成浓混合气，此时，电压表读数应上升到 0.8~1V。也可以用突然踩下或松开油门踏板的方法来改变混合气浓度。在突然踩下油门踏板时，混合气变浓，反馈电压应上升；突然松开油门踏板时，混合气变稀，反馈电压应下降。

如果在混合气浓度变化时，氧传感器输出电压不能相应地改变，说明氧传感器有故障。此时可拆去一根大真空软管，使发动机高速运转，以清除氧传感器上的铅或积炭，然后再测试。如果氧传感器反馈

电压能按上述规律变化，说明氧传感器良好。否则，须更换氧传感器。

三、丰田 COROLLA 车 4A–C、4A–GE 和 4A–FE 发动机氧传感器的检测

（1）将发动机在 2500r/min 的转速下运转 90s 以上，使发动机热车至正常工作温度，并将电压表的正极测笔和 4A-C 发动机的故障诊断插座的 OX 插孔（4A-GE 发动机故障诊断插座的 E1 插孔）连接，负极测笔和 E（4A-GE 发动机故障诊断插座的 VF 插孔）连接，如图 6-12 所示。

（2）对 4A-C 发动机，应在保持发动机转速为 2500r/min 时检测，电压表指针若在 10s 内和 0~6V 范围内摆动 8 次以上，则氧传感器工作正常。否则，应仔细地检查系统的导线和接头。

（3）对 4A-GE发动机，在保持发动机 2500r/min的同时，用导线跨接故障诊断插座上的T和E1 插孔，然后用电压表测量。如果电压表指针在 10s 内摆动次数等于或超过 8 次，则表示氧传感器工作正常；如果电压表指针摆动次数少于 8 次，但在 0 次以上，则应拆下连接 T 和 E1 的导线，在仍保持 2500r/min 转速的情况下，读取 E1 和 VF 之间的电压。此电压如果在 0V 以上，则更换氧传感器；如果电压为零，则从发动机故障指示灯上读取故障代码，然后根据故障代码进一步检查并视需要修理有关组件。

（4）对 4A-FE 发动机（如图 6-16 所示），只能使用 10MΩ 的数字式电压表，用其他型式的电压表可能会损坏 ECU 或其他组件。其检测方法如下：

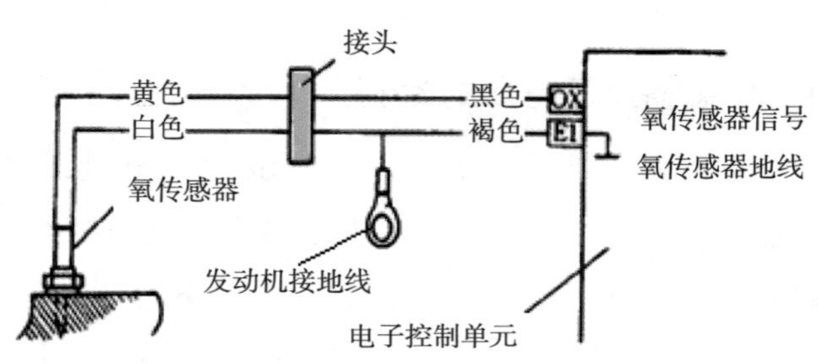

图 6-16 4A-FE 发动机氧传感器线路

从传感器起，顺着导线找到第一个接头，并清洁导线以便识别导线的颜色（如图 6-13 所示）。发动机以 1200r/min 的转速运转 2min 以上，并保持这一转速；将电压表的正极测笔插入黑色导线接头的背面，电压表的负极测笔接地，此时，电压表读数应在 0~1V 之间，如果电压不在 0~1V 范围内，则脱开氧传感器接头，用一根跨接导线将黑色导线和地线连接起来，再用电压表测量，读数应小于 0.2V。如果此电压等于或小于 0.2V，则是传感器或传感器的连接有故障；如果测试的电压在 0.2V 以上，则拆去跨接导线，并将发动机熄火，随后把点火开关转到“ON”位而不启动发动机，重新检查黑色导线的电压，此电压若为 0.3~0.6V，则表明电子控制单元 ECU 损坏；电压若超过 0.6V，则可能是电子控制单元故障、连接不良或褐色导线内断路；电压小于 0.6V，则可能是电子控制单元故障、连接不良或黑色导线内断路。

四、氧传感器工作状态

氧传感器工作状态参数表示由发动机排气管上的氧传感器所测得的排气的浓稀情况。有些采用双排气管的发动机，将这一参数显示为左氧传感器和右氧传感器工作状态两种参数。排气中氧气含量取决于进气中混合气的空燃比。氧传感器是测量发动机混合气浓稀状态的主要传感器。氧传感器必须被加热到

300℃以上，才能向发动机电控单元提供正确的信号；而发动机电控单元必须处于闭环控制状态，才能对氧传感器的信号做出反应。

氧传感器工作状态参数的类型依车型而异，有些车型以状态参数的形式显示出来，其变化为浓或稀；也有些车型以数值参数的形式显示出来，其数字单位为 mV。浓或稀表示排气的总体状态，数值表示氧传感器的输出电压。该参数在发动机热车后以中速（1500~2000r/min）运转时，呈现浓稀的交替变化或输出电压在 100~900mV 之间来回变化，每 10s 内的变化次数应大于 8 次（0.8Hz）。若该参数变化缓慢、不变化或数值异常，则说明氧传感器或反馈控制系统有故障。

氧传感器工作电压过低，一直显示在 0.3V 以下，其主要原因如下：

（1）喷油器泄漏。

（2）燃油压力过高。

（3）活性炭罐的电磁阀常开。

（4）空气流量传感器有故障。

（5）氧传感器加热故障或氧传感器脏污。

氧传感器工作电压过高，一直显示在 0.6V 以上，其主要原因如下：

（1）喷油器堵塞。

（2）燃油压力过低。

（3）空气流量传感器与节气门之间有未计量的空气进入。

（4）空气流量传感器有故障。

（5）在排气歧管垫片处有未计量的空气进入。

（6）氧传感器加热故障或氧传感器脏污。

氧传感器工作电压不正常可能引起的故障主要有：加速不良、车辆发冲、发动机冒黑烟、发动机有时熄火等。

五、反馈状态

反馈状态开环或闭环是一个状态参数，它表示发动机电控单元的控制方式是开环还是闭环。在发动机冷车运转中，应显示为开环；当发动机达到正常的工作温度后，发动机电控单元对氧传感器的信号有反应时，应显示为闭环状态。

有些故障（通常会显示出故障代码）会使发动机电控单元回到开环控制状态。此外，有些车型在怠速运转一段时间后，也会回到开环状态，这常常是因为氧传感器在怠速时温度太低所致。对此，可踩下加速踏板，让发动机以快怠速运转来加热氧传感器。如果该参数一直显示为开环状态，快怠速运转后仍不能回到闭环状态，说明氧传感器或发动机电控系统有故障。

为了保证发动机具有良好的工作性能，混合气的空燃比不是在发动机所有工况下都进行反馈控制。在下述情况下，发动机电控单元对空燃比将不进行反馈控制，而是进行开环控制。

（1）发动机启动工况。此时需要浓混合气，以便提高转速。

（2）发动机启动后暖机工况。此时发动机温度低于正常工作温度，需要迅速升温。

（3）发动机大负荷（节气门全开）工况。此时需要加浓混合气，使发动机输出最大功率。

（4）加速工况。此时需要发动机输出最大转矩，以便提高汽车车速。

（5）减速工况。此时需要停止喷油，使发动机转速迅速降低。

（6）氧传感器温度低于正常工作温度。氧化锆式氧传感器的温度低于 300℃，氧化钛式氢传感器的温度低于 600℃，氧传感器不能正常输出电压信号。

（7）氧传感器输入发动机电控单元的信号电压持续 10s 以上保持不变，说明氧传感器失效，系统自动进入开环控制状态。

任务 4　废气再循环控制系统检修

【理论知识】

一、废气再循环控制系统作用

废气再循环控制系统的英文缩写为 EGR。EGR 控制系统的引入可以增加混合气的热容量，降低燃烧的最高温度，抑制 NOx 的生成，从而可改善排放性能。但是发动机工作期间，有一些工况下随着 EGR 增加将使发动机燃烧变得不稳定，缺火现象严重，油耗增加，HC 的排量增多，这时应减少或停止 EGR。在发动机集中控制系统中，电控单元根据发动机工况的变化，可自动调节废气回流量，实现 EGR 控制。

EGR 控制系统是将适当的废气重新引入气缸参加燃烧，从而降低气缸的最高温度，以减少 NO_x 的排放量。

二、废气再循环控制系统组成

1. 电控 EGR 系统的组成（如图 6-17 所示）

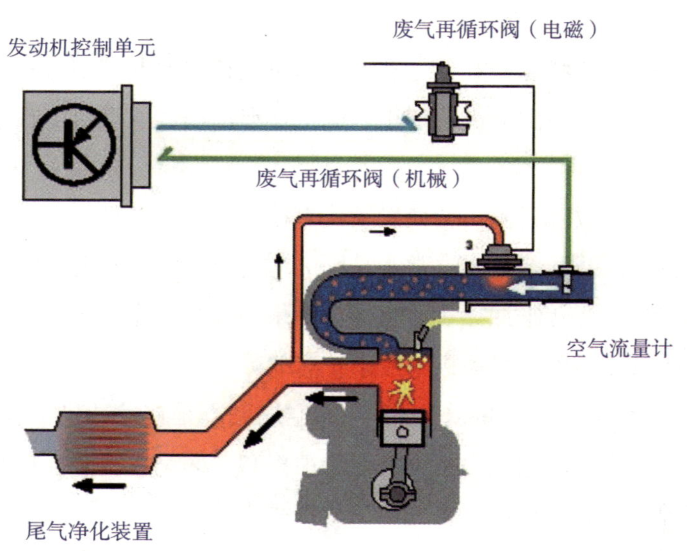

图 6-17　电控 EGR 系统的组成

2. 电控废气再循环的有关传感器信号及其作用

（1）曲轴转速传感器

提供曲轴转速信号，是 ECM 计算 EGR 率的重要参数之一。

（2）空气流量计或进气歧管绝对压力传感器

提供发动机负荷信息，是 ECM 确定 EGR 率的另一重要参数。

（3）发动机冷却液温度传感器

向 ECM 提供发动机温度信号，以确定再循环废气量。

（4）节气门位置传感器

向 ECM 提供节气门开度的信号。当发动机处于怠速工况时，ECM 输出控制信号，不进行废气再循环。

（5）点火启动开关

点火启动开关提供启动信号。在发动机启动时，ECM 输出控制信号，不进行废气再循环。

3. EGR 执行机构

（1）EGR 阀

EGR 阀膜片的一边（下部）通大气，装有弹簧的另一边为真空室，其真空度由 EGR 电磁阀控制。当真空度增大时，膜片克服弹簧力上拱，EGR 阀的开度就增大，EGR 流量也就增大。当真空度减小时，膜片在弹簧力的作用下向下拱而使阀关闭，阻断废气再循环。EGR 阀开度传感器一般为电位计，其滑动部分与 EGR 阀的膜片相连接，EGR 阀开度变化时，通过膜片带动测量杆移动，使电位计输出相应的电信号。

（2）EGR 电磁阀

EGR 电磁阀有三个通气口。当EGR 电磁阀线圈不通电时，弹簧将阀体向上压紧，通大气口被关闭，进气歧管与 EGR 阀真空室相通；当线圈通电时，产生的电磁力使阀体下移，将通进气歧管的真空通道关闭，而上端的通大气阀口打开，于是就使 EGR 阀的真空室与大气相通。

4. EGR 系统控制原理

在 ECM 的存储器中存储有各种工况下的最佳 EGR 流量值，通常以 EGR 电磁阀占空比参数的方式储存。发动机工作时，ECM 根据各传感器信号，查找出相应工况下的电磁阀占空比值，并输出相应的占空比脉冲信号至 EGR 电磁阀。

EGR 电磁阀在 ECM 的占空比控制信号下动作，使 EGR 阀真空室的真空度发生变化，来调节 EGR 阀的开度，以实现最佳的 EGR 率的控制。

当需要增大 EGR 流量时，ECM 输出信号的占空比减小，EGR 电磁阀的通电时间减小，EGR 阀真空室通进气歧管的时间增大，其真空度增大而使阀开度增大，使废气再循环流量相应增大。当 ECM 输出占空比为 0 的信号（持续低电平）时，EGR 电磁阀断电。这时，EGR 阀真空室与进气歧管持续相通，其真空度达到最大（直接取决于进气歧管的真空度），阀的开度最大，废气的再循环流量也达到最大。

当不需要废气再循环时，ECM 输出占空比为 100 %的信号（持续高电平），使 EGR 电磁阀常通电，EGR 阀真空室与大气常通，阀关闭，阻断了废气再循环。在下列条件下，为提高发动机动力性和燃油经济性，EGR 阀处于关闭状态：

（1）启动时。

（2）怠速时。

（3）发动机高速运转（例如转速超过 6300r / min ）时。

（4）大负荷运行（例如节气门开度超过 70° ）时。

（5）冷却液温度在 55 ℃ 以下或者 110 ℃ 以上时。

（6）蓄电池电压低于 10V 时。

（7）空气流量计或其他传感器发生故障时。

有些系统通过 EGR 阀开度传感器反馈 EGR 阀的开度信息，相应地在 ECM 中存储的是各工况下的 EGR 阀开度参数。发动机工作时，ECM 根据各传感器信号查找出最佳的 EGR 阀开度，并与当前 EGR 阀开度比较。如果不相等，ECM 将调整占空比控制脉冲，将 EGR 阀的开度调整至最佳状态。

三、废气再循环控制系统工作原理

废气再循环（EGR）就是将废气中的一部分引入燃烧室中，参与燃烧过程。由于废气的主要成分是惰性气体（CO_2、H_2O、N_2 等），它们具有较高的比热容，废气与新鲜混合气混合后，热容量增大，可降低最高的燃烧温度，同时再循环的废气对新鲜混合气的稀释，也相应的降低了氧的浓度，从而使 NOx 在燃烧过程中的生成量受到抑制。

废气再循环量的多少可用 EGR 率表示，它是指再循环的废气量在进入气缸内的气体中所占的比率，即 EGR 率 =[EGR 量 /（进气量 +EGR 量）] × 100%

四、废气再循环控制（EGR）系统分类

1. 普通电子式 EGR 控制系统（如图 6–18 所示）

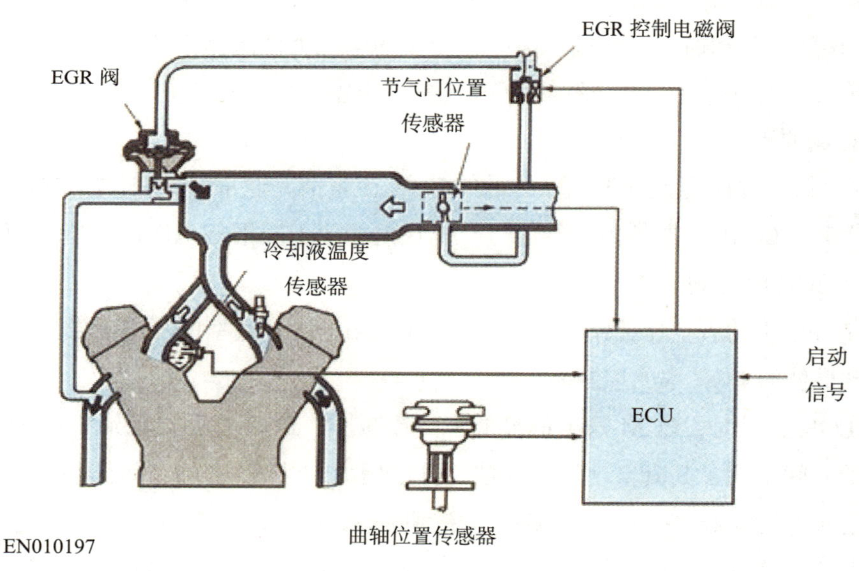

图 6-18 普通电子式 EGR

2. 可变 EGR 率废气再循环控制系统

ECU 根据传感器信号确定 EGR 率，确定 EGR 电磁阀中脉冲信号的占空比，占空比越大，EGR 电磁阀打大时间越长，EGR 阀真空度越大，EGR 开度大，EGR 率大；反之，EGR 电磁阀中脉冲信号占空比越小，EGR 率越小，如图 6-19 所示。

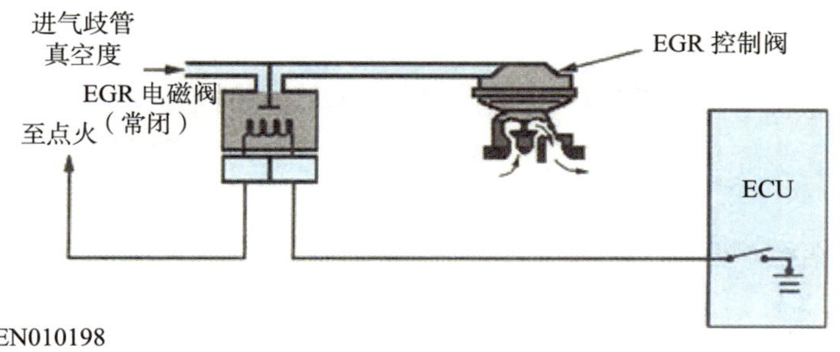

图 6-19　可变 EGR 率废气再循环控制系统

3. 带压力反馈电子（PFE）传感器的废气再循环控制系统

ECU 根据传感器信号确定目标废气循环量，再根据压力反馈电子传感器检测实际废气再循环量，比较、修正 EGR 电磁阀脉冲信号的占空比，如图 6-20 所示。

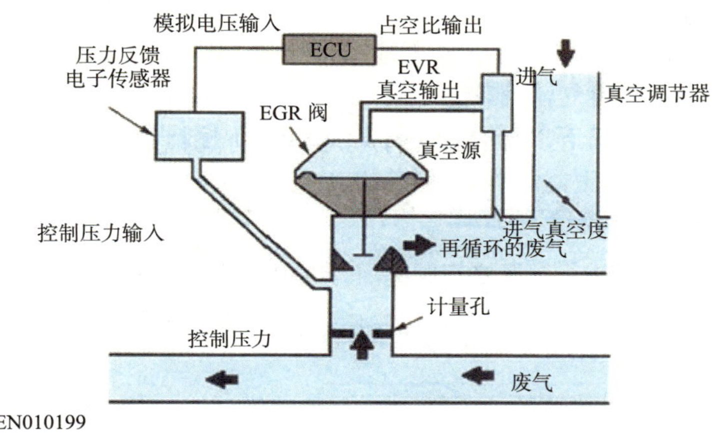

图 6-20　带压力反馈电子的废气再循环控制系统

4. 带压差反馈电子（DPFE）传感器的废气再循环控制系统

差压反馈电子传感器有两个压力输入口，检测废气压力和再循环废气压力的差值，确定废气循环量，比 PFE 更精确，如图 6-21 所示。

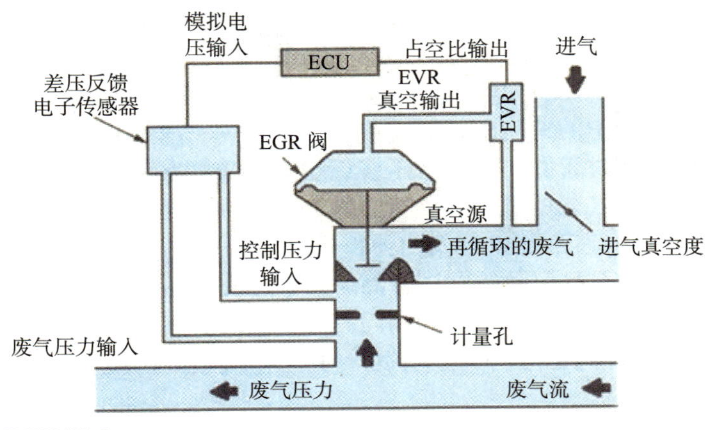

图 6-21　带压差反馈电子的废气再循环控制系统

5. 带 EGR 位置传感器的废气再循环控制系统

EGR 阀位置传感器检测 EGR 阀的实际位置，与 ECU 确定的目标位置比较，修正 EGR 电磁阀的控制信号，如图 6-22 所示。

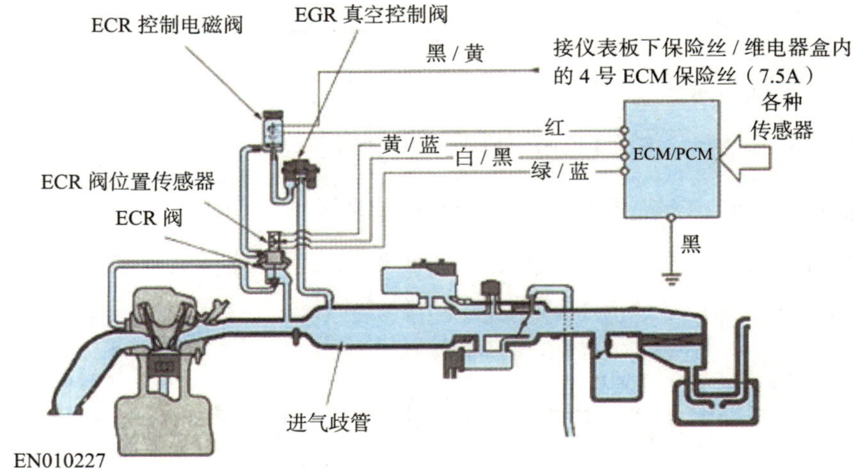

图 6-22　带 EGR 位置传感器的废气再循环控制系统

6. 装有背压修正阀的 EGR 系统

发动机负荷小，排气背压小，背压修正阀关闭，EGR 阀关闭；发动机负荷大，排气背压大，背压修正阀打开，EGR 阀打开；ECU 通过 EGR 电磁阀控制 EGR 率，如图 6-23 所示。

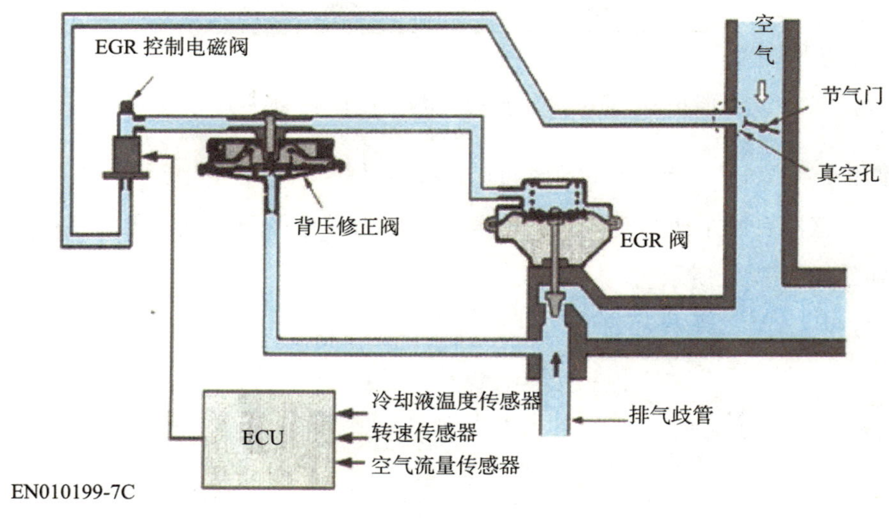

图 6-23　带背压修正阀的 EGR 系统

【技能训练】

一、废气再循环的性能测试

1. 测试废气再控制系统和阀门

在运行状况下检查 EGR 控制系统和阀门的顺序如下：

（1）启动发动机，运转至正常工作温度；

（2）发动机在空挡怠速下很快加速至大约 2000r/min，但不超过 3000r/min。

（3）观察 EGR 阀杆，应能看见阀杆运动（可由 EGR 阀杆上槽的相对位置的改变看出来）；

（4）重复上述过程几次，以确认杆的运动。如果阀杆运动，表明系统工作正常，否则须按不同故障现象做相应的诊断维修。

2. 在系统测试中，EGR 阀杆不运动

产生原因：

（1）软管裂纹、泄漏、脱接或堵塞；

（2）EGR 阀失效，膜片穿通或阀杆黏结。

处理方法：

（1）检查各软管连接是否正常，有无泄漏或堵塞，发现有问题的软管，应更换；

（2）拨去 EGR 阀上的软管，接入外真空源，并向阀膜片施加 35kPa 左右的真空。若阀不运动，则更换此阀；若阀开启约 3mm 的行程，则握住供气软管，检查膜片是否泄漏，阀应持续开启 30s 或更长时间，否则须更换此阀。

3. 在系统测试中，EGR 阀杆不运动，用外真空源驱动，工作正常

产生原因：

（1）冷却液控制的废气再循环（CCEGR）阀失效；

（2）控制系统故障——气道堵塞；

（3）真空控制单元（放大器）失效；

4. 发动机无怠速（怠速熄火、怠速非常粗暴或缓慢）

产生原因：

（1）控制系统有故障 --EGR 阀开启；

（2）EGR 阀在闭合位置严重泄漏。

处理方法：

（1）脱开 EGR 阀的软管并将其塞住，重测怠速，如果怠速很正常，更换真空控制单元（放大器）；

（2）如果摘除的真空软管不正确，卸下 EGR 阀检查，保证提升阀落座严密。如有必要，清除阀上沉积物；如发现阀已损坏，应更换。

5. 节流阀全开性能差

其原因为真空控制单元失效。处理方法：脱开 EGR 阀软管并将其堵塞，做车辆道路测试，如果性能恢复，则更换真空控制单元。

6. 在环境温度低于 13℃时，汽车表现出很差的驱动性和阻风负荷特性

其原因是 CCEGR 阀泄漏。须做泄漏试验，如有必要，更换 CCEGR 阀。

7. 在环境温度低于 13℃时，恒温器打开前，车辆怠速粗暴，或在稳定转速驱动后返回怠速时即失速

原因是 CCEGR 阀泄漏。需做泄漏试验，如有必要，更换 CCEGR 阀。

8. 启动后，发动机开始运转，返回怠速时失速

原因为真空软管与 EGR 延迟电磁线圈的连接方式不当，应采用合适的软管，并按线路图正确连接。

9. 汽车经 1~3h 降温后驶离时，车辆跳动、喘振或失速

原因为 EGR 延迟系统损坏，应测试延迟系统。若工作正常，更换合适的零部件。

（二）测试 EGR 阀和气道

如果控制系统工作正常，则应测试 EGR 阀和气道。

（1）把一只转速表接到发动机上；

（2）启动发动机并运转至正常工作温度；

（3）脱开通往 EGR 阀的真空软管，在其接头处插入手动真空泵软管；

（4）发动机置于空挡怠速下向 EGR 阀施加 4KPa 左右的真空信号；

（5）观察发动机转速表读数：如果随着真空信号的施加，怠速转速下降 150r/min 或更多，说明 EGR 阀正在工作；如果转速不发生变化或下降量低于规定的最小值，说明有废物沉积在 EGR 阀和进气歧管气道上，须卸下 EGR 阀，检查、清洁其气道及进气歧管的气道。

（三）EGR 阀的维修

如果诊断出 EGR 阀有过量的沉积物，需从发动机上卸下此阀，检查提升阀及安置部位的状况。如果沉积物已超过一层薄膜，可用如下方法清洗。

（1）向提升阀及安置部位加适量的歧管热控阀溶剂，加溶剂时要极其小心，以免泼洒到膜片上损坏膜片；

（2）等待约 30min，让溶剂充分软化沉积物；将手动真空泵软管连接膜片接头，施加足够的真空度使提升阀全开，不要推动膜片开启阀门，只能利用其真空源；

（3）用一个有利刃的工具细心刮去提升阀及座上已软化变松的沉积物，如果清洁阀门后发现阀杆，说明阀与座有过量磨损，须更换 EGR 阀总成；

（4）在发动机上安放新垫片，更换 EGR 阀，然后用 14Nm 左右的扭矩拧紧安装螺栓；

（5）连接通往阀的真空管路，按前述方法测试系统。

任务 5　二次空气喷射控制系统检修

【理论知识】

一、二次空气喷射系统作用

在一定工况下，将新鲜空气送入排气管，促使废气中的一氧化碳和碳氢化合物进一步氧化，从而降低一氧化碳和 HC 的排放量，同时加快三元催化转换器的升温。

二、二次空气喷射系统结构组成

二次空气喷射系统也常被称为补燃系统或后燃系统。其原因是可燃混合气在气缸内进行第一次燃烧后，其中那些未完全燃烧的部分由于人为地引入新鲜空气而使其在排气过程中进行了补燃，因而经消声器排入大气时的尾气很少有或者完全没有火星。而排气内有火星是在有可燃气体存在的情况下引发火灾的一大原因。因此，二次空气喷射系统也是防止内燃机尾气引起火灾的一项重要技术和设施。

二次空气喷射系统由二次空气泵、组合阀、二次空阀、二次空气继电器等组成，如图 6-24 所示。

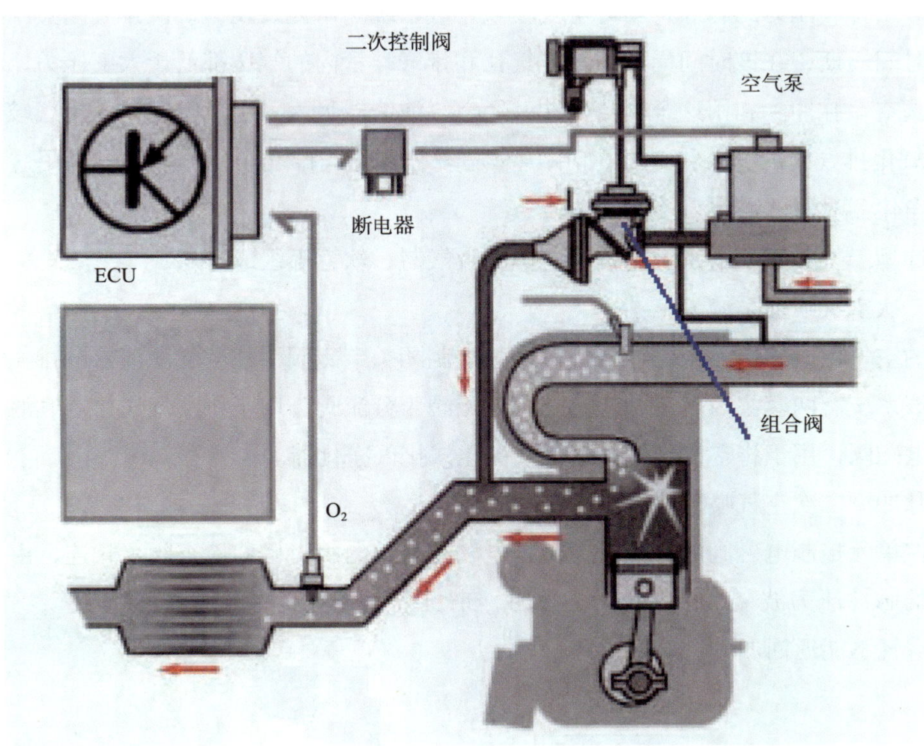

图 6-24　二次空气喷射系统组成

三、二次空气喷射系统工作原理

1. 按其空气喷入的部位可分为两类

（1）新鲜空气被喷入排气歧管的基部，即排气歧管与气缸体相连接的部位，因此，排气中的 HC、CO 只能从排气歧管开始被氧化。

（2）新鲜空气通过气缸盖上的专设管道喷入排气门后气缸盖内的排气通道内，排气中 HC、CO 的氧化便早进行。二次空气喷射系统按照结构和工作原理的不同可以分为空气泵型和吸气器型两种结构类型。

2. 按控制形式不同的分类

（1）空气泵型二次空气喷射系统。

空气泵型二次空气喷射系统主要由空气泵、分流阀、连接管道、空气喷射歧管等组成。

工作原理是：当发动机工作时，通过曲轴传动带带动空气泵运转，泵送量大而压力较低的空气流通过软管进入分流阀。正常情况下，分流阀上阀门开启，空气流经分流阀、单向阀进入空气喷射歧管。

空气喷射歧管将空气流喷入发动机排气孔或排气歧管，与排气中的 HC、CO 反应，使其进一步转化成 CO_2 和水蒸气，以减少排气污染。一旦空气泵泵送的空气压力太高，释压阀起作用，瞬间切断向空气喷射歧管供应的空气，防止发动机产生回火，经过几秒后，双向作用阀下落，又恢复向空气喷射歧管供应空气，二次空气喷射系统正常工作。

（2）脉冲型二次空气喷射系统

脉冲型二次空气喷射系统也称吸气器型二次空气喷射系统。该系统不是应用空气泵泵送空气进入喷射歧管，而是应用排气压力的脉冲将新鲜空气吸入排气系统。研究发现，每次排气门关闭时，都会有这么一个很短的时间周期，在该时间周期内，排气孔和排气歧管内的气压都低于大气压力，也就是说产生了一个负压（真空）脉冲。利用这个真空脉冲，经空气滤清器吸入一定量空气进入排气歧管，用这部分空气中的氧去氧化排气中的 HC 和 CO。如果该车还装有催化式排气净化器，也可以用这部分空气去供应催化式排气净化器对氧的需要。

常见的脉冲型二次空气喷射系统由钢管、单向吸气器、软管等组成。

（3）电控二次空气喷射系统

该系统中的空气由电控单元根据输入信号通过控制相关电磁阀引往空气滤清器、排气管及催化式排气净化器中。该系统有两套主控电磁阀，第一套电磁阀为分流阀，用于将空气送往空气滤清器；第二套电磁阀为开关电磁阀，用于将空气送往排气管或催化式排气净化器。

（4）电控脉冲型二次空气喷射系统

系统由电控单元控制电磁阀的打开及关闭，电磁阀与单向阀（也称检查阀）相连，由于排气中的压力是正负交替的脉冲压力波，当排气压力为负时，来自空气滤清器的空气进入排气管；当压力为正时，单向阀关闭，空气不能返回。

【技能训练】

一、奥迪发动机二次喷射控制系统认知

奥迪发动机由于在冷启动及预热阶段混合气浓度较高，所以在这段时间内，废气中未燃烧的碳氢化合物成分所占的比例就较高。催化净化器无法处理这么多的碳氢化合物，其原因如下：

（1）未达到催化净化器的正常工作温度；

（2）要想完全转换，必须得有氧传感器的混合气状态信息。

通过二次喷射将空气送入到排气门的后部，就可以增加废气中氧气的浓度，于是碳氢化合物和一氧化碳就会再次氧化（再次燃烧）。这个燃烧过程又帮助加热了催化净化器，使得催化净化器更快地达到工作温度。

1. 组成

奥迪发动机二次空气系统主要由以下部件组成：二次空气泵 V101、两个组合阀、二次空气进气阀 N112，如图 6-25 所示。

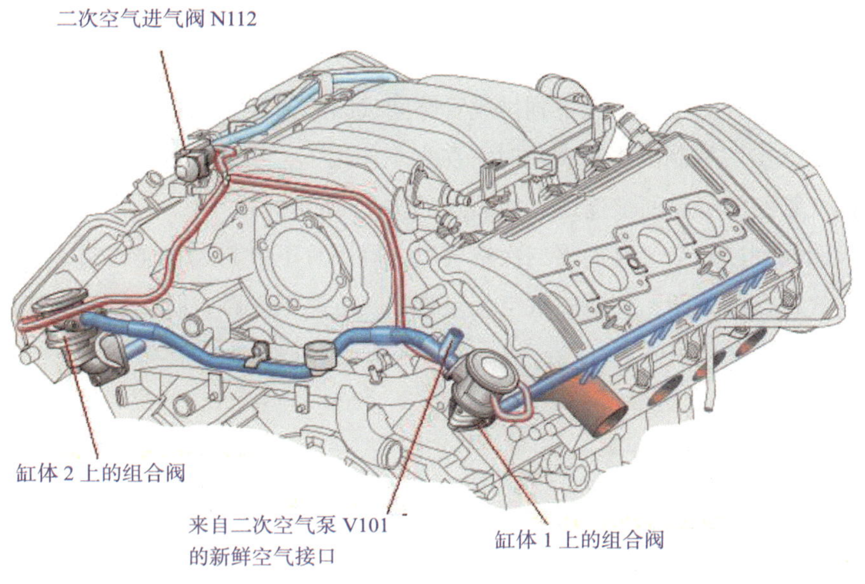

图 6-25 奥迪二次空气系统组成

2. 主要元件

（1）二次空气进气阀 N112

二次空气控制阀，如图 6-26 所示。用于控制二次空气组合阀，是一种电控气动阀，该阀由发动机控制单元来控制其电路接通，用于控制组合阀。要想打开组合阀，必须得释放出真空储存罐内的真空压力。而关闭该阀会得释放出大气压力。

当二次空气控制阀通电时，便将二次空气组合阀膜片下方与真空连通，二次组合阀处于打开状态；当二次空气控制阀断电时，便将二次空气组合阀膜片下方与大气连通，二次组合阀处于关闭状态。

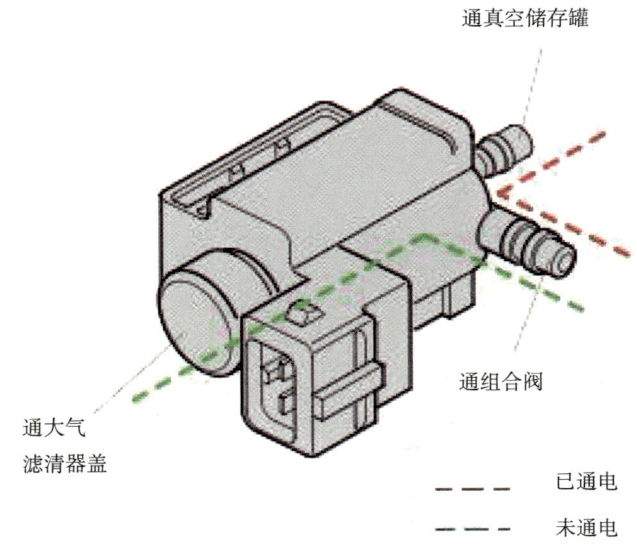

图 6-26 二次空气进气阀 N112

（2）组合阀

组合阀用螺栓拧在缸盖的二次空气进气道内。由于来自二次空气进气阀的真空力的作用，从二次空气泵到缸盖的二次空气道之间的空气通路就被打开了。同时，组合阀还能防止热的废气进入并损坏二次空气泵。

二次空气组合阀用来控制二次空气泵到排气管路间气路的通断。二次空气组合阀的动作由二次空气控制阀来控制。当二次空气控制阀送来真空时，在真空作用下，组合阀的膜片下移，使阀门打开．这时从二次空气泵到排气管路的气路便被连通，如图 6-25（a）所示。

当二次空气控制阀切断真空气路而将二次空气组合阀膜片下方与大气连通时，在复位弹簧及排气压力作用下，二次空气组合阀关闭，切断二次空气泵到排气管路的气路，防止热的废气进入并损坏二次空气泵，如图 6-27（b）所示。

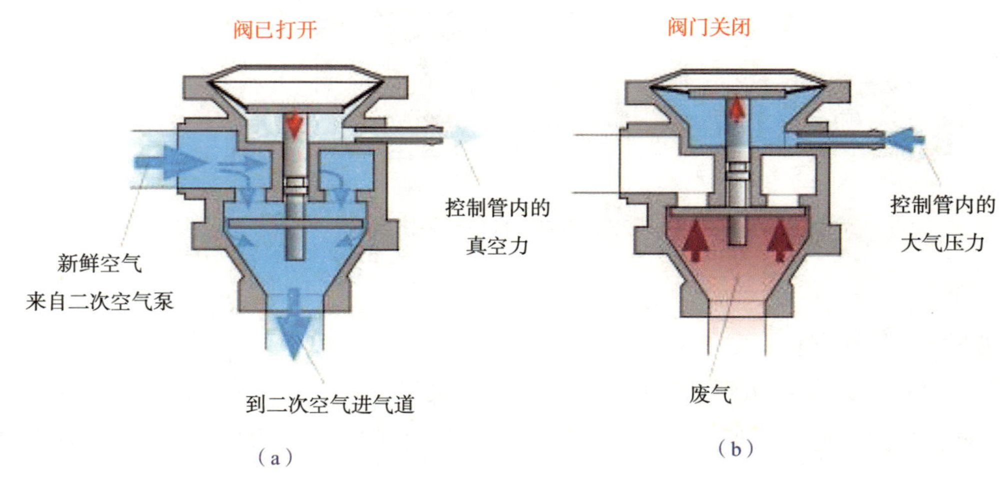

图 6-27　组合阀工作过程

（3）二次空气泵 V101，如图 6-28 所示。

Motronic 控制单元启动二次空气泵继电器 J299 来给二次空气泵 V101 的电机供电。将要混入废气中的新鲜空气由二次空气泵从空气滤清器箱体内抽入并由组合阀放出。

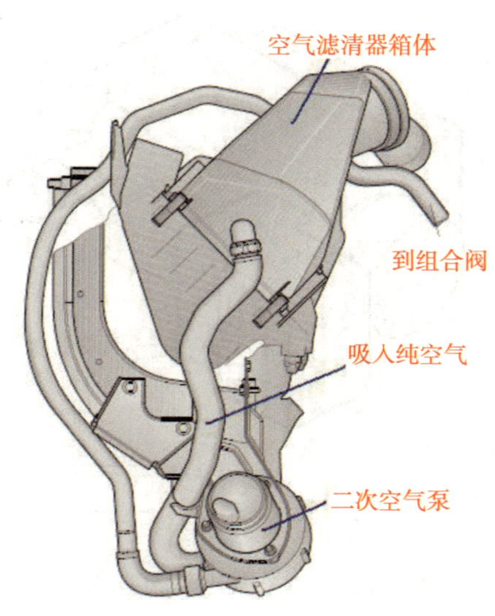

图 6-28　二次空气泵

任务 1　发动机无法启动故障诊断与排除

一、故障现象

发动机无法启动运转。

二、故障原因

由于燃油泵不工作导致发动机无法启动。

三、故障诊断流程

（1）先使用 VAS5052A 查询故障码，无故障码存储，如图 7-1 所示。

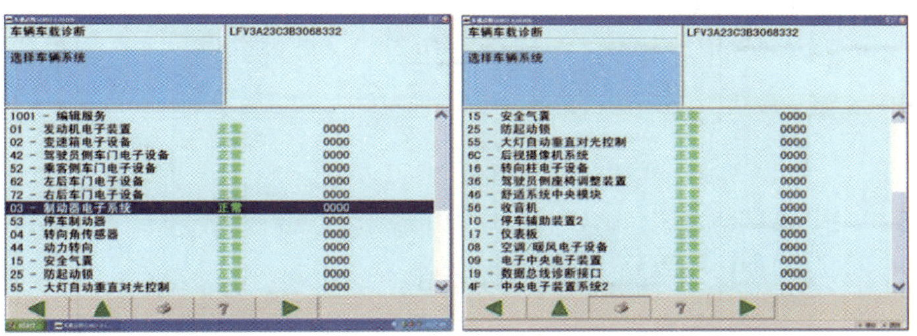

图 7-1　使用 VAS5052A 查询故障码

（2）这时打开点火开关和启动发动机，发动机没有反应，确定燃油泵没有工作。可以初步确定由于燃油泵不工作导致发动机无法启动。

（3）根据电路图，如图 7-2、图 7-3、图 7-4 所示，首先对油泵供电的保险丝进行检查。

燃油存量传感器，预供给燃油泵，数据总线诊断接口，燃油泵控制单元
G 燃油存量传感器
G6 预供给燃油泵
J533 数据总线诊断接口
J538 燃油泵控制单元
T5a 5 芯插头连接
T10p 10 芯插头连接
T16d 16 芯插头连接，诊断接口上
T20e 20 芯插头连接
78 右侧 B 柱下部接地点
295 接地连接 10 ，在车内导线束中
B383 连接 1（驱动系统 CAN 总线，High），在主导线束中
B390 连接 1（驱动系统 CAN 总线，Low），在主导线束中
ws = 白色
sw = 黑色
ro = 红色
br = 褐色
gn = 绿色
bl = 蓝色
gr = 灰色
li = 淡紫色
ge = 黄色
or = 橘黄色
rs = 粉红色
B383
B390
J533
J538
G6
G
183 184 185 186 187 188 189 190 191 192 193 194 195 196
942-015150711

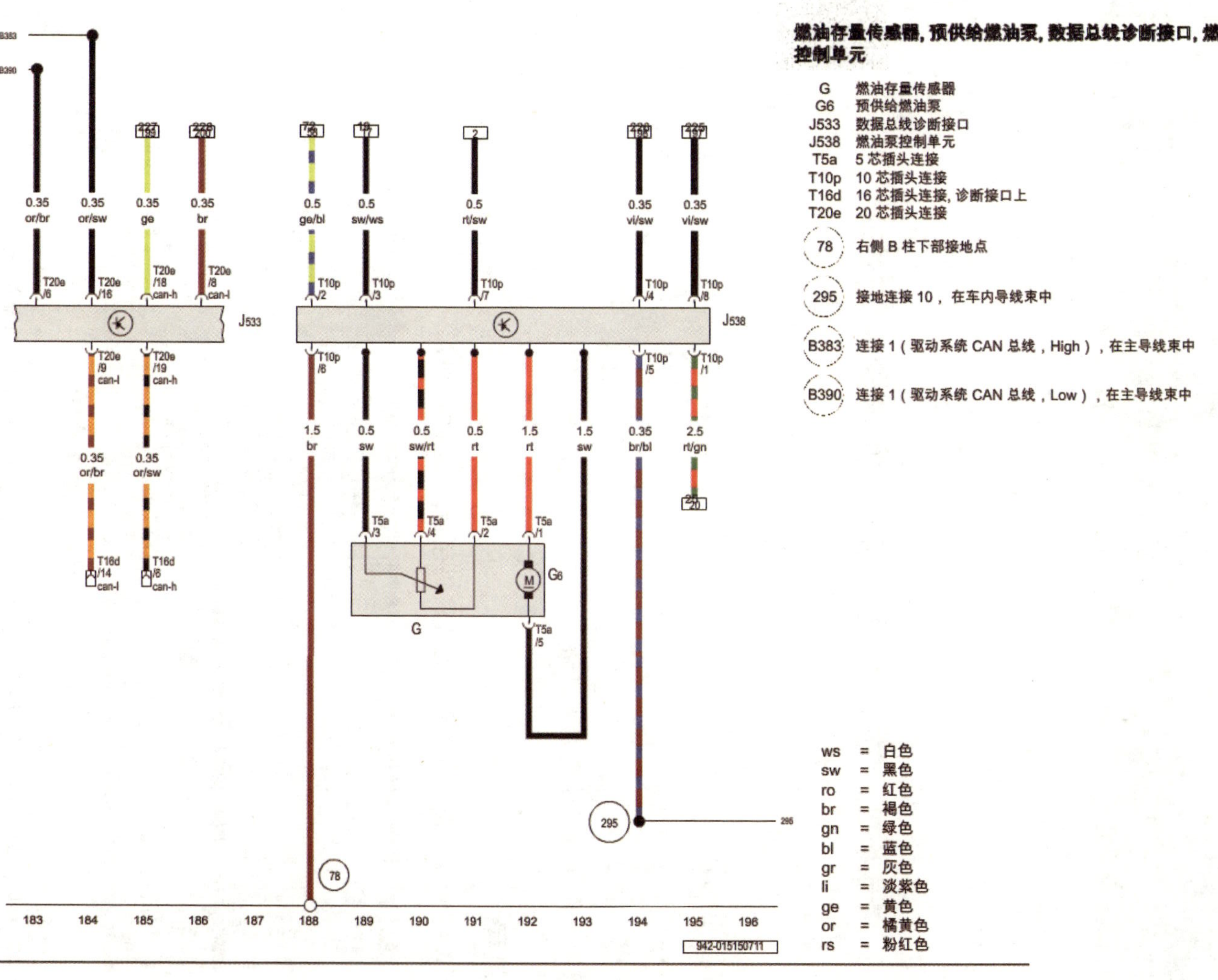

图 7-2 油路电路图

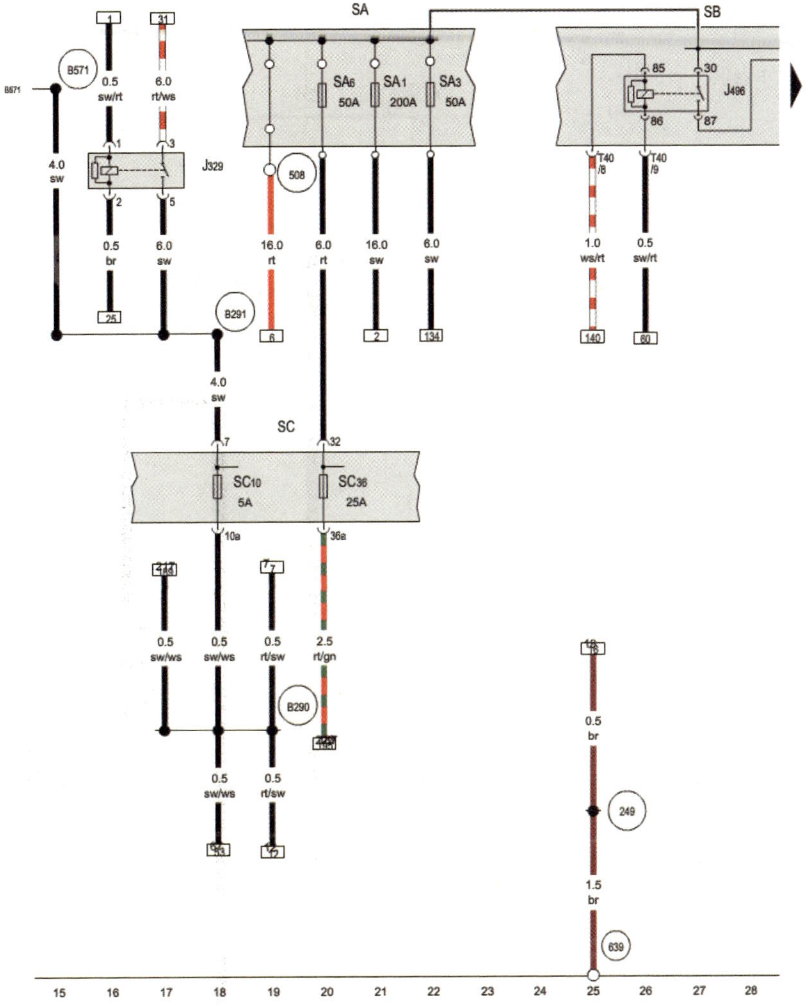

端子 15 供电继电器，冷却液辅助泵继电器，保险丝座 A，保险丝座 B，保险丝座 C，

J329	端子 15 供电继电器
J496	冷却液辅助泵继电器
T40	40 芯插头连接
SA	保险丝座 A
SA1	保险丝架 A 上的保险丝 1
SA3	保险丝架 A 上的保险丝 3
SA6	保险丝架 A 上的保险丝 6
SB	保险丝座 B
SC	保险丝座 C
SC10	保险丝架 C 上的保险丝 10
SC36	保险丝架 C 上的保险丝 36
249	接地连接 2 在车内导线束中
639	接地点，在左侧 A 柱上
508	螺栓连接（30），在电控箱上
B290	正极连接 14（15a），在主导线束中
B291	正极连接 15（15a），在主导线束中
B571	连接 38，在主导线束中

图 7-3 油路电路图

J538
T10p
/5
/1
0.5
sw/rt
0.5
rt
1.5
rt
1.5
sw
0.35
br/bl
20
T5a
G6
M
G
295
SC
SC10
5A
32
10a
36a
189
7
0.5
sw/ws
rt/sw
2.5
rt/gn
B290
195
53
12
190
191
192
193
194
195
196
16
17
18
19
20
21
22

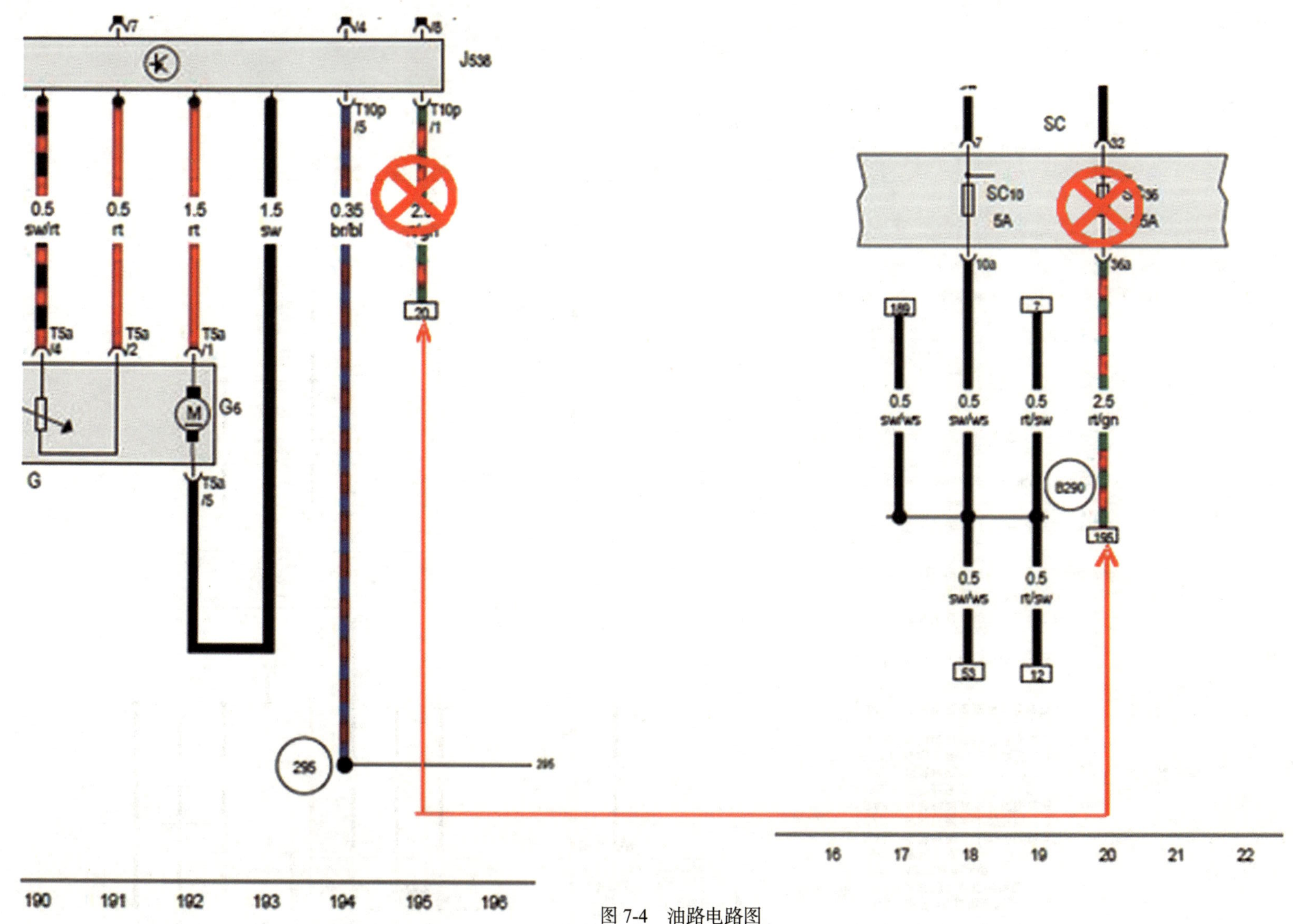

图 7-4　油路电路图

4. 检查至 J538 供电保险丝 SC36 时，发现保险丝已经烧断，如图 7-5 所示。

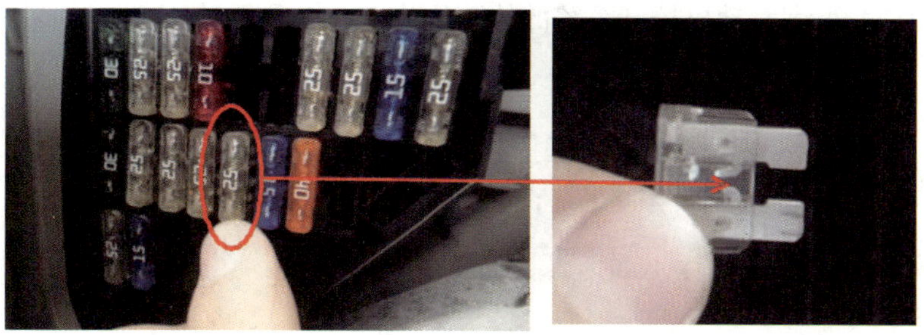

图 7-5　保险丝盒

5. 进一步检查燃油泵线路，发现燃油泵控制单元 J538 线束有破损，如图 7-6 所示。

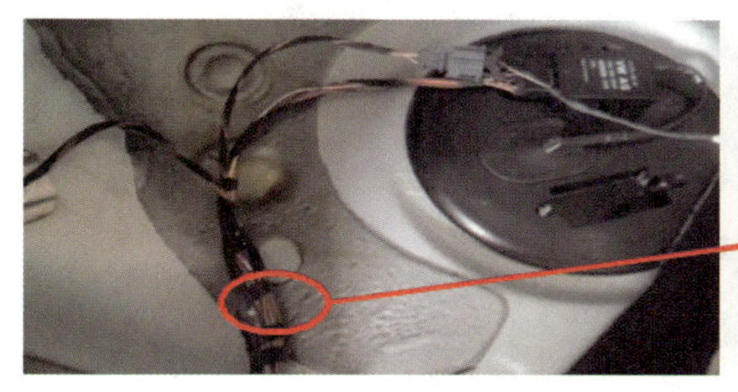
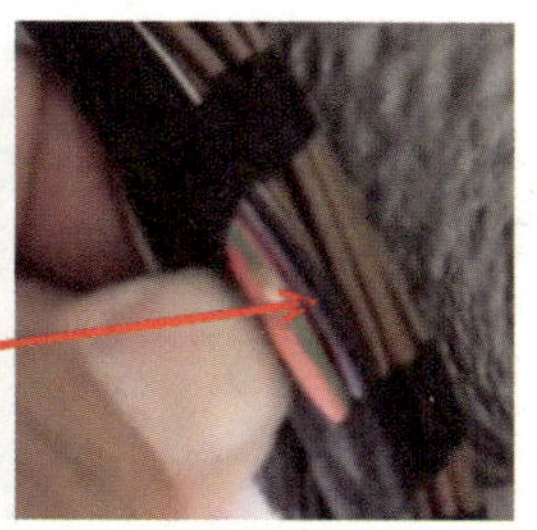

图 7-6　油泵线路

故障原因分析：

由于 J538 供电线破损搭铁导致 SC36 保险丝烧断，造成发动机无法启动。

故障处理方法：

对破损线束进行处理，更换 SC36 保险丝。

四、维修建议

修车时，一定要结合电路图进行维修，能够快速的查找问题。

任务 2　发动机怠速抖动故障诊断与排除

一、故障现象

迈腾 1.8T 发动机更换正时链条张紧器后出现发动机怠速抖动。

二、故障原因

该车发动机由于在维修过程中把曲轴链轮和曲轴安装错位，使得发动机配气相位错误，从而导致发动机怠速时抖动。

三、故障诊断流程

（1）使用 VAS5052A 查询发动机控制系统的故障码为 00833 凸轮轴位置传感器不可靠信号，如图 7-7 所示。

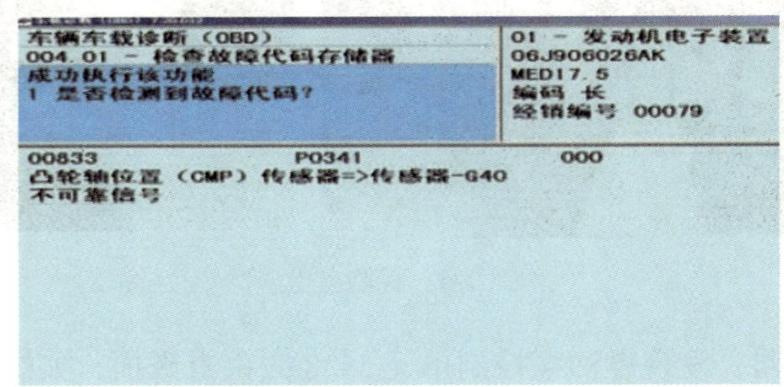

图 7-7　VAS5052A 查询发动机控制系统

（2）读取发动机控制系统的数据组，发现发动机的第 91 组数据不正常，如图 7-8 所示，图 7-9 为工作正常的发动机控制系统第 91 组数据。

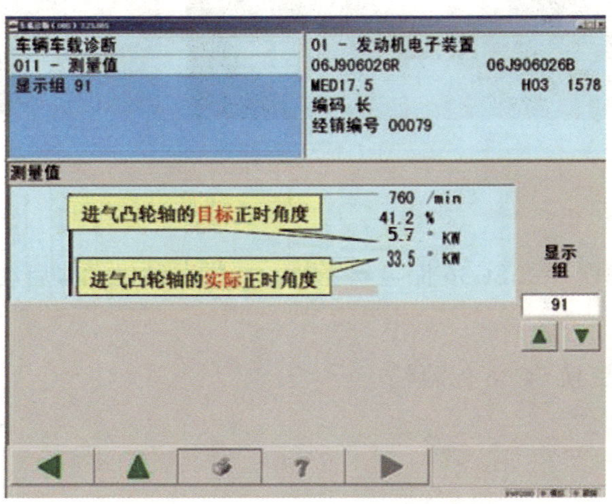

图 7-8　发动机控制系统的数据组

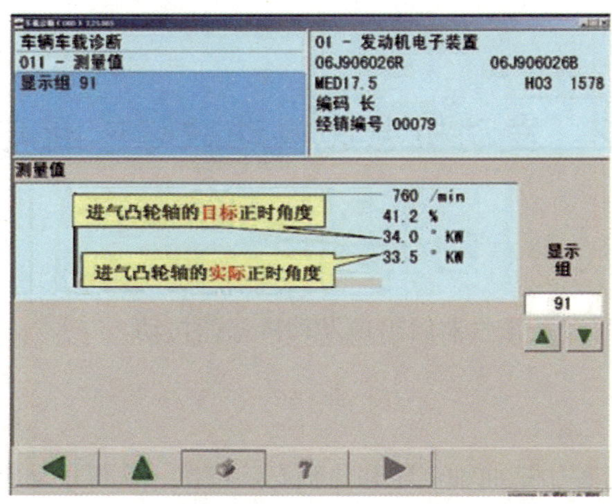

图 7-9　发动机控制系统的数据组

对比发动机控制系统第 91 组数据的第三区、第四区，发现进气凸轮轴的目标正时角度与实际的正时角度相差较大，而工作正常的发动机目标正时角度与实际的正时角度相差很小。

（3）根据读取的发动机故障码 00833 并结合第 91 组数据分析，该发动机故障的可能原因有以下三点：

① 凸轮轴位置传感器 G40 线路故障；

② 凸轮轴位置传感器 G40 故障；

③ 配气相位不正确。

（4）根据发动机控制系统电路图检查凸轮轴位置传感器，G40 与发动机控制单元之间的连接线路正常；

（5）采用替代法安装正常的凸轮轴位置传感器 G40 试验，故障仍然存在，于是可排除 G40 故障；

（6）按照维修手册正时记号标准，如图 7-10 所示检查发动机的正时记号，如图 7-11 所示未发现异常。

图 7-10　正时记号

图 7-11　正时记号

（7）在进一步拆检发动机配气正时过程中，发现曲轴正时链轮与曲轴，如图 7-12 所示，中箭头所指）之间存在错位。

图 7-12　曲轴正时链轮与曲轴

（8）重新对准曲轴链轮和曲轴后，装配好发动机。试车，此时发动机怠速运转正常，用 VAS5052 进行检测，发动机控制系统无故障码。

故障原因分析：该车发动机由于在维修过程中把曲轴链轮和曲轴安装错位，使得发动机配气相位错误，从而导致发动机怠速时抖动。

故障处理方法：按照迈腾发动机维修手册要求，重新装配曲轴链轮后，故障排除。

四、维修建议

（1）进行发动机大修或其他总成修理时，一定要严格按照维修手册的要求进行操作。

（2）本案例中分析发动机中第 91 组数据对判断配气相位是否正常，也不失为很好的参考手段，维修技师应通过不断积累各电控系统的工作数据组，为故障诊断夯实基础。

任务 3　发动机加速不良故障诊断与排除

一、故障现象

发动机加速不良，耗油量大；车速最高时速只能达到 140km/h,，此时变速器始终在 5~6 挡换挡。

二、故障原因

该车排气管堵塞故障原因是燃油品质劣质所致。用户忽视燃油品质差事实，仅在保养时加过三次指定的燃油添加剂，并承认在长途高速公路驾驶时，因加油站无优质 95 号油，加过 4 箱 93 号劣质汽油行驶。

三、故障诊断流程

（一）不解体数据检测与诊断分析

1. 故障码读取

故障码 00665 P0299：增压器增压传感器 A 电路控制极限未达到，如图 7-13 所示。故障码能够清除，试车后故障再现，更换增压器增压传感器 A，故障依然出现。

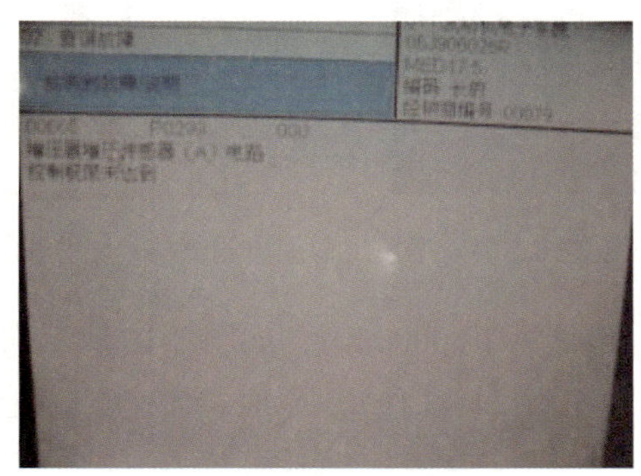

图 7-13 读取故障码

2. 数据流测试

（1）空燃比数据流：如图 7-14 所示。氧传感器的值变化，混合气浓度在浓稀变化，但调节值为 +8.2%，始终指令增浓，空燃比长效修正失效；此工况潜在失效模式主要原因是空气相对质量偏小。

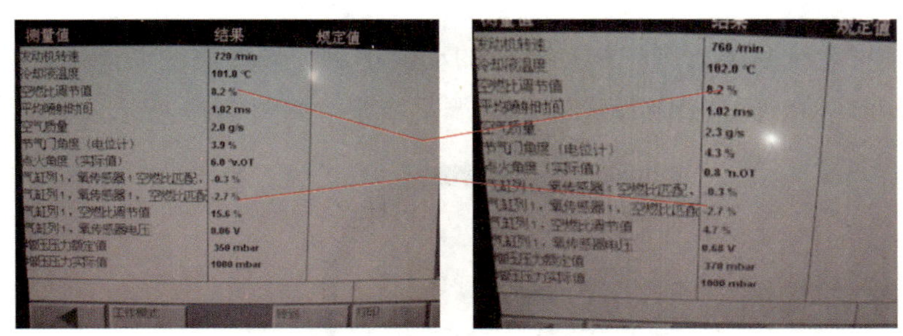

图 7-14 空燃比数据流

（2）空气相对质量数据流测试与诊断分析：空气相对质量是 ECU 计算发动机负荷值，也是涡轮增压、可变正时调整、可变进气管等空气填充控制效果反应参数，如图 7-15 所示。此车空气相对质量 15% 偏小于正常车空气相对质量 40.6%；表示该车涡轮增压、可变正时调整、可变进气管等某一系统空气填充控制效果差。

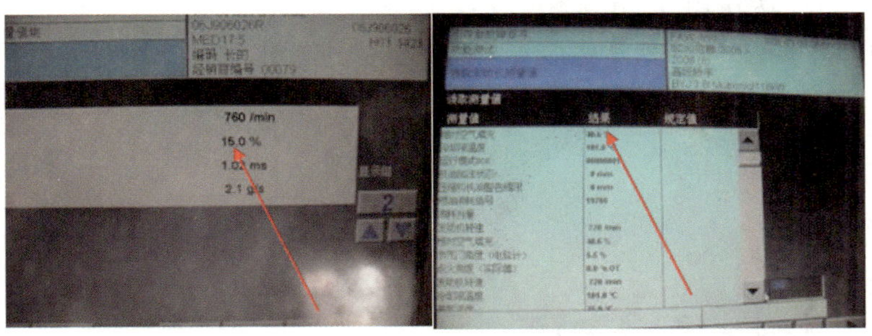

图 7-15 空气相对质量数据流

（3）涡轮增压组数据流测试与诊断分析

正常值：怠速增压值为 1010mbar，原地急加速增压值最高达到 1800mbar 左右；空气流量计正常怠速为 2.3~2.5g/s，原地急加速空气流量计最大达到 65g/s 左右。

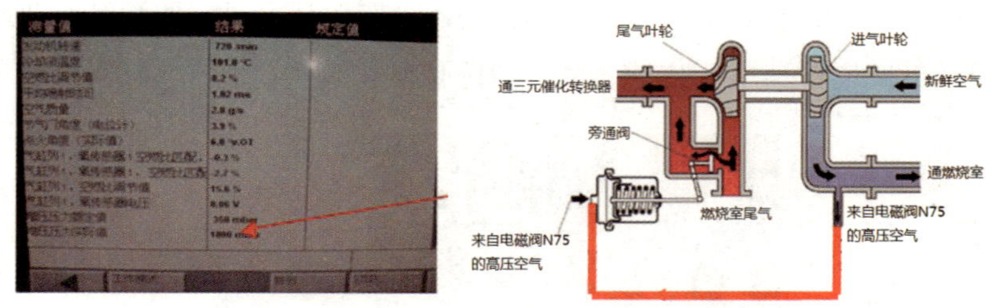

图 7-16　涡轮增压组数据流测试与诊断分析

此车数据实际值：增压压力实际值为 1000mbar，如图 7-16 所示。最大达到 1200mbar 左右实际增压数值偏低；空气流量计实际值怠速为 2.0~2.1g/s，原地急加速空气流量计最大达到 50g/s 左右，空气流量计信号偏小。

综合上述，通过数据流分析可知：可变正时调整、可变进气管空气填充控制效果正常；该车引起空气填充控制效果差的主要原因来自涡轮增压系统增压器旁通开度。

① 执行元件测试，增压器旁通开度压力调节电磁阀 N75 工作，正常；

② 直接原因：增压器旁通开度靠自身进气增压调节，增压压力实际值偏小（1000mbar），使之怠速工况下增压器旁通开度偏大；

③ 根本原因：排气系统阻塞，废气推动泵轮的动能不足，导致涡轮动能不足，增压压力实际值偏小；解体该车排气管发现前三元催化转化器中毒且严重堵塞，如图 7-17 所示。

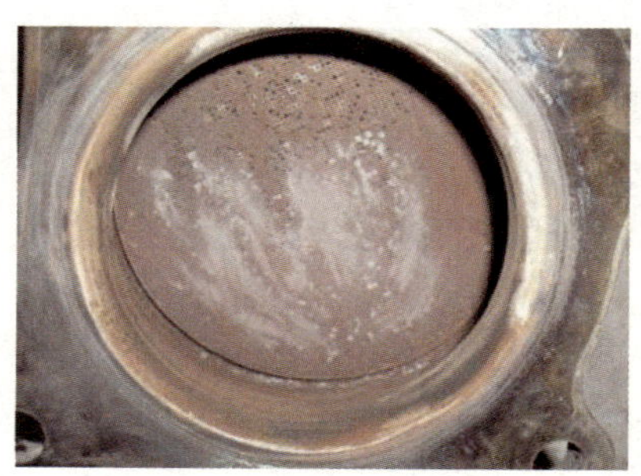

图 7-17　排气管

表层颜色为红褐色，为燃油中含硫过多所致；

底层颜色为灰白色，为燃油中含铅过多所致；

解体正常车排气管，如图 7-18 所示无中毒、堵塞迹象进行比对。

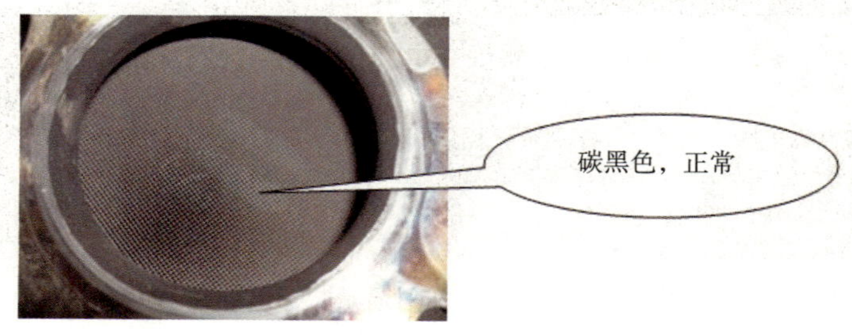

图 7-18　排气管

四、维修建议

（1）迈腾 1.8TSI 发动机对燃油品质要求高，劣质的燃油将会对低压油泵、高压喷油嘴、三元催化转化器造成潜在的失效影响；要建议用户重视保养，在每次加油时，推荐使用 95 号汽油并添加 1/3 瓶燃油添加剂。

（2）通过堵塞物质颜色分析燃油品质，化被动为主动，处理用户抱怨：当用户抱怨迈腾 1.8TSI 发动机仅行驶 2~4 万公里，低压油泵、高压喷油嘴、三元催化转化器易损坏事宜，我们维修站解释非常被动，因为我们无法证明燃油品质不好，所以遇到处理此类客户抱怨时，建议解体排气管，观察前三元催化转化器内表堵塞物颜色，来证明燃油品质的好坏。

任务 4　发动机排放超标故障诊断与排除

一、故障现象

发动机热车抖动，排气管冒黑烟，仪表排放指示报警。

二、故障原因

高压燃油泵内漏，使机油和汽油混合，发动机负荷偏小，当水温上升时，此混合气通过油气分离器输入到缸套，使发动机混合气过浓，多缸失火，排气管冒黑烟。

三、故障诊断流程

（1）连接车辆诊断仪显示故障码，如图 7-19 所示。

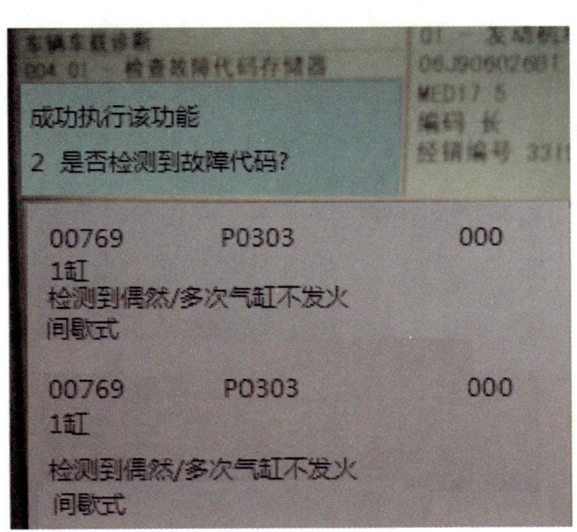

图 7-19　故障码显示

（2）检查发动机数据流，如图 7-20 所示。氧传感器已调节至极限，32 组数据流显示混合气过浓。

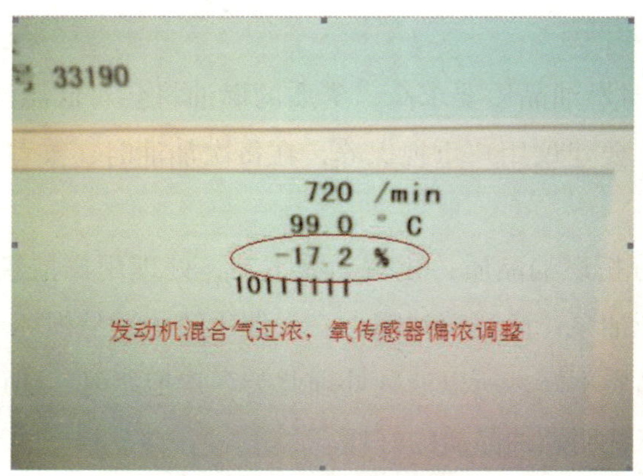

图 7-20　32 组数据流

（3）迈腾带涡轮发动机采用缸内直喷技术，与自然吸气式发动机有很大的区别。涡轮至节气门控制单元之间漏气会引起发动机混合气过浓，节气门至发动机进气门之间漏气会引起混合气过稀，所以多次气缸不发火，混合气过浓的主要原因：

① 火花塞工作不良；

②点火线圈工作不稳定；

③ 喷油嘴故障导致积炭严重，如图 7-21 所示。

④ 链条正时错位；

⑤ 涡轮至节气门之间漏气；

⑥ 气缸压力。

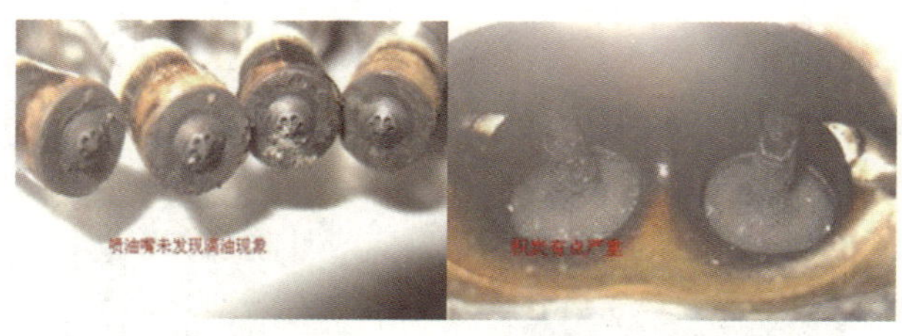

图 7-21　喷油嘴故障

（4）检查气缸压力良好，检查涡轮至节气门之间无漏气现象。更换火花塞，点火线圈，喷油嘴，清洗发动机积炭，故障未消除。仔细观察数据流，如图 7-22 所示。发现与正常车对比负荷明显偏低。

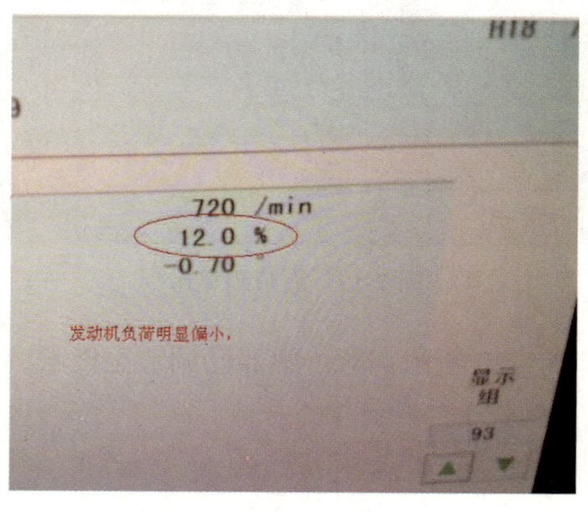

图 7-22　发动机数据流

检查发动机各负荷部件，当检查至机油时，发现此车机油尺油位偏高（对比其他迈腾车，此车机油消耗不正常，机油偏多）。打开机油盖，能闻到明显的味汽油，如图 7-23 所示。怀疑机油里面有汽油。拆下高压燃油泵，里面有明显的汽油渗漏。

图 7-23　发动机数据流

故障处理方法：更换机油，机滤，高压燃油泵。

四、维修建议

通过观察数据流的，能快速有效的维修车辆。

项目八

柴油发动机电控系统检修

任务 1　柴油发动机电控系统认知

云板书

【理论知识】

导学视频

一、柴油机 \ 电控燃油喷射系统的发展过程

1. 第一代：凸轮压油 + 位置控制

第一代柴油机电控喷射系统是采用位置控制系统，它不改变传统的喷油系统的工作原理和基本结构，只是采用电控组件，代替调速器和供油提前器，对分配式喷油泵的油量调节套筒或柱塞式喷油泵的供油齿杆的位置，以及油泵主动轴和从动轴的相对位置进行调节，以控制喷油量和喷油定时。其优点是无须对柴油机的结构进行较大改动，生产继承性好，便于对现有机型进行技术改造；缺点是控制系统执行频率响应仍然较慢、控制频率低、控制精度不够稳定。喷油率和喷油压力难于控制，而且不能改变传统喷油系统固有的喷射特性，因此很难较大幅度地提高喷射压力。

第一代电控系统喷油量的控制是根据 ECU 的指令由齿杆或溢流环的位置进行控制。喷油时间控制是根据 ECU 的指令由发动机驱动轴和凸轮轴的相位差进行控制。ECU 根据各种传感器检出的发动机运行状态及环境条件等，计算出适合于发动机状态的最佳控制量，并向执行机构发出相应的指令。

2. 第二代：凸轮压油 + 电磁阀时间控制

第二代电控燃油喷射系统是在第一代位置控制式的基础上发展起来的，采用高速电磁阀对喷油量和喷油时间进行时间控制。

第二代电控喷油装置的特征是：燃油升压是通过喷油泵或发动机凸轮来实现的。升压开始的时间 (与喷油时间对应) 以及升压终了时间 (从升压开始到升压终了的时间，与喷油量相当) 是由电磁阀的接通 / 断开控制的。喷油量和喷油时间是由电磁阀直接控制的。

3. 第三代：燃油蓄压 + 电磁阀时间控制

第三代柴油机电控燃油系统是第二代的进一步发展，它不再采用喷油系统柱塞泵分缸脉动供油原理，而是用一个设置在喷油泵和喷油器之间具有较大容积的共轨管，把高压油泵输出的燃油蓄积起来并稳定压力，再通过高压油管输送到每个喷油器上，由喷油器上的电磁阀控制喷射的开始和终止。电磁阀起作用的时刻决定喷油定时，起作用的持续时间和共轨压力决定喷油量，由于该系统采用压力时间式燃油计量原理，因此又可称为压力时间控制式电控喷射系统。按其共轨压力的高低又分为高压共轨、中压共轨和低压共轨三种。柴油机高压共轨系统在现代柴油机被越来越多的采用。

二、柴油机电控燃油喷射系统的控制理论

1. 喷油量控制

电子控制系统的喷油量控制方法如图 8-1 所示。根据各种传感器的信息，ECU 计算出目标喷油量；根据目标喷油量，计算出喷油装置需要多长的供油时间，并向驱动单元发送驱动信号；根据 ECU 送来的驱动信号，喷油装置中的电磁阀开启或关闭，控制喷油装置供油开始，供油结束的时间，或只控制供油结束时间，从而控制喷油量。

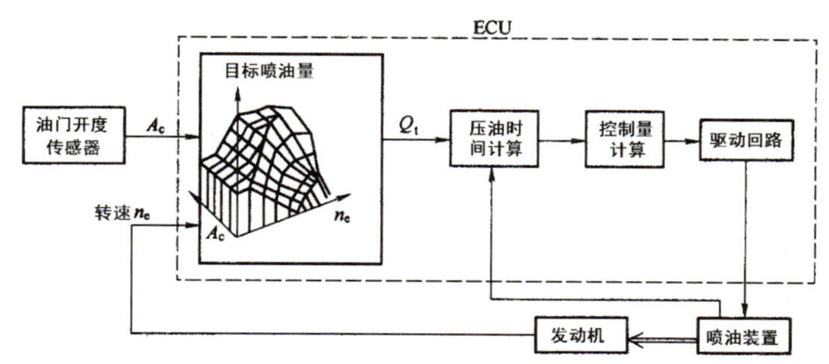

图 8-1　电子控制系统的喷油量控制

在电子控制燃油喷射系统中，目标喷油量特性已经数值化，绘成三维图形 (即 MAP 图)。所以，可以得到自由的喷油量特性。

2. 喷油时间控制

电子控制燃油喷射系统中喷油时间的控制方法，如图 8-2 所示。根据各个传感器的信息，在 ECU 的演算单元中计算出目标喷油时间；喷油装置中的电磁阀从 ECU 接受到驱动信号，控制流入或流出提前器的工作油。由于工作油对提前机构的作用，改变了燃油压送凸轮的相位角，或提前、或延迟，从而控制喷油时间。

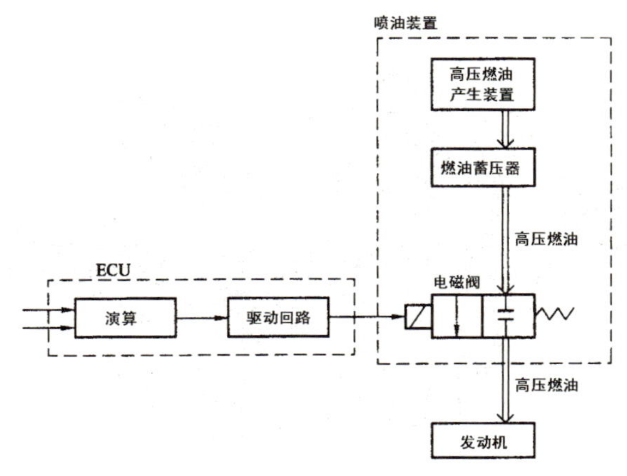

图 8-2　第三代喷油时间控制

目标喷油时间采用图 8-3 中的方法进行计算。

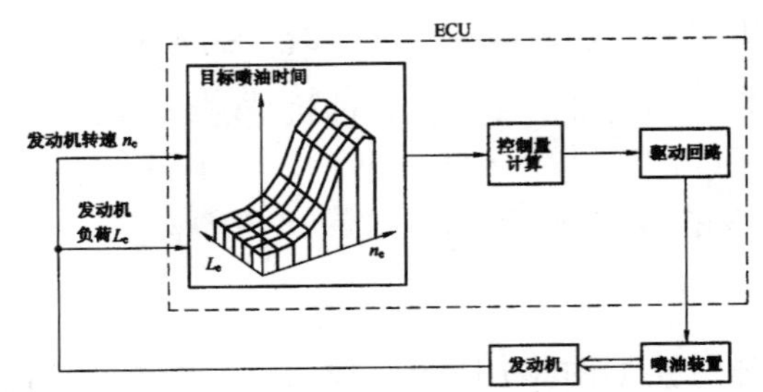

图 8-3　目标喷油时间的计算过程

为了实现发动机中的最佳燃烧，必须根据运行工况和环境条件经常地调节喷油时间。该项功能就是最佳喷油时间控制功能。即根据发动机的转速决定基本喷油时间，同时，还要根据发动机的负荷、冷却液温度、进气压力等对基本喷油时间进行修正，决定目标喷油时间。

3. 喷油压力控制

共轨式燃油系统中喷油压力的控制方法如图 8-4 所示。根据各个传感器的信息，ECU 演算单元经过演算后定出目标喷油压力。根据装在共轨上的压力传感器信号，ECU 计算出实际喷油压力，并将值与目标压力值比较，然后发出命令控制供油泵，升高或降低压力。将 ECU 中的目标喷油压力特性用具体数据表示成三维图形，即所谓 MAP 图，可以得到最佳喷射压力特性。

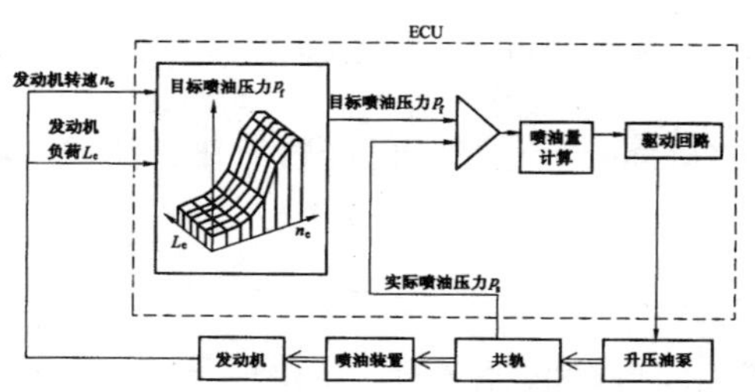

图 8-4　共轨燃油系统喷油压力的控制

三、共轨式柴油机电控系统基本组成

Bosch 共轨式柴油喷射系统的基本构造如图 8-5 所示。

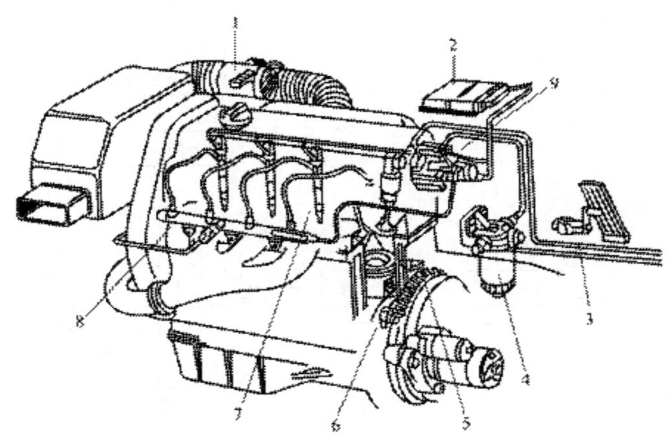

1—空气流量计；2—ECU；3—加速踏板传感器；4—柴油滤清器；5—冷却水温度传感器；
6—曲轴转速传感器；7—喷油器；8—共轨；9—高压油泵

图 8-5　Bosch 共轨式柴油喷射系统

【技能训练】

就车认知高压共轨柴油发动机电控系统各部件：博世 RDS2.0 柴油共轨电控系统主要包括以下传感器。

一、进气压力传感器

进气压力传感器，如图 8-6 所示。

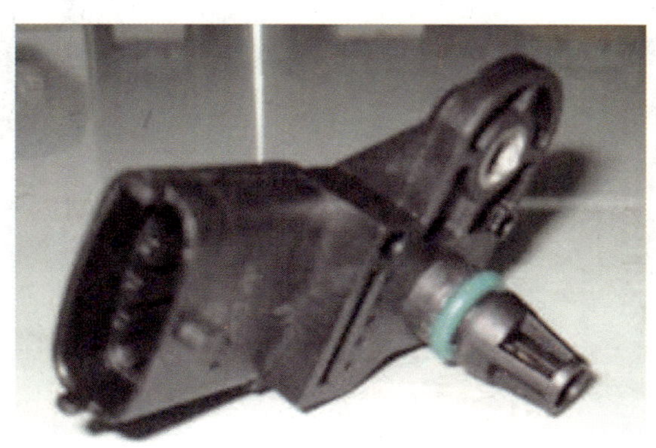

图 8-6　进气压力传感器

1. 安装位置

这个传感器由绝对压力传感器和进气温度传感器组合而成，安装在进气歧管上，如图 8-7 所示，提供发动机负荷信息和进气温度信息。

图 8-7　安装位置

2. 工作原理

压力传感元件主要为一片硅芯片，在中央蚀刻出压力膜片。压力膜片上有 4 个压电电阻作为应变元件组成一个惠斯顿电桥。硅芯片的背面为参考真空，定值和整流电路也集成在硅芯片上。进气歧管压力的改变使压力膜片受力变形，压阻效应使电阻改变，通过芯片处理后，形成与压力成线性关系的电压信号。

温度传感器元件是一个负温度系数 NTC 的电阻，随进气温度变化，输送给控制器一个表示进气温度变化的电压。

二、水温传感器

水温传感器，如图 8-8 所示。

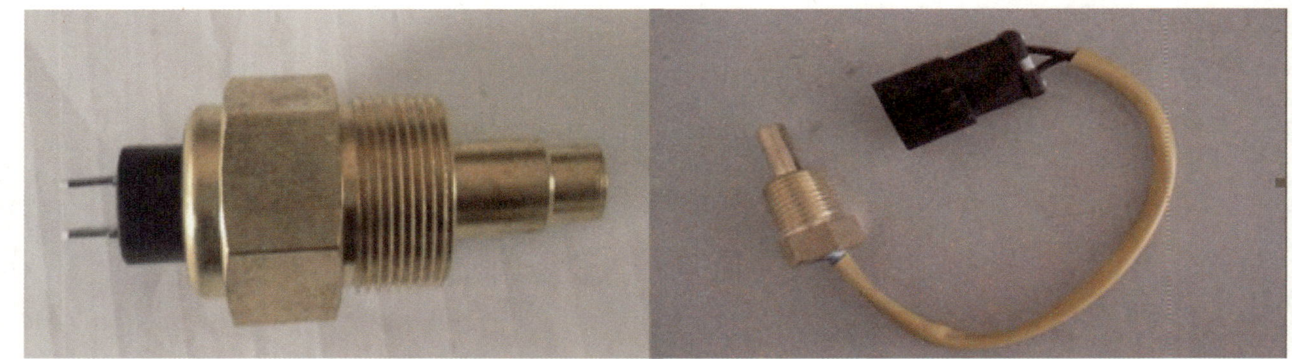

图 8-8　水温传感器

1. 安装位置

装于发动机节温器座下端，如图 8-9 所示。用于电子控制燃油喷射装置中，监测发动机冷却水的温度，输出电压信号给电控单元作为发动机的负荷信号，从而对发动机的工况做出判断。

图 8-9　安装位置

2. 工作原理

水温传感器的工作原理是封装一个负温度系数的热敏电阻，利用热敏电阻的温度敏感特性，将环境温度的变化转换为热敏电阻阻值的变化，并转换成电压信号输出给电控单元。

3. 安装注意事项

水温传感器安装在节温器座上，并且要将铜质导热套筒插入冷却液中。套筒有螺纹，利用套筒上的六角头可将温度传感器拧入节温器座的螺孔中，许用安装扭矩为≤ 25 N· m。

三、转速传感器

转速传感器，如图 8-10 所示。

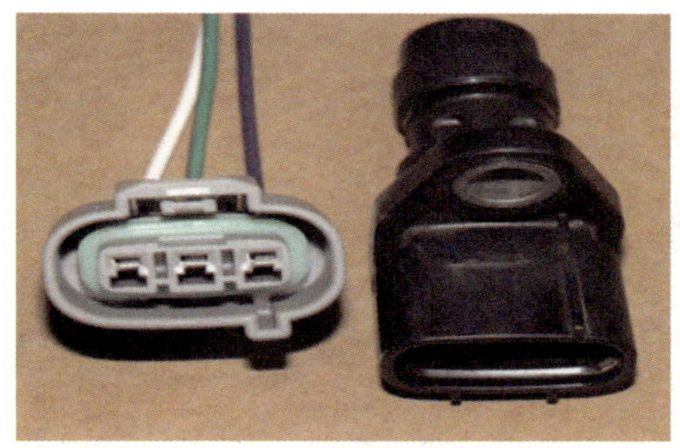

图 8-10　转速传感器

1. 安装位置，如图 8–11 所示。

图 8-11　安装位置

2. 工作原理

感应式转速传感器跟脉冲盘相配合，用于提供发动机转速和曲轴上止点信息。感应式转速传感器由一个永久磁铁和磁铁外面的线圈组成。脉冲盘是飞轮前端面，原本加工 60 个齿，但是有两个空缺。工作原理是利用磁电效应，脉冲盘装在曲轴上，随曲轴转动。当齿尖紧挨着传感器的端部经过时，铁磁材料制成的脉冲盘切割着转速传感器中永久磁铁的磁力线，在传感器线圈两端产生一定频率的感应电压，作为转速信号输出给电控单元。

四、相位传感器

相位传感器，如图 8-12 所示。

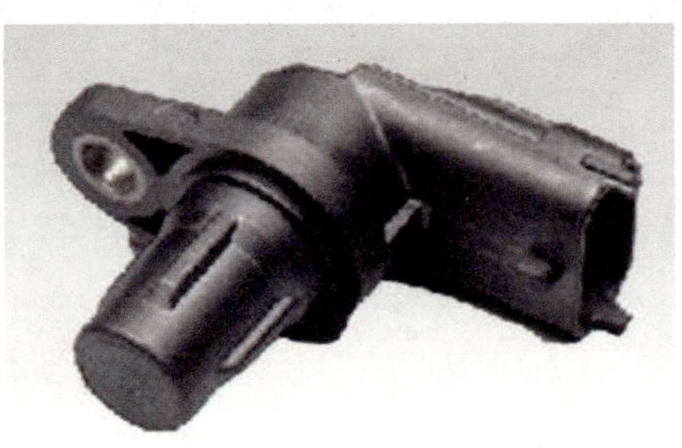

图 8-12　相位传感器

1. 安装位置

相位传感器 PG 安装在凸轮轴端部，如图 8-13 所示，与转速传感器配合，可区分 1 缸的压缩上止点和排气上止点。

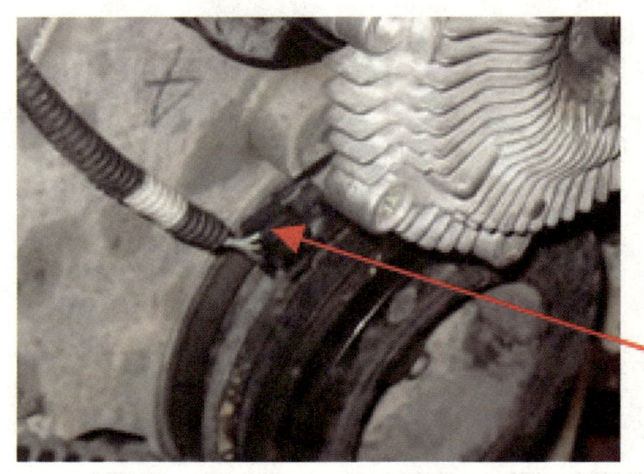

图 8-13　安装位置

2. 工作原理

相位传感器 PG 由一个霍尔传感器和一个信号轮（半圆形的铁磁体）组成，凸轮轴转动，带动装在端部的信号轮转动。霍尔传感器采用了霍尔原理，当信号轮叶片进入霍尔传感器永磁体回路的间隙中时，霍尔效应开关处于“关”状态，相应电路输出为高电平，当信号轮叶片离开永磁体回路的间隙时，霍尔效应开关处于“开”状态，相应电路输出为低电平。相应地曲轴的一转有信号，另一转没有信号，这就区分了两个不同的上止点。

五、空气流量计传感器（TC 机型选用，TCI 机型不使用）

空气流量计传感器，如图 8-14 所示。

图 8-14　空气流量计

1. 安装位置

装于发动机空气滤清器后，发动机增压器进气口前，如图 8-15 所示。

图 8-15　安装位置

2. 功能

进气质量流量传感器是一个热流传感器，由进气温度和空气质量流量传感器组成，用于监测发动机进气温度及进气质量流量，通过对进气量的监测反馈给电控单元参与控制，实现 EGR 系统的闭环控制。

六、真空调节器传感器

真空调节器传感器，如图 8-16 所示。

图 8-16　真空调节器传感器

1. 安装位置

布置在机舱内，如图 8-17 所示。

图 8-17　安装位置

2. 功能

控制 EGR 阀脉冲宽度，控制 EGR 阀的开启时间，控制 EGR 率，降低 NO_x 污染物，优化排放。

七、预热控制器

预热控制器，如图 8-18 所示。

图 8-18　预热控制器

1. 安装位置

布置在机舱内，如图 8-19 所示。

图 8-19　安装位置

2. 功能

预热控制单元（GCU）受电控单元 EDC 控制，有以下功能：

（1）通过 ST 和 K 端信号输入；GCU 适用于 4，5 or 6 缸发动机；

（2）电控单元 EDC 控制 4，5 or 6；预热塞 GSK 的开关信号；

（3）过电流切断保护（电子保险）；

（4）预热塞失效诊断；

（5）体积小，可布置在机舱内；

（6）电控单元 EDC 高电位保护。

八、电控单元 ECU

电控单元 ECU，如图 8-20 所示。

图 8-20　电控单元 ECU

1. 安装位置

轻型载货汽车布置在底盘上，皮卡及蒙派克等乘用车布置在座椅下，轻客布置在仪表板下的地板上，轿车布置在副驾 A 柱附近，如图 8-21 所示。

图 8-21　安装位置

2. 功能

控制喷射、预热控制、怠速控制、提供传感器电源：5V、EGR 控制、空调开关、喷油量修正、系统故障灯、MIL 灯、发动机转速信号的输出、车速信号的输入、故障诊断等。

九、轨压传感器

轨压传感器，如图 8-22 所示。

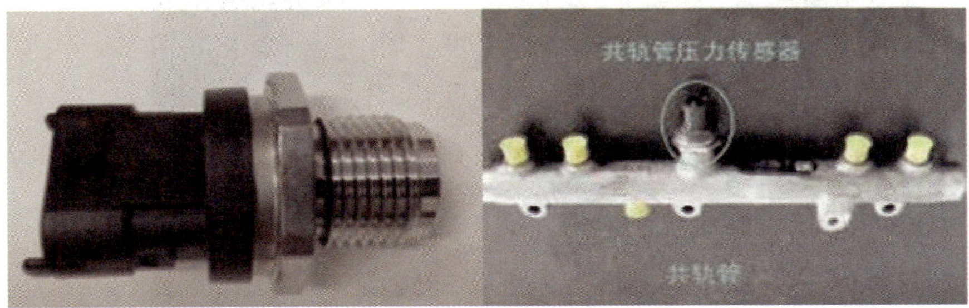

图 8-22　轨压传感器

1. 安装位置

安装在油轨端部。通常油轨安装在进气管侧，如图 8-23 所示。

图 8-23　安装位置

2. 功能

监测轨压，提供电控单元输入信号。

十、喷油器

喷油器，如图 8-24 所示。

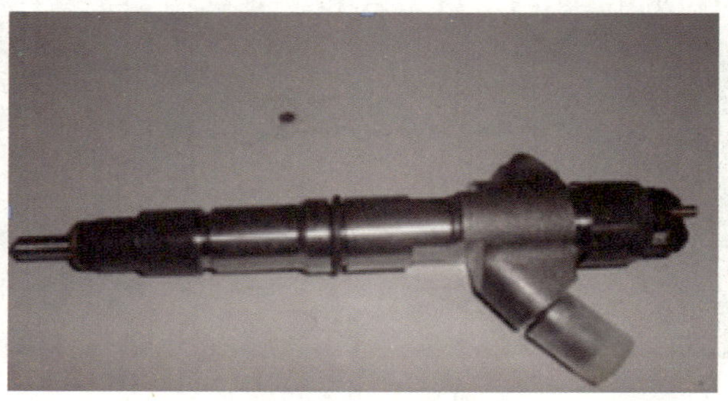

图 8-24　喷油器

1. 安装位置

安装在气缸盖的进气管侧，如图 8-25 所示。

图 8-25　安装位置

2. 功能

根据发动机 MAP 图，对柴油进行测量及喷射准备，从而实现预喷，主喷和后喷（如果需要）。喷油量和喷油时间的控制由系统压力和通电时间决定，这些是由 ECU（Electronic Control Unit）来执行的。

【知识拓展】

一、柴油发动机电控系统的类型

1. 位置控制式系统

保留传统喷射系统的基本结构，只是将原有的机械控制机构用电控元件取代，在原机械控制循环喷油量和喷油定时的基础上，改进更新机构功能，使用直线比例式和旋转式电磁执行机构控制油量调节齿杆（或拉杆）位移和提前器运动装置的位移，实现循环喷油量和喷油定时的控制，使控制精度和响应速度较机械式控制方式得以提高。

系统技术特征与系统特点如下。

（1）数字控制器通过执行机构的连续式位置伺服控制，对喷射过程实现间接调节，故相对其他电控燃油喷射系统，执行响应较慢、控制频率较低和控制精度不太稳定。

（2）不能改变传统喷射系统固有的喷射特性，电控可变预行程直列泵虽能对喷油速率起到一定的调节作用，但却使直列泵机构复杂性加大。

（3）柴油机的结构几乎无须改动即可改造成位置控制式喷射系统，故生产继承性好，便于对现有机器进行升级改造。

（4）由于燃油泵输送和计量机构基本不变，喷油系统参数受柴油机转速影响大，很难实现喷油规律控制，凸轮机构、柱塞套的应力和变形限制了喷油压力的进一步提高。

2. 时间控制式系统

时间控制系统有许多比纯机械式或第一代系统优越的地方，但其燃油喷射压力仍然与发动机转速有关，喷射后残余压力不恒定。另外电磁阀的响应直接影响喷射特性，特别是在转速较高或瞬态转速变化很大的情况下尤为严重，而且电磁阀必须承受高压，因此对电磁阀提出了很高的要求。

3. 共轨系统

共轨控制式电控燃油喷射系统不再采用传统的柱塞泵脉动供油原理。共轨式电控喷射系统具有公共控制油道（共轨管），高压油泵只是向公共油道供油以保持所需的共轨压力，通过连续调节共轨压力来控制喷射压力，采用压力时间式燃油计量原理，用电磁阀控制喷射过程。

该系统根据柴油机运行工况的不同，不仅可以适时地控制喷油量与喷油定时，使其达到与工况相适应的最优数值，而且还使得喷油压力和喷油速率的控制成为可能。且系统的控制自由度及精度得到了大幅度提高。

系统技术特征：

（1）不再采用传统的柱塞泵脉动供油原理，采用高压油泵 + 共轨油管。

（2）采用压力时间式燃油计量原理，用电磁阀控制喷射过程。

（3）可以柔性控制喷油压力、喷油量、和喷油定时，喷油速率的控制也成为可能。

任务 2　电控柴油机燃油供给系统检修

【理论知识】

一、电控高压共轨柴油喷射系统的组成

高压共轨电控柴油喷射系统基本组成如图 8-26 示。从功能方面分析，电控共轨系统可以分为两大部分：燃油供给系统和电子控制系统。

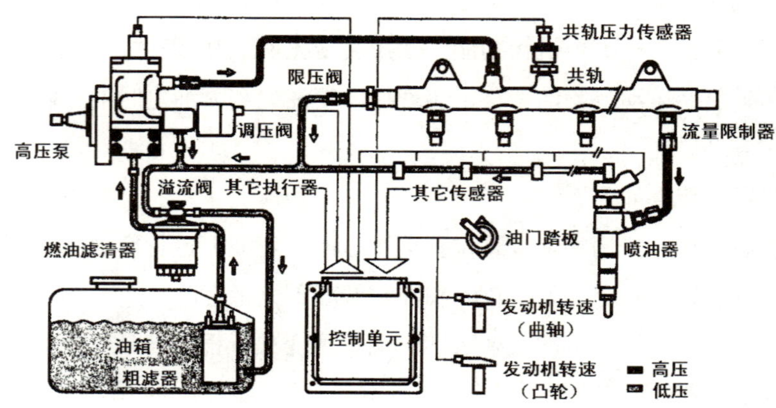

图 8-26　电控高压共轨系统的主要组成

1. 燃油供给系统

燃油供给系统也可分为低压油路和高压油路。

（1）低压油路

含油箱、柴油粗滤器、电动输油泵和柴油细滤器等组成，其作用是产生低压柴油，输往高压泵，结构原理与传统的柴油供给系低压油路相似。

（2）高压油路

由高压泵、调压阀、高压油管、高压存储器 (共轨管)、流量限制器、限压阀和电控喷油器等组成。其基本作用是产生高压 (160Mpa 左右) 柴油。

2. 控制系统

控制系统分为三部分：传感器 (包括信号开关及传导元件等)、控制单元 ECU 和执行器。高压共轨喷油器的喷油量、喷油时间和喷油规律除了取决于柴油机的转速、负荷外，还跟众多因素有关，如进气流量、进气温度、冷却水温度、燃油温度、增压压力、电源电压、凸轮轴位置、废气排放等，所以必需采用相应传感器，采集相关数据，其采集的数据量达 15000 个 /s。传感器的作用是实时检测柴油机、车辆运行状态及使用者的操作思想、操作量等信息，并送给控制单元。控制单元的作用是负责处理所有信息，执行程序，并将运行结果作为控制指令输出到执行器。执行器的作用是根据控制器送来的执行指令驱动调节喷油量及喷油正时的相应机构，从而调节柴油机的运行状态。

二、电控高压共轨系统工作原理

低压燃油泵将燃油输入高压油泵，高压油泵将燃油加压送入高压油轨，高压油轨中的压力由电控单

元根据油轨压力传感器测量的油轨压力以及需要进行调节，高压油轨内的燃油经过高压油管，根据发动机的运行状态，由电控单元从预设的 map 图中确定合适的喷油定时、喷油持续时间，再由电液控制的电子喷油器将燃油喷入气缸。

三、电控高压共轨燃油喷射系统主要部件

电控高压共轨燃油喷射系统主要部件，如图 8-27 所示。

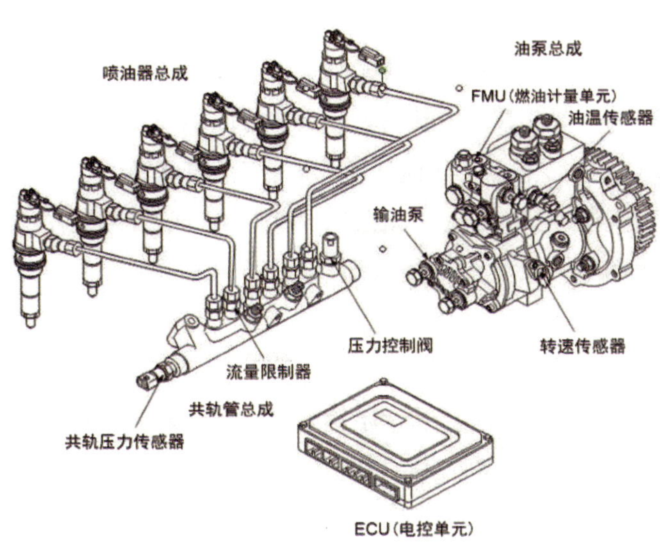

图 8-27　电控高压共轨燃油喷射系统主要部件

1. 高压泵

高压泵的作用是产生高压油。

BOSCH 公司采用由发动机驱动的三缸径向柱塞泵来产生高达 135Mpa 的压力。该高压油泵在每个压油单元中采用了多个压油凸轮，使其峰值扭矩降低为传统高压油泵的 1/9，负荷也比较均匀，降低了运行噪声。该系统中高压共轨腔中压力的控制是通过对共轨腔中燃油的放泄来实现的。为了减小功率损耗，在喷油量较小的情况下，关闭三缸径向柱塞泵中的一个压油单元使供油量减少。三个径向布置的柱塞泵油元件相互错开 1200，由偏心凸轮驱动。工作时，从输油泵来的柴油流过安全阀，一部分经节流小孔流向偏心凸轮室供润滑冷却用，另一部分经低压油路进入柱塞室。当偏心凸轮转动导致柱塞下行时，进油阀打开，柴油被吸入柱塞室；当偏心凸轮顶起时，进油阀关闭，柴油被压缩，压力剧增。达到共轨压力时，顶开出油阀，高压油被送去共轨管。在怠速或小负荷时，输出油量有剩余，可以经调压阀流回油箱。还可以通过控制电路使柱塞止回阀通电，使电枢上的销子下移，顶开进油阀，切断某缸柱塞供油，以减少供油量和功率损耗。

日本电装公司采用了一个三作用凸轮的直列泵来产生高压。该高压油泵对油量的控制采用了控制低压燃油有效进油量的方法，其工作过程如下：

（1）柱塞下行，控制阀开启，低压燃油经控制阀流入柱塞腔；

（2）柱塞上行，但控制阀中尚未通电，处于开启状态，低压燃油经控制阀流回低压腔；

（3）在达到供油量时，控制阀通电，使之关闭，回流油路被切断，柱塞腔中的燃油被压缩，燃油经

出油阀进入高压油轨。利用控制阀关闭时间的不同，控制进入高压油轨的油量的多少，从而达到控制高压油轨压力的目的。

（4）凸轮经过最大升程后，柱塞进入下降行程，柱塞腔内的压力降低，出油阀关闭，停止供油，这时控制阀停止供电，处于开启状态，低压燃油进入柱塞腔进入下一个循环。

2. 共轨管

共轨管将供油泵提供的高压燃油分配到各喷油器中，起蓄压器的作用。它的容积应削减高压油泵的供油压力波动和每个喷油器由喷油过程引起的压力震荡，使高压油轨中的压力波动控制在 5Mpa 之下。但其容积又不能太大，以保证共轨有足够的压力响应速度以快速跟踪柴油机工况的变化。ECD-U2 系统的高压泵的最大循环供油量为 600mm3 ，共轨管容积为 94000mm3 。

高压共轨管上还安装了压力传感器、液流缓冲器 (限流器) 和压力限制器。压力传感器向 ECU 提供高压油轨的压力信号；液流缓冲器 (限流器) 保证在喷油器出现燃油漏泄故障时切断向喷油器的供油，并可减小共轨和高压油管中的压力波动；压力限制器保证高压油轨在出现压力异常时，迅速将高压油轨中的压力进行放泄。

3. 调压阀

调压阀安装在高压泵旁边或共轨管上。其作用是根据发动机负荷状况调整和保持共轨管中的压力。

当调压阀不工作时，电磁线圈不带电，高压泵出口压力大于弹簧的弹力，阀门被顶开。根据输油量的不同，调节打开的程度。当需要提高共轨管中的压力时，电磁线圈带电，给电枢一个附加作用力，压紧阀门，使共轨管中的压力升高到与其平衡为止，然后调节阀门停留在一定开启位置，保持压力不变。

4. 传感与控制部分

传感与控制部分包括传感器、控制单元 (ECU) 和执行机构。由各种传感器采集的数据，都被送入电控单元 ECU，并与存储在里面的大量经过试验得到的最佳喷油量、喷油时间和喷油规律的数据进行比较、分析，计算出当前状态的最佳参数，其运算速度达 2000 万次 /s。

通过 ECU 计算出的最佳参数，再返回去通过执行机构 (电磁阀等)，控制电动输油泵、高压油泵、废气再循环等机构工作，使喷油器按最佳的喷油量、喷油时间和喷油规律进行喷油，控制输出的速度达 2000 次 /s 以上。其结构原理也与汽油机电控燃油喷射相似。

5. 电控喷油器

电控喷油器是共轨式燃油系统中最关键和最复杂的部件，它的作用根据 ECU 发出的控制信号，通过控制电磁阀的开启和关闭，将高压油轨中的燃油以最佳的喷油定时、喷油量和喷油率喷入柴油机的燃烧室。

6. 高压油管

高压油管是连接共轨管和电控喷油器的通道，它应有足够的燃油流量减小燃油流动时的压降，并使高压管路系统中的压力波动较小，能承受高压燃油的冲击作用，且起动时共轨中的压力能很快建立。

各缸高压油管的长度应尽量相等，使柴油机每一个喷油器有相同的喷油压力，从而减少发动机各缸之间喷油量的偏差。各高压油管应尽可能短，使从共轨到喷油嘴的压力损失最小。

BOSCH 公司的高压油管的外经为 6mm，内径为 2.4mm，日本电装公司的高压油管的外经为 8mm，内径为 3mm。

7. 故障自诊断功能

自诊断功能就是由 ECU 监视、发现电子控制系统中故障产生的位置，并向驾驶员或维修人员提供故障信息的功能。目前，故障诊断仪已是市场上不可缺少的维修工具之一，且其诊断项目已扩展到构成系统的零部件。将车辆线束中已经准备好的专用接头插入 ECU 的故障诊断仪接线座内，通过车辆仪表盘中的故障指示灯发光，说明故障内容。也可将专用故障诊断装置插入上述接线座内，则可显示出更具体详细的诊断信息。

【技能训练】

一、高压共轨柴油发动机燃油供给系统主要部件检修

1. CP3.3 油泵结构特点（图 8–28）

（CP3.3 油泵：适用于玉柴 4E、4G、6J、6A、6G 等中型系列博世共轨发动机）

（1）3- 缸径向柱塞高压油泵；

（2）集成燃油计量单元 MeUN，并由之控制轨压；

（3）集成 ZP18 齿轮输油泵；

（4）燃油滤清器位于齿轮泵压力端；

（5）采用燃油润滑；

（6）不允许承受轴向力；

（7）驱动速比（增速）：4E/4G/6G：4/3；6J/6A：7/6；

（8）高压油泵理论供油速率：1.087cm3/rev；

（9）最大允许轨压：1600bar；

（10）泵额定转速：3800r/min；

（11）逆时针旋转（从驱动端看）。

图 8-28　CP3.3 油泵

2. CP3.3 油泵的安装

安装注意事项：

（1）应小心移出包装箱，不能握住高低压连接口 MPROP 等低强度部件，而只能握住泵的壳体；

（2）非必要时，安装中不能去除泵上的各种防护套；

（3）用 3 颗螺栓安装在油泵联结板上；

（4）油泵联结板安装在齿轮室盖板上；

（5）高压泵齿轮安装力矩（100~110）N.m，无正时要求；

（6）仅在泵已装在发动机上、且要连接低压油管时才允许去掉其防护套；

（7）安装连接高压油管前才能去除其防护套且应立即安装好高压油管。

（8）特别强调：不允许使用启动机拖动来进行排除油路空气；

（9）泵不允许“干转”，转动前必须加入 60ml 燃油且排除内部空气；

（10）完成机械安装后方可进行电气接口的安装。

3. 燃油计量单元特性

燃油计量单元，如图 8-29 所示。

图 8-29　燃油计量单元

（1）控制进入柱塞的燃油量，从而控制共轨管压力；

（2）比例电磁阀；

（3）PWM 控制（165~195Hz）；

（4）线圈电阻：2.6~3.15 欧姆；

（5）最大电流：1.8A；

（6）缺省状态：全开（limp home）。

4. 失效策略

（1）进入条件：ECU 判断 MeUN 驱动失效；

（2）MeUN 损坏；

（3）驱动线路的开路 / 短路引起；

（4）ECU 处理措施。

点亮故障灯；

产生故障码 P0251 P0252 P0253 P0254 P025C P025D；

控制器将加大高压泵的供油量；

燃油压力超高、泄压阀被冲开；

诊断仪显示轨压位于 700~760bar 范围，随转速升高而增大；

限制发动机转速（小于 1700rpm，通过控制喷油量实现）；

在限制范围内，油门仍然起作用。

5. 其他

（1）关闭点火开关后，燃油压力泄放阀关闭，恢复正常；

（2）燃油计量阀失效情况及判断，如表 8-1 所示。

表 8-1　燃油计量阀失效情况及判断

故障现象	故障原因及提示	相关维修建议
功率不足，转速受限，1700rpm 以内。	燃油计量阀故障； 驱动线路故障； 诊断仪中相关故障码 P0251，P0252，P0253，P0254，P025C，P025D 相应故障灯闪码是 354、355、356、353	检查燃油计量阀的驱动线路，是否有开路 / 短路情况；正常的情况下驱动线路上的电压应该是 24V。 检查燃油计量阀线路电阻是否符合物理特性 2.6~3.15 欧姆，判断是否损坏。

一旦燃油计量阀失效，油轨上的泄压阀将被强行冲开，此时可以明显感觉回油管温度很高；

一旦出现燃油计量阀失效，则必须进行整个高压油泵的更换，不允许自行更换燃油计量阀。

6. 高压泵系统初始充油与排空

（1）在对高压泵初次充油时，由于其齿轮输油泵内有空气而导致供油不足，应该采用附加的输油泵对其供油。

（2）该附加的输油泵可以是：①加装在整车上的一个启动辅助输油泵；②加装在整车上的一个手油泵；③或在生产线上的一个辅助输油泵。

（3）在所有运行的环境压力下，高压泵总成 CP3/ZP 的最小供油压力为 2bar。最大压力为 6bar（对 CP3/ZP18.1 或 ZP18.3）或 4bar（对 CP3/ZP18.4 或 ZP18.5 或 ZP20）。注意依此选择滤清器上的手油泵。

（4）车上排空建议：松开柴滤出口油管，压动手泵直到柴滤出口有燃油流出至无明显气泡状态

二、喷油器

1. 喷油器介绍，如图 8–30 所示。

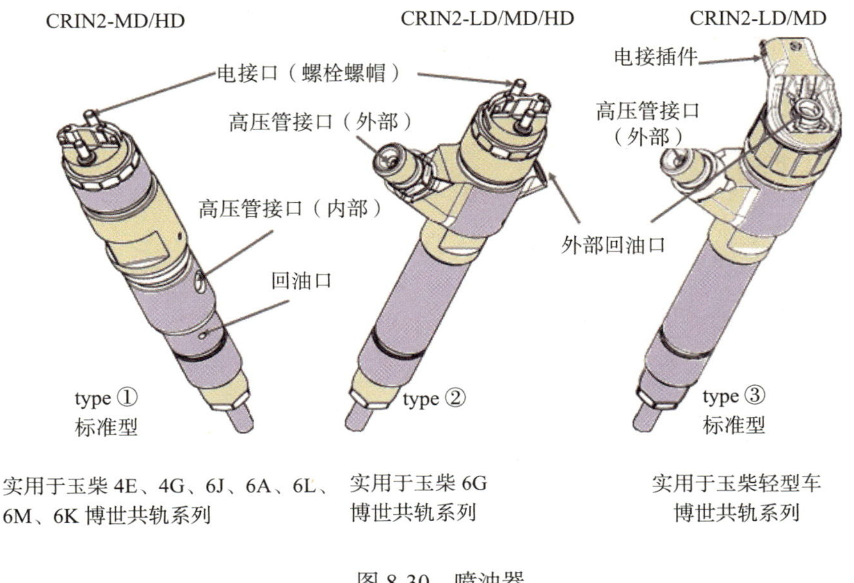

图 8-30　喷油器

（1）最大喷油压力：1600 bar；

（2）喷嘴：mini-sac-hole；

（3）多孔喷油嘴。

2. 喷油器结构

喷油器结构，如图 8-31 所示。

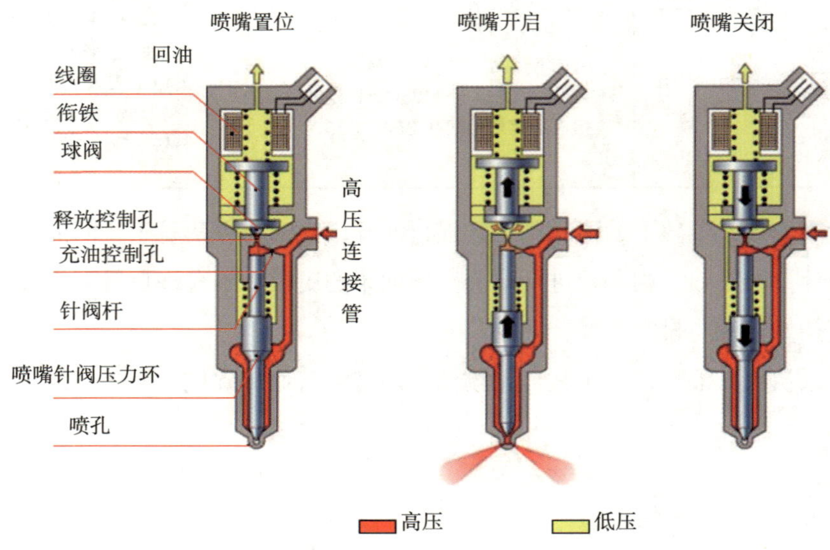

图 8-31 喷油器结构

3. 喷油器电气参数

喷油器电气参数，如表 8-2 所示。

表 8-2 喷油器电气参数

线圈电阻 Rcoil	mΩ	230	当 20℃时，公差：±5%
线圈电感 LBoost	μH	150	模拟值，提升段，当 20℃时
线圈电感 LDIF_HOLD	μH	35	模拟值，保持段，当 20℃时
提升电压 UBoost	V	48	提升开始时，20℃
提升电流 Iboost	A	24~26	设定值：25A
保持电流 Ihold	A	11~13	设定值：12A

4. 喷油器的安装与拆卸

（1）洁净度

①喷油器对杂质敏感，必须保持洁净；

②所用防护套仅在装配前才能去掉。

（2）喷油器的安装五步法，如图 8-32 所示。

首先将喷油器导入气缸盖孔（要求对准、无特别阻力；推荐的力：1~2kN）

将喷油器压板完全松开，使之不受力

将高压连接管装入，预紧至 3.5~8kN

拧紧喷油器：

① 上紧至规定的压紧力；

② 任何情况下不能超过 15kN（压板螺帽拧紧力矩 47~55 N·m）；

③ 过高的压紧力会造成喷油量变化。

拧紧高压连接管拧紧力 12~22kN。

安装时 O 型圈只能使用一次。

任何损伤均不允许。

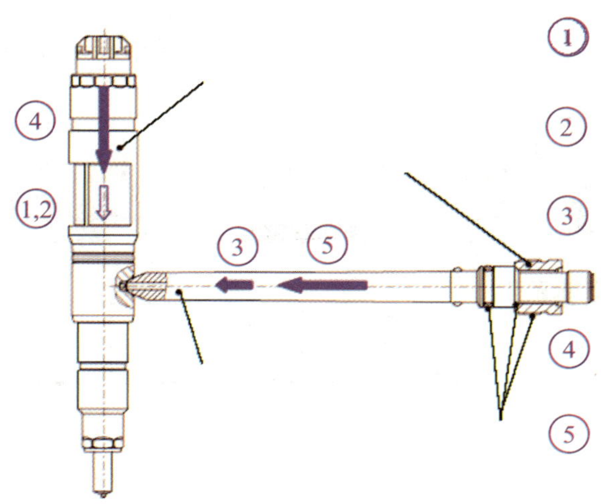

图 8-32　喷油器的安装五步法

5. 喷油器特性参数

（1）高速强力电磁阀；

（2）工作电压：24V；

（3）提升电压：UBoost ＝ 48 V；

（4）工作电流：提升电流：IBoost ＝ 25 ± 1 A，保持电流：IHold ＝ 12 ± 1 A；

（5）线圈静态电阻：230 mΩ；

（6）电磁阀开启时间：110 ± 10 μs；

（7）电磁阀关闭时间：30 ± 5 μs；

（8）集成在喷油器体内。

喷泊器故障现象及相关维修建议，如表 8-3 所示。

表 8-3　喷油器故障维修建议

故障现象	故障原因及提示	相关维修建议
某缸不工作，整机功率、扭矩不足，运行不稳，冒黑烟、油耗高	控制器喷射驱动模块 / 驱动线路 / 喷油器电磁阀本身故障导致相关的喷油器停喷； 诊断仪中相关故障码 P1203 P1204 P1209 P120B P120C P1211 P0261 P0262 P0201P0264 P0265 P0202 P0267P0268 P0203 P0270 P0271 P0204 等。相应故障灯闪码是 322、323、324、332、334、335 等等。	1. 检查喷油器驱动线路，是否有开路 / 短路情况； 2. 检查喷油器电磁阀特性，是否满足静态电阻 230 mΩ； 3. 排除上述情况后，表明故障可能出现在控制器内部。

三、共轨管

1. 共轨管的作用

（1）积累和分配高压燃油；

（2）降低压力波动。

2. 共轨管结构，如图 8–33、图 8–34、图 8–35 所示。

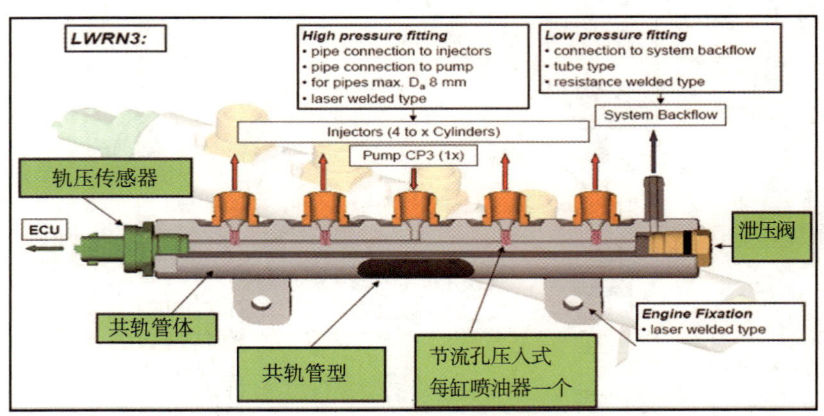

图 8-33　共轨管结构

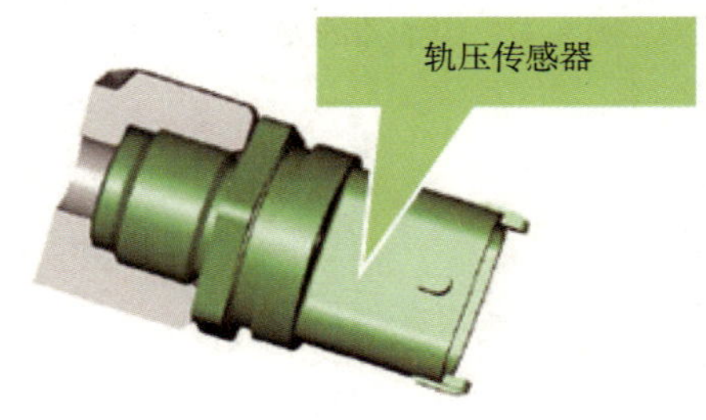

图 8-34　轨压传感器

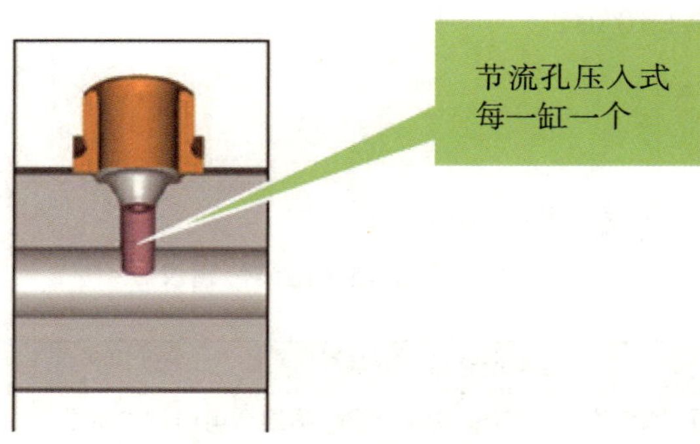

图 8-35　节流孔压入

3. 共轨管的安装与拆卸

（1）安装

①小心轻放，安装前任何损伤均不许再用；

②所用防护套仅在装配前才能去掉；

③安装引起的最大允许轴向力：25kN；

④期间燃油温度将升高 50℃（与共轨管内温度相比），附近零部件设计应能承受此温度；

⑤回油管管长应小于 200mm。

（2）拆卸

①发动机运行时不允许装拆；

②拆卸前确认共轨管内压力回落至环境压力；

③拆卸后必须换装新密封垫片或密封件；

④共轨管安装法兰在装拆过程中最大受载为 120Nm；

（3）共轨管安装顺序

①将各缸喷油器安装至指定扭矩；

②用手拧紧共轨管安装法兰至 2~3Nm；

③用手将各缸高压管拧紧至 3 ± 1Nm；

④将共轨管拧紧至指定扭矩；

⑤将各缸高压油管喷油器端螺帽拧紧至指定扭矩；

⑥将各缸高压油管共轨管端螺帽拧紧至指定扭矩；

⑦安装高压泵至共轨管的高压油管并分 2 次拧紧至指定扭矩。

四、轨压传感器

1. 轨压传感器特点

（1）集成在共轨管上；

（2）最高压力为 1800bar；

（3）良好的线性度、重复性和精度；

（4）接插件：三个输出端子，信号，地，5Vref。

2. 轨压传感器失效模式及策略

轨压传感器失效模式及策略如表 8-4 所示。

表 8-4　轨压传感器失效模式及策略

故障现象	故障原因及提示	相关维修建议
功率不足，转速受限，1700rpm 以内（或者进入跛脚回家模式）。 难启动，冒黑烟	传感器信号丢失； 诊断仪中相关故障码 P0192 P0193 相应故障灯闪码是 441 诊断仪显示系统进入油轨压力信号 LIMP HOME 模式，参见前文专题	1.检查信号线路，是否开路/短路；在正常通电的情况下插接件上三条线中两两之间应是 5V 左右电压。 2. 参考压力特性检查传感器，决定是否更换。
	传感器信号飘移； 诊断仪中相关故障码 P0191。 相应故障灯闪码是 442	更换传感器

五、带水分离器的滤清器（预滤器）

带水分离器的滤清器，如图 8-36 所示。

- 共轨系统零部件对燃油中的水比较敏感，因为：
  - 过多的水将造成润滑问题
  - 穴蚀、堵塞
- 解决办法：加装水分离器，定期维护
- 对含水 2% 的乳状液，在最大流量工况水分离效率要求为 93%
- 带手油泵
- 储水能力取决于燃油消耗量和燃油质量，最低容量 200ml

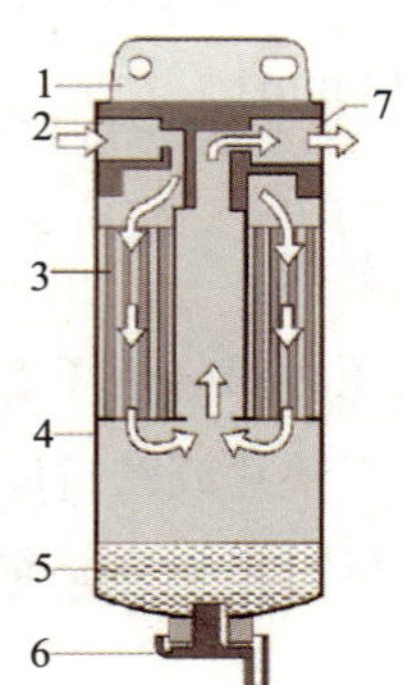

图 8-36　带油水分离器的滤清器

共轨系统需要的滤清器质量要求，如图 8-37 所示。

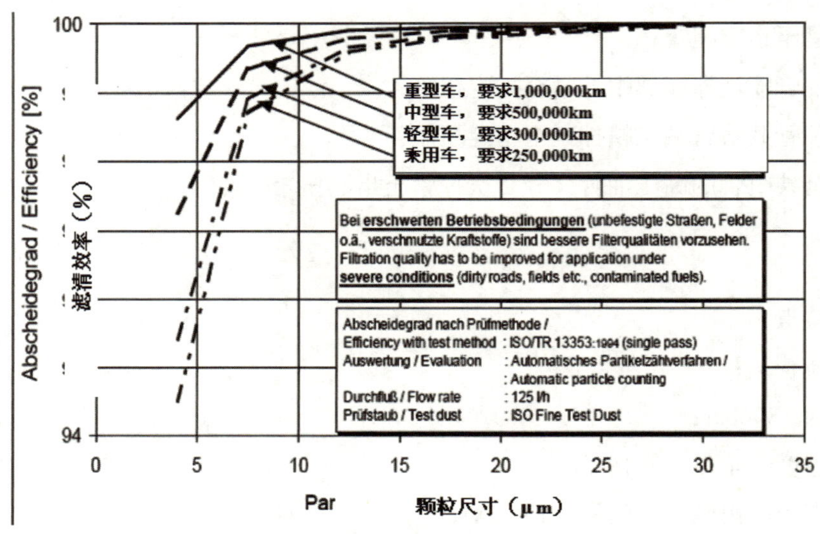

图 8-37　滤清器质量要求

【知识拓展】

一、电控柴油发动机燃油供给系统的类型

1. 高压共轨系统

高压输油泵直接产生高压燃油后，输送至共轨中消除压力的脉动，再分送到各喷油器；当电子控制装置按需要发出指令信号后，高速电磁阀迅速打开或关闭，进而控制喷油器工作，即按设定的要求喷出或停喷高压燃油。

2. 中压共轨系统

中压输油泵将中压燃油输送到共轨中消除压力的脉动，再分送至带有增压柱塞的喷油器中；当高速电磁阀开关阀接收到电子控制装置发送的指令信号后，就迅速开启或关闭，从而控制燃油器工作，随即通过高压柱塞的增压作用，将从共轨中来的中压燃油加压至高压后喷出或停喷。中压共轨系统又包括共轨蓄压式和共轨液压式，共轨蓄压式的控制油和喷射油均来自共轨管；而共轨液压式的控制油来自共轨管，喷射油来自燃油输油泵，所以该系统的控制油和喷射油可以采用不同物质。其典型代表有日本电装公司的高压共轨式喷油系统 ECD--U2，英国 LucasVarity 公司的 LDCR 型高压共轨喷油系统，德国 Benz 公司的 OM611 柴油机上的电控高压共轨喷油系统，美国 BKM 公司的 Servojet 共轨蓄压式电控喷射系统，美国 Caterpillar 公司的 HEUI 共轨液压式喷射系统。

3. 单体泵技术

德尔福在重型车上采用单体泵系统。从成本上讲，国内的发动机从欧Ⅱ向欧Ⅲ升级时，如果采用单体泵，对发动机改动非常小，仅以外挂式的凸轮轴箱代替欧Ⅱ发动机的直列泵就可。当从欧Ⅲ向欧Ⅳ升级时，发动机机身主体结构仍然不变，只要把欧Ⅲ系统里机械式喷油器改成德尔福的电控喷油器，形成双电磁阀单体泵系统，在发动机整体结构不做大的调整下，就可以达到欧Ⅳ的排放水平。单体泵的外形，如图 8-38 所示。单体泵系统控制，如图 8-39 所示。

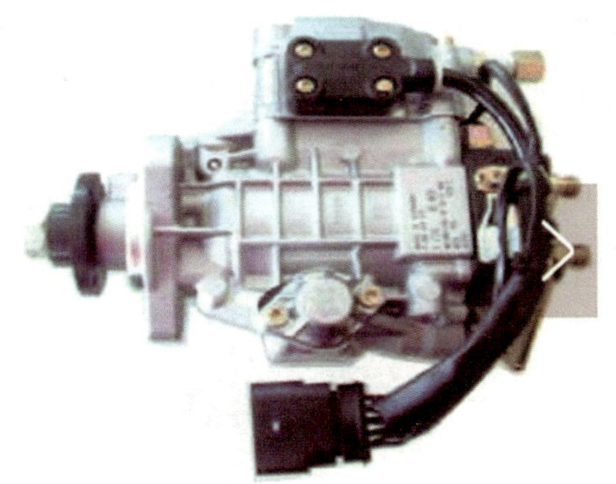

图 8-38　单体泵

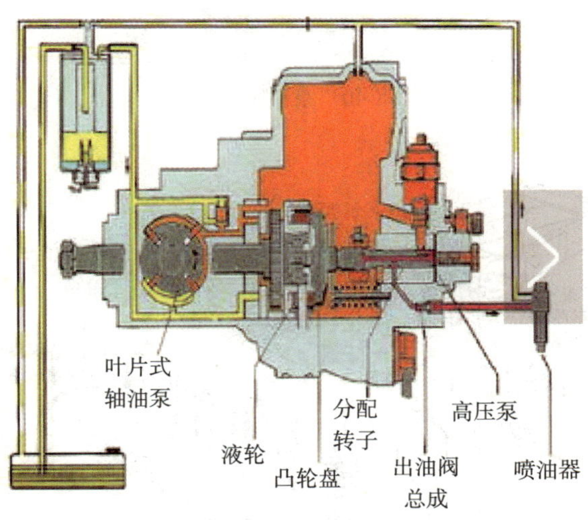

图 8-39　单体泵系统控制

在性能方面，前在国内单体泵使用的压力达到 200MPa，当向欧Ⅳ升级，这个压力可以达到 250 MPa。在单体泵上采用了类似于共轨 I2C 的系统一致性控制，来优化整个系统的性能。在供油控制方面，如果使用双电磁阀单体泵系统，不仅可以对压力进行控制，还可以对喷射进行控制，而且还可以采用多次喷射。它可以达到欧Ⅳ或者欧Ⅴ的标准。目前，德尔福的双电磁阀单体泵系统在欧洲大批量生产，主要供应给欧Ⅳ标准的发动机，欧Ⅴ标准的发动机相关系统正在做开发工作。

单体泵系统的另一个优势就是它的可靠性和寿命，这些性能已经在欧洲和北美市场上得到了 10 年甚至是 15 年的实际使用时间、数百万辆整车使用的证明。单体泵系统在发动机使用过程中，可以保证排放和燃油消耗率低。目前，这种非常强化、非常可靠的性能和使用寿命，仍然在进一步提高。所以，从德尔福的观点来看，在技术方面，相信在 2010 年之前，所有欧洲和北美的重型车生产商绝大多数会采用单体泵系统和泵喷嘴技术。德尔福也在研发 2010 年以后新的排放法规所要求的新的系统。

4. 泵喷嘴技术

优良的混合气是提高柴油发动机动力性、燃油经济性；降低排放率、噪音率的关键因素。这就要求喷射系统产生足够高的喷射压力，确保燃油雾化良好，同时还必须精确控制喷油始点和喷油量。而泵喷嘴系统能够符合上述的严格要求。因此，早在 1905 年柴油发动机的创始人 Rudolf diesel 先生就提出了泵喷油器概念，设想将喷油泵和喷嘴合成一体，省去高压油管并获得高喷射压力。20 世纪 50 年代，间歇控制泵喷射系统的柴油发动机就已应用在轮船及卡车上。之后，Volkswagen 和 Robert Bosh AG 公司合作研制出适用于乘用车的电磁阀控制泵喷射系统。泵喷嘴的结构，如图 8-40 所示。泵喷嘴系统工作示意图，如图 8-41 所示。

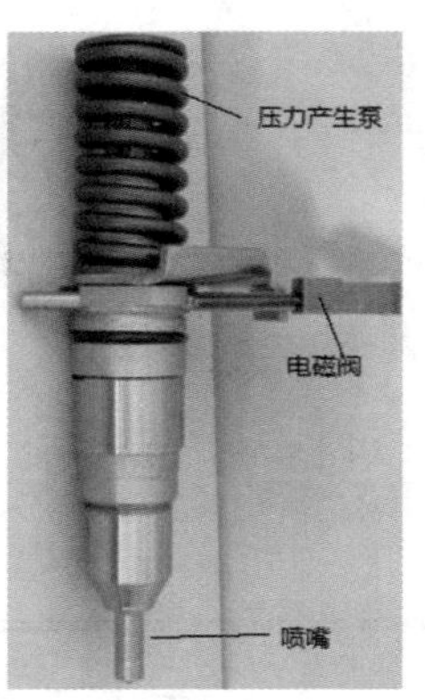

图 8-40　泵喷嘴结构

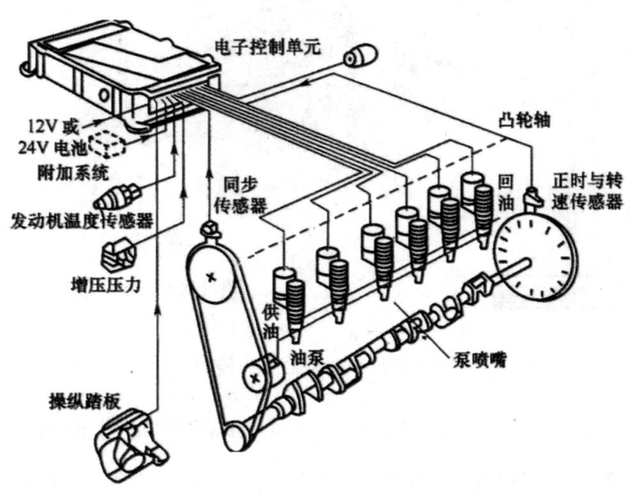

图 8-41　泵喷嘴系统

其中主要部件作用如下。

（1）单向阀：发动机不工作时，防止燃油回流。

（2）旁通阀：若燃油内有空气，则通过此处排出。

（3）节流孔与过滤器：收集、分离供油管内的气泡。

（4）限压阀 1：调节供油管内压力大于 0.75MPa 时打开。

（5）限压阀 2：保持回油管内压力在 0.10MPa。

（6）燃油泵：燃油泵是间歇式叶片泵，其优点是在较低发动机转速时也可供油。泵体内油道使油泵转子始终处于被燃油浸润的状态，从而可随时输送燃油，如图 8-42 所示。

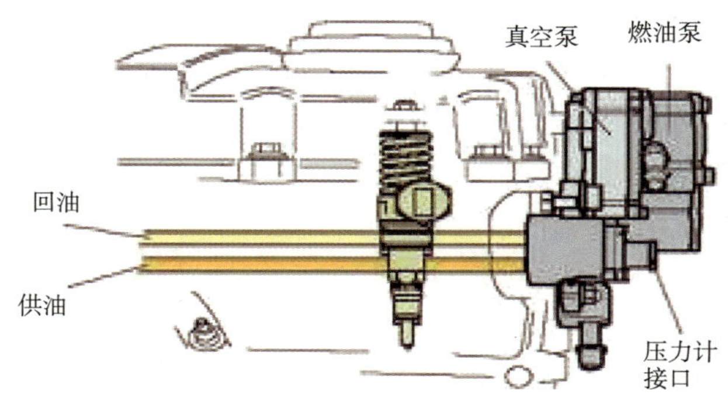

图 8-42 燃油泵工作线路

（7）燃油分配管集成：燃油分配管集成在缸盖内的供油管内，其功能是等量向各泵喷嘴分配燃油，在此，燃油与受热燃油混合，并被泵喷嘴强制流回供油管。使供油管内流向各缸的燃油温度一致。所有泵喷嘴被提供相同量的燃油，使发动机运转平稳。否则，泵喷嘴的油温将会不同，并且泵喷嘴被提供不同质量的燃油。这将会使发动机运转不平稳并将在前几个缸中产生极度高温。燃油分配管，如图 8-43 所示。

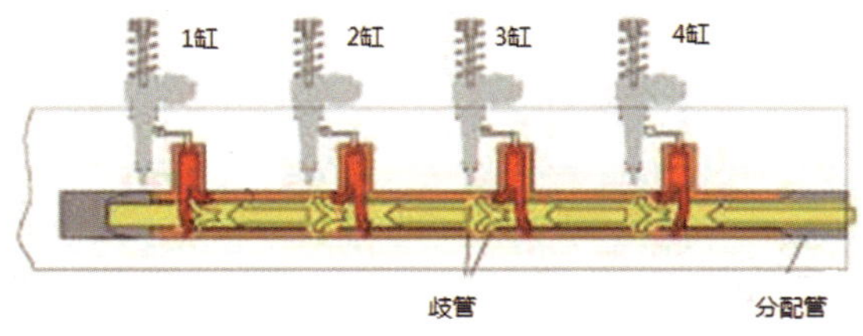

图 8-43 燃油分配管

（8）燃油冷却泵：使冷却液在冷却环路中循环。当燃油温度达到 70℃，发动机控制单元通过燃油冷却泵继电器将其接通。

在国内很多的乘用车上使用泵喷嘴，如：宝来 TDI、途安 TDI 和奥迪 TDI 等。泵喷嘴技术相对于之前的技术（如柱塞泵），已经具有明显改进，而其最大的好处是大大增加了喷油压力，其涡轮增压泵喷嘴的喷射压力都能达到 200MPa 以上。由于喷射压力直接影响柴油燃烧做功效率，因此，泵喷嘴的燃烧效率很高。

5. 高压共轨技术

“CRDI”是英文 Common Rail Direct Injection 的缩写，意为高压共轨柴油直喷技术，CRDI 技术和

SDI（自然吸气直接喷射柴油发动机）技术、TDI（直喷式涡轮增压柴油发动机）技术均为德国博世公司研发的柴油发动机技术。共轨系统由高压泵、喷油管、高压蓄压器（共轨）、喷油器、电控单元和传感器及执行器组成。

共轨式喷油系统主要的贡献就是将喷射压力的产生和喷射过程彼此完全分开，通过对共轨管内的油压实现精确控制，使高压油管压力大小与发动机的转速基本无关。这一柴油发动机技术的创新最大限度地降低了柴油发动机车型的振动和噪声，同时将油耗进一步降低，使排放更加清洁。但共轨技术的喷油压力低于泵喷嘴系统，一般只能达到 160MPa 左右。由于喷油压力调节宽泛，采用共轨技术的柴油车能更好地适应各种工况，起步也不会困难。

参考文献

张西振．汽车发动机电控技术 [M].2 版．北京：机械工业出版社，2009.

阙广武，虞少敏，吕玲．图解汽车车身电控系统新技术入门 [M]. 北京：中国电力出版社，2009.

迟瑞娟，李世雄．汽车电子技术 [M]. 北京：国防工业出版社，2008.

朱建风．自动空调系统检测与维修 [M]. 北京：人民交通出版社，2003.

黄如君，赵从良，赵文龙．汽车电子控制技术 [M]. 长春：东北师范大学出版社，2012.

朱涛．汽车发动机电控技术 [M]. 北京：化学工业出版社，2010.

尹力．汽车电子控制技术 [M]. 天津：天津科学技术出版社，2010.

严安辉，韦忠霞．汽车柴油发动机电控系统原理与检修 [M]. 北京：国防出版社，2007.

孙余凯，吴永平，项绮明．新型汽车发动机电喷系统原理与维修 [M]. 北京：人民邮电出版社，2007.

随堂笔记

随堂笔记

随堂笔记

随堂笔记

随堂笔记

随堂笔记

随堂笔记